Schadensersatzrecht II

Hemmer/Wüst

Januar 2008

Juristisches Repetitorium hemmer

examenstypisch - anspruchsvoll - umfassend

Augsburg
Wüst/Skusa/Mielke/Quirling
Mergentheimer Str. 44
97082 Würzburg
Tel.: (0931) 79 78 2-30
Fax: (0931) 79 78 2-34
www.hemmer.de/augsburg

Bayreuth
Daxhammer
Matzenhecke 23
97204 Höchberg
Tel.: (0931) 400 337
Fax: (0931) 404 3109
www.hemmer.de/bayreuth

Berlin-Dahlem
Gast
Schumannstraße 18
10117 Berlin
Tel.: (030) 240 45 738
Fax: (030) 240 47 671
www.hemmer.de/berlin-dahlem

Berlin-Mitte
Gast
Schumannstraße 18
10117 Berlin
Tel.: (030) 240 45 738
Fax: (030) 240 47 671
www.hemmer.de/berlin-mitte

Bielefeld
Knoll/Sperl
Hinter dem Zehnthofe 18a
38173 Sickte
Tel.: (05305) 91 25 77
Fax: (05305) 91 25 88
www.hemmer.de/bielefeld

Bochum
Schlegel/Schlömer/Sperl
Salzstr. 14/15
48143 Münster
Tel.: (0251) 67 49 89 70
Fax.: (0251) 67 49 89 71
www.hemmer.de/bochum

Bonn
Ronneberg/Christensen/Clobes
Leonardusstr. 24c
53175 Bonn
Tel.: (0228) 23 90 71
Fax: (0228) 23 90 71
www.hemmer.de/bonn

Bremen
Kulke
Mergentheimer Str. 44
97082 Würzbuzrg
Tel.: (0931) 79 78 230
Fax: (0931) 79 78 234
www.hemmer.de/bremen

Dresden
Stock
Zweinaundorfer Str. 2
04318 Leipzig
Tel.: (0341) 6 88 44 90
Fax: (0341) 6 88 44 96
www.hemmer.de/dresden

Düsseldorf
Ronneberg/Christensen/Clobes
Leonardusstr. 24c
53175 Bonn
Tel.: (0228) 23 90 71
Fax: (0228) 23 90 71
www.hemmer.de/duesseldorf

Erlangen
Grieger/Tyroller
Mergentheimer Str. 44
97082 Würzburg
Tel.: (0931) 79 78 2-30
Fax: (0931) 79 78 2-34
www.hemmer.de/erlangen

Frankfurt/M.
Geron
Dreifaltigkeitsweg 49
53489 Sinzig
Tel.: (02642) 61 44
Fax: (02642) 61 44
www.hemmer.de/frankfurt

Frankfurt/O.
Neugebauer/ Vieth
Holzmarkt 4a
15230 Frankfurt/O.
Tel.: (0335) 52 29 87
Fax: (0335) 52 37 88
www.hemmer.de/frankfurtoder

Freiburg
Behler/Rausch
Rohrbacher Str. 3
69115 Heidelberg
Tel.: (06221) 65 33 66
Fax: (06221) 65 33 30
www.hemmer.de/freiburg

Gießen
Knoll/Sperl
Hinter dem Zehnthofe 18a
38173 Sickte
Tel.: (05305) 91 25 77
Fax: (05305) 91 25 88
www.hemmer.de/giessen

Göttingen
Sperl/Schlömer
Kirchhofgärten 22
74635 Kupferzell
Tel.: (07944) 94 11 05
Fax: (07944) 94 11 08
www.hemmer.de/goettingen

Greifswald
Burke/Lück
Buchbinderstr. 17
18055 Rostock
Tel.: (0381) 3 77 74 00
Fax: (0381) 3 77 74 01
www.hemmer.de/greifswald

Halle
Luke
Arndtstr. 1
04275 Leipzig
Tel.: (0177) 3 34 26 51
Fax: (0341) 4 62 68 79
www.hemmer.de/halle

Hamburg
Schlömer/Sperl
Pinnasberg 45
20359 Hamburg
Tel.: (040) 317 669 17
Fax: (040) 317 669 20
www.hemmer.de/hamburg

Hannover
Daxhammer/Sperl
Matzenhecke 23
97204 Höchberg
Tel.: (0931) 400 337
Fax: (0931) 404 3109
www.hemmer.de/hannover

Heidelberg
Behler/Rausch
Rohrbacher Str. 3
69115 Heidelberg
Tel.: (06221) 65 33 66
Fax: (06221) 65 33 30
www.hemmer.de/heidelberg

Jena
Hannich
Parkweg 7
97944 Boxberg
Tel.: (07930) 99 23 38
Fax: (07930) 99 22 51
www.hemmer.de/jena

Kiel
Sperl/Schlömer
Kirchhofgärten 22
74635 Kupferzell
Tel.: (07944) 94 11 05
Fax: (07944) 94 11 08
www.hemmer.de/kiel

Köln
Ronneberg/Christensen/Clobes
Leonardusstr. 24c
53175 Bonn
Tel.: (0228) 23 90 71
Fax: (0228) 23 90 71
www.hemmer.de/koeln

Konstanz
Guldin/Kaiser
Hindenburgstr. 15
78467 Konstanz
Tel.: (07531) 69 63 63
Fax: (07531) 69 63 64
www.hemmer.de/konstanz

Leipzig
Luke
Arndtstr. 1
04275 Leipzig
Tel.: (0177) 3 34 26 51
Fax: (0341) 4 62 68 79
www.hemmer.de/leipzig

Mainz
Geron
Dreifaltigkeitsweg 49
53489 Sinzig
Tel.: (02642) 61 44
Fax: (02642) 61 44
www.hemmer.de/mainz

Mannheim
Behler/Rausch
Rohrbacher Str. 3
69115 Heidelberg
Tel.: (06221) 65 33 66
Fax: (06221) 65 33 30
www.hemmer.de/mannheim

Marburg
Knoll/Sperl
Hinter dem Zehnthofe 18a
38173 Sickte
Tel.: (05305) 91 25 77
Fax: (05305) 91 25 88
www.hemmer.de/marburg

München
Wüst
Mergentheimer Str. 44
97082 Würzburg
Tel.: (0931) 79 78 2-30
Fax: (0931) 79 78 2-34
www.hemmer.de/muenchen

Münster
Schlegel/Sperl/Schlömer
Salzstr. 14/15
48143 Münster
Tel.: (0251) 67 49 89 70
Fax: (0251) 67 49 89 71
www.hemmer.de/muenster

Osnabrück
Schlömer/Sperl/Knoll
Kirchhofgärten 22
74635 Kupferzell
Tel.: (07944) 94 11 05
Fax: (07944) 94 11 08
www.hemmer.de/osnabrueck

Passau
Mielke
Schlesierstr. 4
86919 Utting a.A.
Tel.: (08806) 74 27
Fax: (08806) 94 92
www.hemmer.de/passau

Potsdam
Gast
Schumannstraße 18
10117 Berlin
Tel.: (030) 240 45 738
Fax: (030) 240 47 671
www.hemmer.de/potsdam

Regensburg
Daxhammer
Matzenhecke 23
97204 Höchberg
Tel.: (0931) 400 337
Fax: (0931) 404 3109
www.hemmer.de/regensburg

Rostock
Burke/Lück
Buchbinderstr. 17
18055 Rostock
Tel.: (0381) 3777 400
Fax: (0381) 3777 401
www.hemmer.de/rostock

Saarbrücken
Bold
Preslesstraße 2
66987 Thaleischweiler-Fröschen
Tel.: (06334) 98 42 83
Fax: (06334) 98 42 83
www.hemmer.de/saarbruecken

Trier
Geron
Dreifaltigkeitsweg 49
53489 Sinzig
Tel.: (02642) 61 44
Fax: (02642) 61 44
www.hemmer.de/trier

Tübingen
Guldin/Kaiser
Hindenburgstr. 15
78465 Konstanz
Tel.: (07531) 69 63 63
Fax: (07531) 69 63 64
www.hemmer.de/tuebingen

Würzburg
- ZENTRALE -
Mergentheimer Str. 44
97082 Würzburg
Tel.: (0931) 79 78 230
Fax: (0931) 79 78 234
www.hemmer.de/wuerzburg

Wer in vier Jahren sein Studium erfolgreich abschließen will, kann sich einen Irrtum im Hinblick auf Examensvorbereitung und Ausbildungsmaterial nicht leisten!

Stellen Sie frühzeitig Ihre Weichen richtig. Trainieren Sie unter professioneller Anleitung das, was Sie im Examen erwartet.

www.hemmer.de

www.lifeandlaw.de

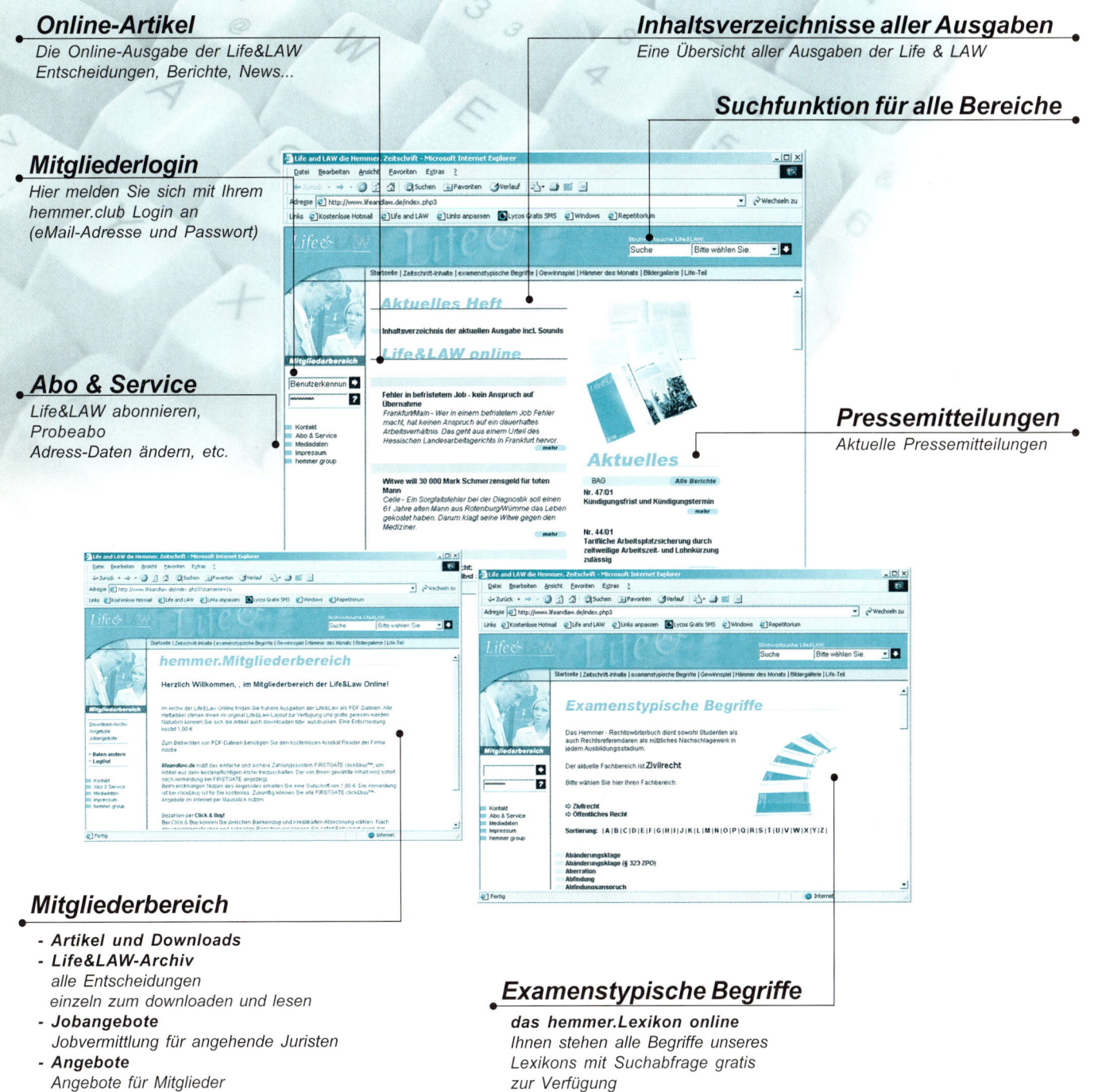

Online-Artikel
Die Online-Ausgabe der Life&LAW
Entscheidungen, Berichte, News...

Mitgliederlogin
Hier melden Sie sich mit Ihrem
hemmer.club Login an
(eMail-Adresse und Passwort)

Abo & Service
Life&LAW abonnieren,
Probeabo
Adress-Daten ändern, etc.

Inhaltsverzeichnisse aller Ausgaben
Eine Übersicht aller Ausgaben der Life & LAW

Suchfunktion für alle Bereiche

Pressemitteilungen
Aktuelle Pressemitteilungen

Mitgliederbereich
- Artikel und Downloads
- Life&LAW-Archiv
  alle Entscheidungen
  einzeln zum downloaden und lesen
- Jobangebote
  Jobvermittlung für angehende Juristen
- Angebote
  Angebote für Mitglieder

Examenstypische Begriffe
das hemmer.Lexikon online
Ihnen stehen alle Begriffe unseres
Lexikons mit Suchabfrage gratis
zur Verfügung

Assessorkurse

Bayern:		RA I. Gold, Mergentheimer Str. 44, 97082 Würzburg; Tel.: (0931) 79 78 2-50
Baden-Württemberg:	Konstanz/Tübingen/Stuttgart	RAe F. Guldin/B. Kaiser, Hindenburgstr. 15, 78467 Konstanz; Tel.: (07531) 69 63 63
	Heidelberg/Freiburg	RAe Behler/Rausch, Rohrbacher Str. 3, 69115 Heidelberg; Tel.: (06221) 65 33 66
Berlin/Potsdam:		RA L. Gast, Schumannstr. 18, 10117 Berlin, Tel. (030) 24 04 57 38
Brandenburg:		RA Neugebauer/Vieth, Holzmarkt 4a, 15230 Frankfurt/Oder, Tel.:(0335) 52 29 32
Bremen/Hamburg:		RAe M. Sperl/Clobes/Dr. Schlömer, Kirchhofgärten 22, 74635 Kupferzell; Tel. (07944) 94 11 05
Hessen:	Frankfurt	RA A. Geron, Dreifaltigkeitsweg 49, 53489 Sinzig; Tel.: (02642) 6144
	Marburg/Kassel	RAe M. Sperl/Clobes/Dr. Schlömer, Hinter dem Zehnthofe 18a, 38173 Sickte, Tel. (05305) 91 25 77
Mecklenburg-Vorp.:		Ludger Burke/Johannes Lück, Heilgeiststraße 30, 18439 Stralsund, Tel: (03831) 30 93 44
Niedersachsen:	Hannover	RAe M. Sperl/Dr. M. Knoll, Hinter dem Zehnthofe 18a, 38173 Sickte, Tel. (05305) 91 25 77
	Postversand	RAe M. Sperl/Clobes/Dr. Schlömer, Kirchhofgärten 22, 74635 Kupferzell; Tel. (07944) 94 11 05
Nordrhein-Westfalen:		Dr. A. Ronneberg, Leonardusstr. 24c, 53175 Bonn; Tel.: (0228) 23 90 71
Rheinland-Pfalz:		RA A. Geron, Dreifaltigkeitsweg 49, 53489 Sinzig; Tel.: (02642) 6144
Saarland:		RA A. Geron, Dreifaltigkeitsweg 49, 53489 Sinzig; Tel.: (02642) 6144
Thüringen:		RA J. Luke, Arndtstr. 1, 04275 Leipzig; Tel.: (0177) 3 34 26 51
Sachsen:		RA J. Luke, Arndtstr. 1, 04275 Leipzig; Tel.: (0177) 3 34 26 51
Schleswig-Holstein:		RAe M. Sperl/Clobes/Dr. Schlömer, Kirchhofgärten 22, 74635 Kupferzell; Tel. (07944) 94 11 05

Schadensersatzrecht II

Hemmer/Wüst

Januar 2008

Hemmer/Wüst Verlagsgesellschaft

Das Skript ist urheberrechtlich geschützt. Die dadurch begründeten Rechte, insbesondere des Nachdrucks, der Wiedergabe auf photomechanischem oder ähnlichem Wege und der Speicherung in Datenverarbeitungsanlagen bleiben, auch bei nur auszugsweiser Verwertung, der Hemmer/Wüst-Verlagsgesellschaft vorbehalten.

Hemmer/Wüst, Schadensersatzrecht II

ISBN 978-3-89634-784-8

5. Auflage, Januar 2008

gedruckt auf chlorfrei gebleichtem Papier
von Schleunungdruck GmbH, Marktheidenfeld

Vorwort
Neues Lernen mit der **hemmer-Methode**

Wer in vier Jahren sein Studium abschließen will, kann sich einen **Irrtum** in bezug auf Stoffauswahl und -aneignung **nicht leisten**. Hoffen Sie nicht auf die leichten Rezepte, die Schemata und den einfachen Rechtsprechungsfall. Die unnatürlich klare Zielsetzung der Schemata lässt keine Frage offen und suggeriert eine Einfachheit, die in der Prüfung nicht besteht. Hüten Sie sich vor Übervereinfachung beim Lernen. Stellen Sie deswegen frühzeitig die Weichen richtig.

Im Schadensersatzrecht ist genau zwischen Anspruchsgrund und Anspruchsinhalt zu unterscheiden. Im Skript **Schadensersatzrecht II** werden deshalb die wichtigsten Anspruchsgrundlagen für Schadensersatz speziell aus dem Bereich des allgemeinen Schuldrechts dargestellt: Immer wiederkehrende Problemfelder bei Unmöglichkeit, Verzug, Nebenpflichtverletzung (auch im vorvertraglichen Bereich) werden systematisch abgehandelt. Tatbestandsmerkmale werden ausgeführt, Spannungsverhältnisse und Konkurrenzen zwischen den verschiedenen Anspruchsgrundlagen aufgezeigt und in ihrer Bedeutung erklärt.

Die **hemmer-Methode** vermittelt Ihnen die **erste richtige Einordnung** und das **Problembewusstsein**, welches Sie brauchen, um an einer Klausur bzw. dem Ersteller nicht vorbeizuschreiben. Häufig ist dem Studenten nicht klar, warum er schlechte Klausuren schreibt. Wir geben Ihnen **gezielte Tipps**! Vertrauen Sie auf unsere **Expertenkniffe**.

Durch die ständige Diskussion mit unseren Kursteilnehmern ist uns als erfahrenen Repetitoren klar geworden, welche **Probleme** der Student hat, sein **Wissen anzuwenden**. Wir haben aber auch von unseren Kursteilnehmern profitiert und von Ihnen erfahren, welche **Argumentationsketten** in der Prüfung zum Erfolg geführt haben.

Die **hemmer-Methode** gibt **jahrelange Erfahrung** weiter, erspart Ihnen viele schmerzliche Irrtümer, setzt richtungsweisende Maßstäbe und begleitet Sie als **Gebrauchsanweisung** in Ihrer Ausbildung:

1. Basics:

Das *Grundwerk* für Studium und Examen. Es schafft **Grundwissen** und mittels der **hemmer-Methode** richtige Einordnung für Klausur und Hausarbeit.

2. Skriptenreihe:

Vertiefend: Über 1.000 Prüfungsklausuren wurden auf ihre "essentials" abgeklopft.

Anwendungsorientiert werden die für die Prüfung nötigen Zusammenhänge umfassend aufgezeigt und wiederkehrende Argumentationsketten eingeübt.

Gleichzeitig wird durch die **hemmer-Methode** auf **anspruchsvollem Niveau** vermittelt, nach welchen Kriterien Prüfungsfälle beurteilt werden. Spaß und Motivation beim Lernen entstehen erst durch Verständnis.

Lernen Sie, durch Verstehen am juristischen Sprachspiel teilzunehmen. Wir schaffen den "Background", mit dem Sie die innere Struktur von Klausur und Hausarbeit erkennen:

"Problem erkannt, Gefahr gebannt". Profitieren Sie von unserem **technischen know how**. Wir werden Sie auf das Anforderungsprofil einstimmen, das Sie in Klausur und Hausarbeit erwartet.
Die **studentenfreundliche Preisgestaltung** ermöglicht auch den **Erwerb als Gesamtwerk**.

3. Hauptkurs:

Schulung am examenstypischen Fall mit der Assoziationsmethode. Trainieren Sie unter professioneller Anleitung, was Sie im Examen erwartet und wie Sie bestmöglich mit dem Examensfall umgehen.
Nur wer die Dramaturgie eines Falles verstanden hat, ist in Klausur und Hausarbeit auf der sicheren Seite! Häufig hören wir von unseren Kursteilnehmern: **"Erst jetzt hat Jura richtig Spaß gemacht"**.

Die Ergebnisse unserer Kursteilnehmer geben uns recht. Der **Bewährungsgrad** einer Theorie ist der **Erfolg**. Die Examensergebnisse zeigen, dass unsere Kursteilnehmer überdurchschnittlich abschneiden.

z.B.: **Die Würzburger Ergebnisse können auch Ansporn für Sie sein, intelligent zu lernen: Seit 1991 über 100 mal über 11,5. Wer nur auf vier Punkte lernt, landet leicht bei drei.** 15,08 (Landes**bester**); 14,95* (**Bester des Termins 2006 I in Würzburg**); 14,79*; 14,7* (**Beste des Termins 98 I**); 14,66* (**Bester des Termins 2006 II in Würzburg**); 14,3*(Landes**bester**); 14,25 (**Bester des Termins 2005 II**); 14,16* (**Beste des Termins 2000 II**); 14,08* (**Beste des Termins in Würzburg 96 I**); 14,08 (Landes**bester**); 14,04* (**Bester des Termins 2004 II in Würzburg**); über 14 (**Bester des Termins 2007 I in Würzburg**); ...usw. **München Frühjahr '97** (ein Termin!): 36x über Neun: 2x sehr gut, 14x gut, 20x vollbefriedigend.

Bereits in unserem ersten Durchgang in Berlin, Göttingen, Konstanz die Landesbesten mit "sehr gut". "Sehr gut" auch in Freiburg, Bayreuth, Köln (2x), Bonn, Regensburg (15,54;14,2; 14,00) Erlangen (15,4; 15,0; 14,4), Heidelberg (14,7; Termin 97 I: 14,77) und München (14,25; 14,04; 14,04; 14,00). Augsburg: Schon im ersten Freischuss 91 I erzielten 4 Siebtsemester (!) einen Schnitt von 12,01. Auch in Thüringen '97 I 2x 12, 65 waren die Landesbesten Kursteilnehmer. Von 6x gut, 5 Hemmer-Teilnehmer. *Lassen Sie sich aber nicht von diesen Supernoten verschrecken, sehen Sie dieses Niveau als Ansporn für Ihre Ausbildung. Denn: Wer auf 4 Punkte lernt, landet leicht bei 3!*

Basics, Skriptenreihe und Hauptkurs sind als **modernes, offenes und flexibles Lernsystem** aufeinander abgestimmt und ergänzen sich ideal.

Wir hoffen, als Repetitoren mit unserem Gesamtangebot bei der Konkretisierung des Rechts mitzuwirken und wünschen Ihnen **viel Spaß beim Durcharbeiten** unserer Skripten.

Wir würden uns freuen, mit Ihnen später als Hauptkursteilnehmer mit der **hemmer-Methode** gemeinsam Verständnis an der Juristerei im Hinblick auf Examina zu trainieren.

Hemmer   *Wüst*

INHALTSVERZEICHNIS

§ 6 Allgemeines zum Schadensersatz 1

    A. Allgemeines 1

    B. Schadensersatzarten 1

        I. Schadensersatz *statt* und Schadensersatz *neben* der Leistung 1

        II. Zuordnung der einzelnen Schäden zum Schadensersatz satt bzw. neben der Leistung 2

    C. Verhältnis des allg. Schuldrechts zum Mängelrecht 5

        I. Fehlende Konkurrenz zu Gewährleistungsregelungen 5

        II. Abgrenzung zum kaufrechtlichen Mängelrecht 5

        III. Verhältnis zum werkvertraglichen Mängelrecht 6

        IV. Verhältnis zum mietvertraglichen Gewährleistungsrecht 6

        V. Verhältnis zum Reisevertragsrecht 7

§ 7 Schadensersatz statt der Leistung 8

    A. Überblick über die Anspruchsgrundlagen 8

    B. Schadensersatz statt der Leistung wegen nicht oder nicht vertragsgemäßer Leistung, §§ 280 I, III, 281 BGB 9

        I. Voraussetzungen 9

            1. Fälliger und einredefreier Anspruch auf die Leistung 10
                a) Wirksamer Anspruch auf die Leistung 10
                b) Fälligkeit des Anspruchs 10
                c) Einredefreiheit des Anspruchs 11
                    aa) Zurückbehaltungsrechte nach §§ 273 und 1000 BGB 12
                    bb) Einrede des nicht erfüllten Vertrages nach § 320 BGB 12
            2. Möglichkeit der Leistung 13
            3. Fristsetzung oder Entbehrlichkeit der Fristsetzung 16
                a) Fristsetzung 16
                    aa) Rechtsnatur der Fristsetzung 17
                    bb) Frühester Zeitpunkt für die Fristsetzung 17
                    cc) Inhalt der Fristsetzung 18
                    dd) Angemessenheit der Fristsetzung 19
                    ee) Fruchtloser Ablauf der Nachfrist 20
                b) Abmahnung statt Fristsetzung 21
                c) Entbehrlichkeit der Fristsetzung 22
                    aa) Verzicht auf Fristsetzung 22
                    bb) Ernsthafte und endgültige Erfüllungsverweigerung 22
                    cc) Vorliegen besonderer Umstände nach § 281 II 2.Alt. BGB 23
                    dd) Weitere gesetzliche Vorschriften 24
            4. Vertretenmüssen 24
            5. Im gegenseitigen Vertrag: Eigene Vertragstreue des Gläubigers 25
            6. Ersatzfähiger Schaden 27
                a) Nebeneinander von Primäranspruch und Schadensersatz statt der Leistung 27
                b) Schadensermittlung 28
                    aa) Schadensermittlung bei gegenseitigen Verträgen 28
                    bb) Schadensermittlung bei teilweiser oder mangelhafter Leistung 30
                    cc) Maßgeblicher Zeitpunkt für die Schadensermittlung 33
                c) Schadensberechnung 33
                    aa) Konkrete Schadensberechnung 34
                    bb) Abstrakte Schadensberechnung 35

C. Schadensersatz statt der Leistung wegen Unmöglichkeit ... 36

I. Vorliegen von Unmöglichkeit der Leistung, § 275 BGB ... 37
1. Objektive und subjektive Unmöglichkeit ... 37
2. Ursachen für die Unmöglichkeit ... 38
   - a) Naturgesetzliche Unmöglichkeit ... 38
   - b) Juristische Unmöglichkeit ... 38
   - c) Zweckerreichung ... 38
   - d) Zweckfortfall ... 38
   - e) Zweckstörung ... 39
   - f) Absolutes Fixgeschäft ... 40
   - g) Moralische Unmöglichkeit ... 43
   - h) Faktische Unmöglichkeit, § 275 II BGB ... 45
   - k) „Wirtschaftliche" Unmöglichkeit ... 47
   - m) Unmöglichkeit bei Gattungsschulden ... 47
     - aa) Vorliegen einer Gattungsschuld ... 47
     - bb) Unmöglichkeit bei einer Gattungsschuld ... 48
3. Vorübergehende Unmöglichkeit ... 50
4. Darlegungs- und Beweislast ... 51

II. Schadensersatz statt der Leistung wegen anfänglicher Unmöglichkeit der Leistung nach § 311a II 1 BGB ... 51
1. Schuldverhältnis trotz anfänglicher Möglichkeit der Leistung, § 311a I BGB ... 52
2. Anfängliche Unmöglichkeit der Leistung ... 52
3. Kenntnis oder zu vertretende Unkenntnis ... 52
4. Rechtsfolge: Schadensersatz statt der Leistung ... 54

III. Schadensersatz statt der Leistung wegen nachträglicher Unmöglichkeit der Leistung nach § 280 I, III, 283 S.1 BGB ... 54
1. Nachträgliche Unmöglichkeit der Leistung ... 54
2. Vertretenmüssen ... 55
3. Rechtsfolge: Schadensersatz statt der Leistung ... 58

D. Schadensersatz statt der Leistung nach §§ 280 I, III, 282, 241 II BGB ... 60

I. Bestehen eines Schuldverhältnisses ... 61
II. Pflichtverletzung nach § 241 II BGB ... 61
III. Keine Widerlegung des vermuteten Vertretenmüssen ... 61
IV. Unzumutbarkeit für den Gläubiger ... 61
V. Rechtsfolge: Schadensersatz statt der Leistung ... 62

E. § 376 HGB ... 62

I. Allgemeines ... 62
II. Voraussetzungen ... 63

§ 8 Ersatz von Verzögerungsschäden ... 65

I. Schuldverhältnis ... 66
II. Nichtleistung als Pflichtverletzung, § 280 I 2 BGB ... 66
III. Keine Widerlegung des Vertretenmüssens ... 66
IV. Zusätzliche Voraussetzung: Vorliegen von Schuldnerverzug ... 67
1. Fälliger, einredefreier Anspruch ... 67

2. Mahnung oder Entbehrlichkeit der Mahnung 69
a) Mahnung 69
b) Entbehrlichkeit der Mahnung 71
aa) Kalendermäßige Bestimmung der Leistungszeit 71
bb) Berechenbarkeit der Leistungszeit 72
cc) Ernsthafte und endgültige Erfüllungsverweigerung 73
dd) Generalklausel nach § 286 II Nr.4 BGB 73
ee) Verzicht auf Mahnung 74
c) Verzug 30 Tage nach Rechnungslegung nach § 286 III BGB 74

V. Rechtsfolge: Ersatz des Verzögerungsschadens 76

VI. Verjährung 80
a) Voraussetzungen 80
b) Die Voraussetzungen im Einzelnen: 80

§ 9 Ersatz sonstiger Schäden 83

I. § 280 I BGB bei Verletzung leistungsbezogener Pflichten 83
1. Anwendbarkeit 84
2. Bestehen eines Schuldverhältnisses 89
3. Pflichtverletzung 92
4. Keine Widerlegung des vermuteten Vertretenmüssens, § 280 I 2 BGB 93
5. Rechtsfolge: Schadensersatz 93

II. Schadensersatz wegen der Verletzung nicht leistungsbezogener Pflichten 94
1. Anwendbarkeit 94
2. Bestehen eines Schuldverhältnisses 94
3. Pflichtverletzung 94
a) Schutzpflichtverletzung 95
b) Verletzung von Aufklärungs- und Auskunftspflichten 95
c) Verletzung von Mitwirkungspflichten 97
4. Keine Widerlegung des vermuteten Vertretenmüssens, § 280 I 2 BGB 98
5. Schaden 98
6. Verjährung 99

§ 10 Schadensersatz wegen vorvertraglicher Pflichtverletzung 101

A. Einleitung 101

I. Entstehungsgeschichte 101

II. Rechtsgrundlage 102

B. Die Voraussetzungen der §§ 311 II, 241 II, 280 I BGB 102

I. Die Anwendbarkeit der §§ 311 II, 241 II, 280 I BGB 102
1. Abgrenzung der c.i.c. zum Sachmängelrecht 103
2. Abgrenzung zur Anfechtung 104
3. Abgrenzung zum allgemeinen Schuldrecht 106
4. Abgrenzung zum Vertretungsrecht 106
a) Abgrenzung zur Rechtsscheinsvollmacht 106
b) Anwendbarkeit der c.i.c. bei fehlender bzw. beschränkter Vertretungsmacht 107
5. Die Anwendbarkeit der c.i.c. im Hinblick auf entgegenstehende gesetzliche Wertungen 109
a) c.i.c. und Minderjährigenrecht 109
b) c.i.c. und Verstoß gegen ein Verbotsgesetz i.S.v. § 134 BGB 110

II. Vorliegen eines Schuldverhältnisses 110
1. Aufnahme von Vertragsverhandlungen, § 311 II Nr.1 BGB 111

2. Anbahnung eines Vertrages, § 311 II Nr.2 BGB 111
3. Ähnliche geschäftliche Kontakte, § 311 II Nr.3 BGB 111
4. Haftung Dritter aus c.i.c., § 311 III BGB 114
   a) Die Eigenhaftung von Vertretern und Verhandlungsgehilfen 114
      aa) Eigenes wirtschaftliches Interesse 115
      bb) Die Sachwalterhaftung, § 311 III 2 BGB 116
   b) Prospekthaftung 117

III. Pflichtverletzung 117
  1. Die Verletzung von Schutzpflichten 118
  2. Der Abbruch von Vertragsverhandlungen 122
   a) Verschulden bei den Vertragsverhandlungen 122
   b) Vertrauenshaftung 122
   c) Formbedürftige Verträge 123
  3. Der Abschluss unwirksamer Verträge 124
  4. Der Abschluss inhaltlich nachteiliger Verträge 125

IV. Keine Widerlegung des vermuteten Vertretenmüssens, § 280 I 2 BGB 126

V. Schaden und haftungsausfüllende Kausalität 126

VI. Verjährung und anspruchskürzendes Mitverschulden 127

C. Der Umfang des Ersatzanspruchs **127**

§ 11 Sonstige verschuldensabhängige Anspruchsgrundlagen 129

A. § 678 BGB **129**

B. §§ 989, 990 BGB **130**

C. Notstand **131**

I. § 228 S.2 BGB: Defensiv-Notstand 131

II. § 904 S.2 BGB: Aggressiv-Notstand 131

LITERATURVERZEICHNIS

Kommentare:

Erman	Bürgerliches Gesetzbuch
Münchener Kommentar	Kommentar zum Bürgerlichen Gesetzbuch
Palandt	Kommentar zum Bürgerlichen Gesetzbuch
Soergel	Bürgerliches Gesetzbuch mit Einführungs- und Nebengesetzen
Staudinger	Kommentar zum Bürgerlichen Gesetzbuch

Lehrbücher:

Brox	Allgemeines Schuldrecht
	Besonderes Schuldrecht
Larenz	Lehrbuch des Schuldrechts: Allgemeiner Teil
	Lehrbuch des Schuldrechts: Besonderer Teil II/1
Larenz/Canaris	Lehrbuch des Schuldrechts: Besonderer Teil II/2
Medicus	Bürgerliches Recht
Reinicke/Tiedtke	Kaufrecht

§ 6 ALLGEMEINES ZUM SCHADENSERSATZ

A. Allgemeines

Grundtatbestand: Pflichtverletzung

Zentraler Begriff des Rechts der Leistungsstörungen ist die Pflichtverletzung. Ein Schadensersatzanspruch kommt nur dann in Betracht, wenn der Schuldner eine sich aus dem Schuldverhältnis ergebende Pflicht verletzt hat. Unter einer Pflichtverletzung ist ein objektiv nicht dem Schuldverhältnis entsprechendes Verhalten des Schuldners zu verstehen.

Arten von Pflichten

Als mögliche Pflichtverletzungen kommen hier die Nichtleistung und die Schlechtleistung in Betracht: Bei der Nichtleistung leistet der Schuldner überhaupt nicht, im Fall der Schlechtleistung leistet er zwar, jedoch entspricht die Leistung nicht der vertraglich vereinbarten Qualität.

Rechtsfolge der Leistungsstörungen: Sekundäranspruch auf Schadensersatz

Die Gemeinsamkeit der verschiedenen Arten der Leistungsstörungen liegt darin, dass *neben* oder *anstelle* des auf Erfüllung gerichteten Anspruchs ein Anspruch auf Schadensersatz tritt.

Neben dem Schadensersatzanspruch kommt oft auch ein Rücktritt als Sanktion für die Pflichtverletzung in Betracht. Gemäß § 325 BGB schließen sich der Rücktritt und der Schadensersatz nicht aus.

B. Schadensersatzarten

I. Schadensersatz *statt* und Schadensersatz *neben* der Leistung

Schadensersatzarten:

In den §§ 280 I-III BGB werden drei verschiedene Schadensersatzarten unterschieden: Schadensersatz statt der Leistung (§ 280 III BGB), Verzögerungsschäden (§ 280 II BGB) und Ersatz sonstiger Schäden.

Übersicht zu den Schadensersatzarten:

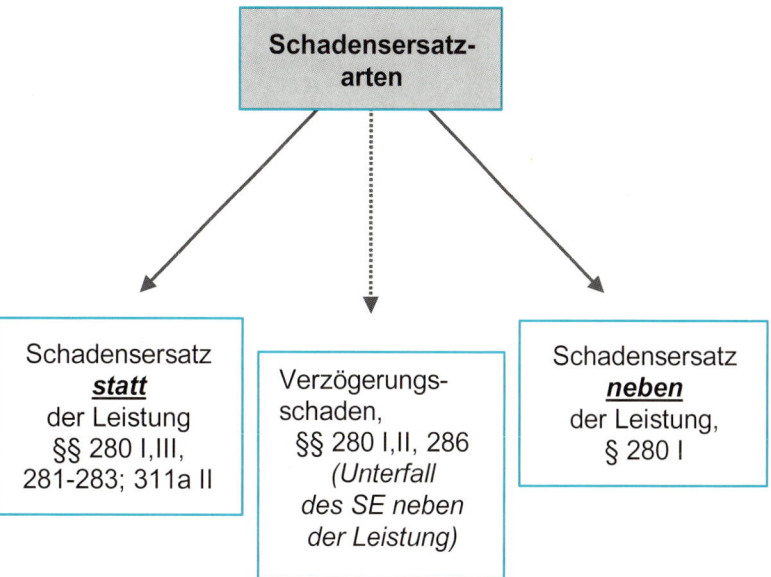

Diese drei Schadensersatzarten sind strikt zu trennen, da die jeweiligen Schadensarten nur unter unterschiedlichen Voraussetzungen ersetzt werden.

Beim Schadensersatz statt der Leistung muss regelmäßig eine Nachfrist für die Leistung gesetzt worden sein, vgl. § 281 I 1 BGB. Ersatz des Verzögerungsschadens kann gemäß § 280 II BGB nur bei Vorliegen von Schuldnerverzug, d.h. grundsätzlich nur wenn eine Mahnung nach § 286 I BGB gegeben ist, verlangt werden.

Der Ersatz sonstiger Schäden setzt als Auffangtatbestand nur eine vom Schuldner zu vertretende Pflichtverletzung voraus, vgl. § 280 I BGB.

Vorgehen in der Klausur

Die Aufgabe in der Klausur besteht darin, die begehrten Schadensposten in diese drei Schadensarten einzuordnen. Erst wenn feststeht, was für ein Schadensersatz begehrt wird, können die Voraussetzungen für seinen Ersatz festgelegt und geprüft werden.

hemmer-Methode: Hier ist ein rechtsfolgenorientiertes Arbeiten angebracht: Zunächst ist das Begehren des Anspruchsstellers in die oben genannten Kategorien einzuteilen. Dann können die für das Begehren in Betracht kommende(n) Anspruchsgrundlage(n) bestimmt werden. Schließlich muss geprüft werden, ob die Voraussetzungen der Anspruchsgrundlage(n) tatsächlich vorliegen. An diesem Prüfungsablauf sollte man sich zumindest gedanklich strikt halten. Häufig ist gerade die Abgrenzung der verschiedenen Schadensarten problematisch: d.h. welcher Schadensposten ist unter den Voraussetzungen welcher Anspruchsgrundlage zu ersetzen.

Schadensersatz statt der Leistung

Beim Schadensersatz statt der Leistung tritt der Schadensersatzanspruch an die Stelle der ursprünglich geschuldeten Leistung. Die Primärleistung wird nicht mehr erbracht, stattdessen hat der Schuldner Schadensersatz zu leisten. Anspruchsgrundlagen auf Schadensersatz statt der Leistung sind die §§ 280 I, III, 281-283; § 311a II 1 BGB.

Verzögerungsschaden

Verzögerungsschäden sind solche Schäden, die durch eine verspätete Leistung entstehen, d.h. sie können durch eine nachträgliche Leistung nicht mehr beseitigt werden. Der Ersatz richtet sich nach den §§ 280 I, II, 286 BGB.

hemmer-Methode: Der Ersatz der Verzögerungsschäden ist eigentlich keine eigene Schadensersatzart, sondern ein Unterfall des Schadensersatzes neben der Leistung. § 280 II BGB möchte nur klarstellen, dass (zusätzlich) die Voraussetzungen des Verzuges vorliegen müssen.

Sonstiger Schaden

§ 280 I BGB erfasst schließlich alle Schadensposten, die keinen Schadensersatz statt der Leistung und keinen Verzögerungsschaden darstellen.

II. Zuordnung der einzelnen Schäden zum Schadensersatz satt bzw. neben der Leistung

Bsp.: V verkauft an K einen Porsche. Als K bei V nachfragt, bis wann mit einer Lieferung zu rechnen sei, er habe den Porsche schließlich an D weiterverkauft, antwortete V, dass K die Lieferung vergessen könne, da er selber keinen Porsche mehr bekommen hätte.

Handelt es sich bei dem entgangenen Gewinn des K aus dem Weiterverkauf an D um einen Schadensersatz neben oder statt der Leistung und warum ist das wichtig?

Von der Frage, ob es sich bei der Geltendmachung von entgangenem Gewinn um Schadensersatz _statt_ der Leistung oder um einen Schadensersatz _neben_ der Leistung handelt, ist es abhängig, ob vor der Geltendmachung des Schadensersatzanspruches gemäß § 280 III BGB noch eine Fristsetzung erforderlich gewesen wäre.

Zu der Frage der Abgrenzung von Schadensersatz statt der Leistung zu sonstigem Schadensersatz haben sich mehrere Ansichten herausgebildet[1].

a) Abgrenzung nach dem Wortlaut „Schadensersatz _statt_ der Leistung"

Abgrenzung nach dem Wortlaut

Grenzt man nach dem Wortlaut **„statt** der Leistung" ab und versteht dies im Sinne von „statt der Primärleistung"[2], würden nur der mangelbedingte Minderwert der Sache (ggf. der Reparaturaufwand) unter den Schadensersatz statt der Leistung fallen[3].

Alle anderen Schäden (an sonstigen Rechtsgütern und sonstigem Vermögen, aber auch entgangener Gewinn, Nutzungsausfall und Mehrkosten für einen Deckungskauf) fielen unter § 280 I BGB.

b) Abgrenzung wie bisher beim Schadensersatz wegen Nichterfüllung

Abgrenzung wie früher beim SchaE wegen Nichterfüllung

Nach der amtlichen Begründung des Gesetzes soll der Begriff Schadensersatz statt der Leistung an die Stelle des bisherigen Begriffs des Schadensersatzes wegen Nichterfüllung, also des positiven Interesses treten.

Dies klingt so, als ob sich an der alten Rechtslage nichts ändern sollte und die Abgrenzung ebenso wie beim alten Recht vorzunehmen ist[4].

Danach wäre Schadensersatz statt der Leistung dann zu gewähren, wenn es um das Interesse des Käufers daran geht, eine vollwertige, zum vorausgesetzten Gebrauch taugliche Sache zu erhalten („Äquivalenzinteresse" bzw. sog. „Mangelschaden").

Dazu gehörte nach bisher h.M. auch der entgangene Gewinn[5].

Zum Schadensersatz **neben** der Leistung würden dann all diejenigen Schäden gehören, die der Käufer an anderen Rechtsgütern (und Vermögen) als der Kaufsache dadurch erleidet, dass er diese im Vertrauen auf ihre Mangelfreiheit in Betrieb genommen hat („Integritätsinteresse" bzw. sog. „Mangelfolgeschaden").

Gegen diese Ansicht spricht aber, dass sie bereits nach altem Recht umstritten war, ganz abgesehen von der unsicheren Abgrenzung Mangelschaden/Mangelfolgeschaden.

Auch die Gesetzesbegründung lehnt diese Begrifflichkeiten als fragwürdig ab, ihre Abschaffung gehört an anderer Stelle zu den erklärten Zielen der Reform[6].

Dies ist insoweit widersprüchlich, als sie an späterer Stelle wie gesagt den Inhalt des Nichterfüllungsschadens aufrechterhalten will.

---

1 Ausführlich zu den einzelnen Ansichten: ANWKOM/DAUNER-LIEB § 280 Rn. 41; HUBER/FAUST § 13 Rn. 98 ff.; knapp und einprägsam ist die Übersicht bei **HEMMER/WÜST Schuldrecht II, Rn. 283 ff.**
2 Z.B. Gruber 4. Kap./2. Unterabschnitt, A IV 5 f.
3 Dass zumindest diese Posten unter § 281 fallen, ist absolut unstritig, vgl. PALANDT, § 280 Rn. 18 m.w.N.
4 So im Ergebnis auch HUBER/FAUST, § 13, Rn. 105.
5 Z.B. BGHZ 77,218.
6 BT-Drs. 14/6040 S.133 und S.224.

Gegen diese Ansicht spricht weiterhin, dass viele Schadensposten dem Erfordernis der Fristsetzung unterworfen würden. Dies würde das Erlangen von Ersatz damit aber grundsätzlich erschweren.[7]

c) Abgrenzung nach Sinn und Zweck der Nachfristsetzung

Abgrenzung nach Sinn und Zweck der Nachfristsetzung

Die bereits weit verbreitete wohl herrschende Ansicht nähert sich dem Problem aus teleologischer Sicht[8]. Demnach komme es bei den entsprechenden Schadensposten darauf an, ob das Erfordernis der Nachfristsetzung sinnvoll sei oder nicht.

Dieser häufig verwendete Merksatz ist etwas „gefährlich", weil er dahingehend missverstanden werden könnte, dass auch die Fälle der Unmöglichkeit (§§ 283, 311a II BGB) unter den Schadensersatz neben der Leistung fallen, da auch bzw. gerade hier die Fristsetzung nicht sinnvoll ist.

Besser formuliert ist für die Zuordnung zum Schadensersatz statt der Leistung entscheidend, **ob der geltend gemachte Schadensposten durch eine hypothetisch gedachte fristgerechte Nacherfüllung entfiele.**

Der typische Begleitschaden an sonstigen Rechtsgütern fällt also weiterhin unter § 280 I BGB, da dieser durch die Nacherfüllung nicht behoben würde.

Demnach wäre Schadensersatz statt der Leistung natürlich der Minderwert der Sache und auch die evtl. Reparaturkosten.

Problematisch wird die Anwendung aber bei den schon nach dem alten Recht umstrittenen Schadensposten. Nutzungsausfallschaden, welcher noch innerhalb des Fristablaufs eintritt, hätte nicht durch fristgerechte Nacherfüllung verhindert werden können, fiele also unter § 280 I, während ein Nutzungsausfallschaden nach Fristablauf § 281 zuzuordnen wäre.

Beim hier vorliegenden entgangenen Gewinn müsste man also konsequenterweise darauf abstellen, ob der Gewinn bereits vor Fristablauf endgültig entgangen war (dann Schadensersatz *__neben__* der Leistung)[9].

d) Abgrenzung nach dem Zeitpunkt des Ersatzverlangens

Abgrenzung nach dem Zeitpunkt des Ersatzverlangens

Nach einer weiteren Ansicht erfolgt die Abgrenzung konsequent nach der Definition, dass Schadensersatz statt der Leistung alle die Schäden umfasst, deren Entstehung durch eine (gedachte) Erfüllung **im Zeitpunkt des Ersatzverlangens** noch verhindert worden wäre[10]. Alle Schäden davor sollen unter § 280 I BGB fallen. Die **Abgrenzung** wird damit quasi **zeitlich** vollzogen[11].

Der Vorteil dieser Ansicht ist, dass sie ohne Besonderheiten auf alle Anspruchsgrundlagen des Schadensersatzes statt der Leistung übernommen werden kann. Dennoch ist fraglich, inwieweit sich diese Ansicht durchsetzt, da mit dieser Ansicht teilweise auch klassische Begleitschäden in den Schadensersatz statt der Leistung einbezogen würden. Bisher hat sich diese Ansicht (noch) nicht durchsetzen können.

---

7   Dieser Ansicht schließt sich auch HUBER/FAUST, § 13 Rn. 105 an. Unangemessene Härten, etwa wenn es um einen allein aufgrund der ursprünglich mangelhaften Leistung definitiv entgangenen Gewinns des Käufers aus einem Weiterverkauf gehe, könne nach seiner Ansicht dadurch vermieden werden, dass die Nachfrist nach § 281 II 2. Alt. entbehrlich sei (Rn. 106).

8   LORENZ/RIEHM, Rn. 185 f.; HAAS/ MEDICUS/ ROLLAND/ SCHÄFER/ WENDLAND, Das neue Schuldrecht, Kap. 5, Rn. 235 f. So wohl auch und lesenswert: U. HUBER, Festschrift für Schlechtriem, S. 521 ff. [525ff.]. Vgl. auch (in Kombination mit den alten Begriffen) **HEMMER/WÜST Schuldrecht II, Rn. 285**: Kontrollfrage, ob der Schaden durch eine fristgemäße Nacherfüllung vermieden worden wäre.

9   So ausdrücklich HUBER/FAUST § 13 Rn. 104.

10 MÜKO-ERNST, insb. § 280, Rn 66-71, § 281, Rn. 1 ff. und Rn. 108 ff. sowie § 286 Rn. 117 ff.

11 Vgl. anschaulich MÜKO-ERNST § 280 Rn. 67.

e) Abgrenzung nach Integritäts- und Äquivalenzinteresse

Abgrenzung nach Integritäts- und Äquivalenzinteresse

Schließlich wird noch vertreten, dass Schadensersatz statt der Leistung all diejenigen Schadensposten erfasst, die gerade durch das Ausbleiben der Naturalleistung bedingt sind, d.h. an deren Stelle treten[12].

Dies bedeutet, dass der „Substanzausfallschaden" und endgültige Ertragsausfallschäden über den Schadensersatz statt der Leistung zu ersetzen sind. Solche Ertragsausfallschäden sind Schäden, die aus der geplanten Verwendung des Leistungsgegenstandes folgen (z.B. entgangener Gewinn). Unter Verzögerungsschaden (§§ 280 I, II, 286 BGB) sollen alle zeitabhängigen Ertragsausfallschäden und Rechtsverfolgungskosten fallen. Alle übrigen Schäden, insb. die, die das Integritätsinteresse des K betreffen, fallen unter § 280 I BGB.

<u>Zwischenergebnis</u>. Die besseren Argumente sprechen generell dafür, den entgangenen Gewinn als Schadensersatz ***statt*** der Leistung zu qualifizieren. Insbesondere ist im vorliegenden Fall davon auszugehen, dass der K den Gewinn durch einen Weiterverkauf auch jetzt noch erreichen könnte, sodass auch unter diesem Gesichtspunkt ein Schadensersatz statt der Leistung zu bejahen wäre.

hemmer-Methode: Die Einordnung als Schadensersatz statt der Leistung ändert nichts daran, dass der Anspruch begründet ist.
Dies ist der Fall, weil es auf eine vorherige Fristsetzung gar nicht ankommen würde.
Die an sich nach § 281 I BGB erforderliche Fristsetzung war hier nämlich entbehrlich, da in der Zurückweisung der Ansprüche eine endgültige Erfüllungsverweigerung i.S.d. § 281 II BGB zu sehen ist.

C. Verhältnis des allg. Schuldrechts zum Mängelrecht

Anwendbarkeit neben besonderem Mängelrecht

Besondere Probleme bereitet die Anwendbarkeit des allgemeinen Schuldrechts (§§ 280 ff., 311a II 1 BGB) neben dem Mängelrecht. Die Vorschriften des allgemeinen Schuldrechts sind gegenüber den spezielleren Regelungen des Mängelrechts subsidiär.

I. Fehlende Konkurrenz zu Gewährleistungsregelungen

Kein Problem, sofern kein Mängelrecht existiert

Unzweifelhaft anwendbar ist das allgemeine Schuldrecht, soweit keine spezielleren Vorschriften des besonderen Schuldrechts bestehen. Gemeint sind hierbei Pflichtverletzungen, die als zu vertretende, mangelhafte Leistungen unter das Gewährleistungsrecht fallen würden, für die aber keine gesetzlichen Gewährleistungsvorschriften bestehen.

> *Bsp.:* Arbeits- bzw. Dienstvertrag, Maklervertrag, Auftrag, Geschäftsbesorgungsvertrag, Verwahrungsvertrag, Gefälligkeitsvertrag und Gesellschaftsvertrag. Aufgrund der Nähe zum Auftragsrecht wäre aber auch z.B. Geschäftsführung ohne Auftrag davon umfasst.

Für diese Schuldverhältnisse kommt bei einer *Schlechtleistung* allein die Haftung aus § 280 I BGB in Betracht.

II. Abgrenzung zum kaufrechtlichen Mängelrecht

Verhältnis beim Kaufrecht

In den §§ 434 ff. BGB sind die Rechtsfolgen eines Mangels eingehend geregelt. Das allgemeine Schuldrecht ist durch diese Regelungen verdrängt.

---

[12] GRIGOLEIT/RIEHM in AcP 203 (2003), S. 727 ff.

Zwar verweisen die §§ 437 Nr.2, 3 BGB auf das allgemeine Schuldrecht. Es ist aber dennoch zwischen einer direkten und einer Anwendung über die Verweisung des § 437 Nr.2, 3 BGB zu unterscheiden. Beispielsweise ist die Verjährung unterschiedlich: Für die Mängelansprüche gilt § 438 BGB, für das allgemeine Schuldrecht die regelmäßige Verjährung des § 195 BGB.

Kaufrechtl. Mängelrecht gilt erst ab Gefahrübergang

Das kaufrechtliche Mängelrecht findet aber nach dem klaren Wortlaut des § 434 BGB erst *ab dem Gefahrübergang* Anwendung. Gemäß § 446 S.1 BGB geht die Gefahr grundsätzlich mit der Übergabe der Sache auf den Käufer über.

Der Übergabe steht es nach § 446 S.3 BGB gleich, wenn der Käufer in Annahmeverzug gerät. Ein weiterer Tatbestand des Gefahrübergangs findet sich in § 447 BGB: Beim Versendungskauf geht die Gefahr bereits mit der Absendung der Ware über.

hemmer-Methode: Beachten Sie aber auch § 474 II BGB, wonach beim Verbrauchsgüterkauf die „käuferfeindliche" Vorschrift des § 447 BGB gerade nicht gilt.

Vor dem Gefahrübergang ist das kaufrechtliche Gewährleistungsrecht nicht anwendbar. Die Folgen einer Schlechtleistung bestimmen sich nach dem allgemeinen Schuldrecht.

III. Verhältnis zum werkvertraglichen Mängelrecht

Anwendbarkeit beim Werkvertrag

Für das Werkvertragsrecht gelten die Ausführungen zum Kaufvertrag entsprechend: Die Anwendung des allgemeinen Schuldrechts über die Verweisungsnorm des § 634 BGB ist von der unmittelbaren Anwendung zu unterscheiden.

Die Vorschriften des Gewährleistungsrechts gelten erst ab der Abnahme des Werkes nach § 640 BGB. Vor der Abnahme findet das allgemeine Schuldrecht uneingeschränkt Anwendung.

IV. Verhältnis zum mietvertraglichen Gewährleistungsrecht

Verhältnis beim Mietvertrag

Die Folgen eines Mangel sind beim Mietvertrag in den §§ 536 ff. BGB geregelt. Diese Vorschriften sind abschließend und verdrängen eine Anwendung der allgemeinen Vorschriften der §§ 280 ff. BGB. Die § 536 ff. BGB finden aber erst ab Überlassung der Mietsache an den Mieter Anwendung. Vor der Überlassung der Mietsache gilt das allgemeine Schuldrecht.

Bsp.[13]: K hatte von V Räume zum Betrieb eines Restaurants gepachtet. Bei den Vertragsverhandlungen hatte V bewusst wahrheitswidrig erklärt, es seien ausreichend Stellplätze vorhanden. Daraufhin hatte K den Mietvertrag mit V abgeschlossen. Zu einer Überlassung der gemieteten Räume an K kam es nicht. Die zuständige Behörde verweigerte gegenüber K die Erteilung der Gaststättenerlaubnis, weil entgegen der Erklärung des V nicht genügend Stellplätze vorhanden seien.

K verlangt von V Schadensersatz statt der Leistung wegen entgangenen Gewinns.

Haftung aus § 536a I 1.Alt. BGB

1. Ein Anspruch des K gegen V auf Schadensersatz wegen Nichterfüllung könnte sich aus den **§§ 581 II, 536a I 1.Alt. BGB** ergeben. Ein Pachtvertrag wurde zwischen V und K abgeschlossen. Mangels ausreichender Stellplätze wurde jedoch keine Konzession erteilt. Es lag daher ein anfänglicher Mangel der Mietsache vor. Nach h.M. sind aber die mietvertraglichen Gewährleistungsvorschriften grundsätzlich erst dann anwendbar, wenn die Mietsache dem Mieter übergeben worden ist.

---

13 Nach BGH, NJW 1997, 2813 = Life&Law 1998, 66 ff.

Dafür spricht bereits der eindeutige Wortlaut des § 536 I BGB, auf den § 536a BGB verweist. Vor Überlassung kommt nur der Schadensersatzanspruch aus § 311a II 1 BGB in Betracht.

Haftung aus § 311a II 1 BGB

2. Möglicherweise besteht aber ein Schadensersatzanspruch aus **§ 311a II 1 BGB**.

§ 311a II 1 BGB müsste aber vorliegend anwendbar sein. Neben § 536a BGB kommt nach allgemeiner Meinung eine Haftung aus § 311a II 1 BGB nicht in Betracht, wenn sich der Anspruch auf die anfängliche Unmöglichkeit der Überlassung der Mietsache stützt.

Allerdings finden hier die mietvertraglichen Gewährleistungsvorschriften keine Anwendung, da die Mietsache noch nicht übergeben wurde. § 311a II 1 BGB ist somit nicht durch vorrangige Sonderregelungen ausgeschlossen.

Es liegt eine anfängliche Unmöglichkeit der Leistung vor, da die Mietsache nicht in mangelfreiem Zustand überlassen werden kann. V ist von seiner Leistungspflicht, dem K die Sache in mangelfreiem Zustand zu überlassen, nach § 275 I BGB frei geworden.

Dem V müsste dies gemäß § 311a II 2 BGB bekannt gewesen sein. § 311a II 1 BGB ist folglich grundsätzlich verschuldensabhängig. Denkbar wäre aber die Annahme einer unselbständigen Garantie für die Beschaffenheit der Mietsache. Dann würde V verschuldensunabhängig haften. Für die Annahme einer Garantie bedarf es aber gewichtiger Anhaltspunkte. Diese könnten sich daraus ergeben, dass nach Überlassung der Mietsache eine verschuldensunabhängige Garantiehaftung eingreift. Jedoch ist den meisten Vermietern diese Garantiehaftung nicht bekannt.

Die Annahme einer Garantie würde deshalb auf eine Fiktion hinauslaufen. Eine Garantiehaftung ist somit abzulehnen. Da V das Vorhandensein der notwendigen Stellplätze arglistig vorgetäuscht hat, ist das Vertretenmüssen gegeben[14].

Der Schadensersatzanspruch aus § 311a II 1 BGB ist grundsätzlich auf Schadensersatz statt der Leistung, also das positive Interesse, gerichtet. Es werden alle kausal auf der Pflichtverletzung beruhenden Schäden ersetzt. Alternativ kann der Mieter aber Ersatz vergeblicher Aufwendungen nach § 284 BGB verlangen.

Anspruch aus c.i.c.

3. Denkbar wäre auch ein Anspruch aus den §§ 311 II, 241 II, 280 I BGB:

Problematisch ist aber die Anwendbarkeit der §§ 311 II, 241 II, 280 I BGB. Sofern die Pflichtverletzung darin liegt, dass sich der Vermieter über seine Leistungsfähigkeit hätte unterrichten müssen, ist § 311a II 1 BGB abschließend. Hier hat der Vermieter aber darüber hinaus arglistig vorgetäuscht, dass genügend Stellplätze zur Verfügung stehen. Für diese Pflichtverletzung ist § 311a II 1 BGB nicht abschließend. Gegenüber dem arglistig Handelnden besteht kein Bedürfnis für einen Ausschluss der Haftung nach den §§ 311 II, 241 II, 280 I BGB. Die Voraussetzungen sind unproblematisch gegeben.

V. Verhältnis zum Reisevertragsrecht

Die Vorschriften des Reisevertragsrechts sind abschließend. Die Vorschriften des allgemeinen Schuldrechts sind daneben nicht anwendbar. Die Folgen einer mangelhaften Leistung des Reiseveranstalters bestimmen sich nach den §§ 651c ff. BGB. Dies gilt auch dann, wenn bereits die erste Reiseleistung ausfällt. Für eine Anwendung des allgemeinen Schuldrechts ist beim Reisevertrag kein Raum.

---

14 Vgl. dazu HEMMER/WÜST Schuldrecht III, Rn. 21; REESE in JA 2003, 162 ff.; a.A. AHRENS in ZGS 2003, 134 [136 f.], der für eine Haftung aus Garantie plädiert.

§ 7 SCHADENSERSATZ STATT DER LEISTUNG

A. Überblick über die Anspruchsgrundlagen

Schadensersatz statt der Leistung bedeutet, dass der Schadensersatz an die Stelle der gestörten Leistungspflicht tritt. Der Gläubiger soll dafür entschädigt werden, dass er die geschuldete Leistung in natura endgültig nicht mehr erhält.[15]

Vorrang des Erfüllungsanspruchs

Grundsätzlich hat der vertragliche Primäranspruch Vorrang vor dem Schadensersatzanspruch. D.h. der Gläubiger kann nicht allein deshalb Schadensersatz verlangen, weil die geschuldete Leistung nicht erbracht wurde. Damit der Gläubiger vom Anspruch auf die Leistung (=Primäranspruch) auf den Schadensersatz statt der Leistung (=Sekundäranspruch) übergehen kann, müssen besondere Voraussetzungen erfüllt sein. Diese besonderen Voraussetzungen regeln die §§ 281-283 BGB und § 311a II 1 BGB.

Grundtatbestand: § 281 BGB

Grundtatbestand für den Schadensersatz statt der Leistung ist § 281 BGB. Der Gläubiger muss dem Schuldner eine Frist zur Leistung setzen, wenn er Schadensersatz statt der Leistung verlangen will. Dem Schuldner soll noch eine letzte Chance zur Leistung gewährt werden.

Bei Unmöglichkeit der Leistung: § 311a II 1 BGB bzw. § 283 BGB

Wenn feststeht, dass die Leistung endgültig nicht mehr erbringbar ist, ist eine Fristsetzung sinnlos. Bei Unmöglichkeit der Leistung kann deshalb ohne Fristsetzung Schadensersatz statt der Leistung verlangt werden, vgl. § 283 BGB und § 311a II 1 BGB.

§ 311a II 1 BGB regelt den Schadensersatz statt der Leistung bei anfänglicher Unmöglichkeit. Anfängliche Unmöglichkeit liegt vor, wenn die Leistung bereits im Zeitpunkt des Vertragsschlusses unerbringbar war.

Nachträgliche Unmöglichkeit bedeutet, dass die Unmöglichkeit nach Entstehung des Schuldverhältnisses eingetreten ist. In diesem Fall bestimmt sich der Schadensersatz statt der Leistung nach § 283 BGB.

Bei Verletzung von nichtleistungsbezogenen Nebenpflichten: § 282 BGB

Schließlich sind Fälle denkbar, in denen der Schuldner zwar leistungswillig und leistungsfähig ist. Dem Gläubiger ist aber die Erbringung der Leistung durch diesen Schuldner unzumutbar, weil der Schuldner nicht leistungsbezogene Nebenpflichten nach § 241 II BGB verletzt hat. Hierfür muss das Vertrauen des Gläubigers in eine ordnungsgemäße Erbringung der Leistung durch den Schuldner grundlegend gestört sein. In diesem Fall kommt ein Anspruch auf Schadensersatz statt der Leistung aus § 282 in Betracht.

---

15   Münchener Kommentar § 281 Rn. 1.

Übersicht:

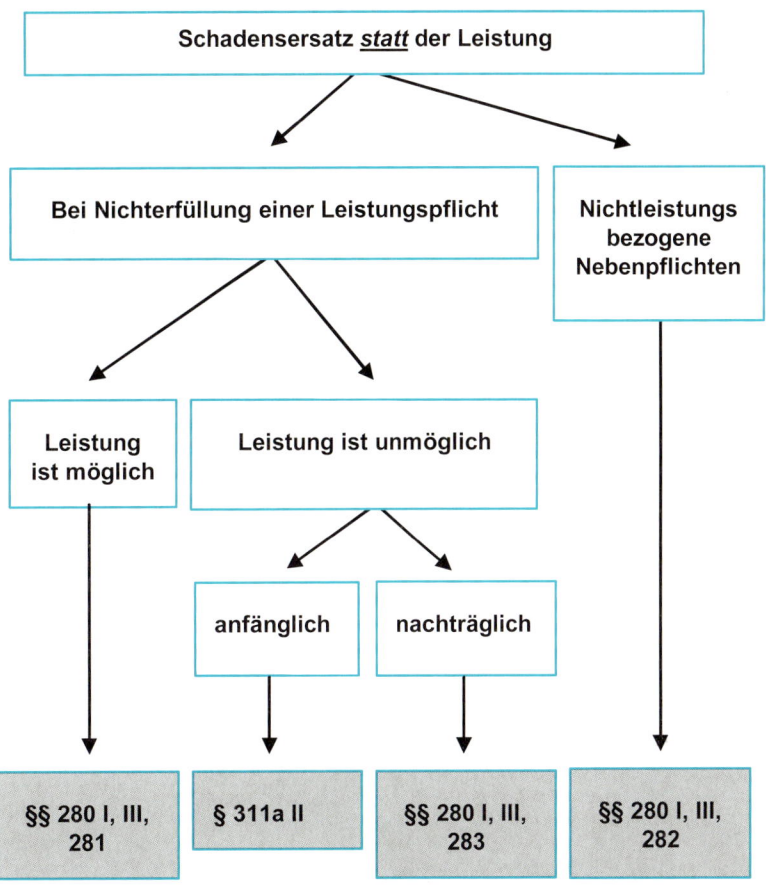

B. Schadensersatz statt der Leistung wegen nicht oder nicht vertragsgemäßer Leistung, §§ 280 I, III, 281 BGB

Grundtatbestand für den Schadensersatz statt der Leistung ist § 281 BGB. Erfüllt der Gläubiger eine Leistungspflicht nicht oder nicht vertragsgemäß, kann der Gläubiger grundsätzlich nur dann Schadensersatz statt der Leistung verlangen, wenn er dem Schuldner vorher eine Nachfrist zur Leistung gesetzt hat.

hemmer-Methode: Jeder der nachfolgenden Ansprüche setzt ein Schuldverhältnis und eine Pflichtverletzung voraus.
In diesem an den Rechtsfolgen orientierten Skript steht die jeweilige Pflichtverletzung im Vordergrund.

I. Voraussetzungen

1. **Schuldverhältnis und *Pflichtverletzung*:** Nichtleistung bzw. nicht vertragsgemäße Leistung
2. Fälliger und einredefreier Anspruch auf die Leistung
3. Möglichkeit der Leistung
4. Fristsetzung bzw. Entbehrlichkeit der Fristsetzung
5. Vertretenmüssen des Schuldners
6. Bei gegenseitigen Verträgen: Eigene Vertragstreue
7. RF: Schadensersatz statt der Leistung

1. Fälliger und einredefreier Anspruch auf die Leistung

a) Wirksamer Anspruch auf die Leistung

Wirksamer Anspruch notwendig

§ 281 BGB setzt zunächst einen Anspruch auf die Leistung voraus. Von dem Bestehen einer Leistungspflicht geht § 281 BGB als selbstverständlich aus: Nur dann, wenn der Gläubiger die Leistung verlangen kann, liegt in der Nichtleistung eine Pflichtverletzung.

Dem Gläubiger muss also ein wirksamer Anspruch auf die Leistung zustehen. Scheitert ein wirksamer Primäranspruch beispielsweise an fehlender Geschäftsfähigkeit (§§ 104, 105 I BGB bzw. §§ 107, 108 BGB), ist der abgeschlossene Vertrag formnichtig (§ 125 S.1 BGB i.V.m. z.B. 311b I BGB) oder angefochten (§ 142 I BGB i.V.m. §§ 119 I, II, 120, 123 BGB), steht dem Gläubiger kein Anspruch auf die Leistung zu. Ein Sekundäranspruch wegen Nichterfüllung der Leistungspflicht scheidet aus.

Bei schwebend unwirksamen Verträgen (z.B. §§ 107, 108; 177; 1365, 1366 BGB) liegt eine wirksame Forderung erst ab dem Zeitpunkt der Heilung (=Genehmigung) vor.

(-) bei Naturalobligationen

Der Primäranspruch auf die Leistung muss einklagbar sein. Durch Naturalobligationen wird eine Verbindlichkeit nicht begründet. Der Ehemäkler (§ 656 I 1 BGB) und der Gewinner einer Wette (§ 762 I 2 BGB) können die Gegenleistung/den Gewinn nicht verlangen und daher nicht einklagen. Ein Vorgehen nach § 281 BGB scheitert bereits daran, dass der Gläubiger die Leistung nicht fordern kann.

Ansprüche aus gesetzlichen Schuldverhältnissen

Es ist unbeachtlich, ob sich der Anspruch aus Gesetz oder aus einem Vertrag ergibt. § 281 BGB gilt nicht nur für vertragliche Erfüllungsansprüche sondern auch für gesetzliche Verbindlichkeiten wie zum Beispiel den Anspruch auf Herausgabe des Erlangten aus GoA, §§ 677, 681 S.2, 667 BGB.

Anwendbarkeit auf § 985 BGB

Bei dinglichen Ansprüchen, insbesondere § 985 BGB, ist die Anwendbarkeit des § 281 BGB fraglich. Hier stellen die §§ 987 ff BGB ein System auf, dass durch § 281 BGB unterlaufen werden könnte: Schadensersatz soll hier erst ab Rechtshängigkeit (§ 989 BGB) oder Bösgläubigkeit (§§ 990, 989 BGB) in Betracht kommen. Über § 281 BGB wäre aber auch eine Haftung des redlichen, unverklagten Besitzers auf Schadensersatz möglich. Daher besteht ein Anspruch auf Schadensersatz nur, wenn auch die Voraussetzungen der §§ 989, 990 BGB erfüllt sind[16].

b) Fälligkeit des Anspruchs

Fälligkeit des Anspruchs

Der Anspruch auf die Leistung muss fällig sein. Die Leistung ist fällig, wenn der Gläubiger sie tatsächlich verlangen kann.

Wenn keine anderen Vereinbarungen getroffen wurden, tritt die Fälligkeit der Leistung gemäß § 271 I BGB sofort, d.h. mit Abschluss des Vertrages ein.

Es sind aber auch gesetzliche Sonderregeln zu beachten:

Beim Werkvertrag tritt die Fälligkeit des Anspruchs auf den Werklohn gemäß § 641 I 1 BGB erst mit der Abnahme des Werkes (§ 640 I BGB) oder den ihr gleichgestellten Tatbeständen (§§ 641a, 646 BGB) ein.

---

16 Vgl. Palandt, § 985 Rn. 16.

Im Darlehensvertrag hängt die Fälligkeit der Rückzahlungsansprüche gemäß § 488 III BGB grundsätzlich von der Kündigung bzw. vom Ablauf der vereinbarten Laufzeit des Darlehens ab. Die Vergütung des Dienstverpflichteten wird erst nach Erbringung der Dienstleistung fällig, § 614 BGB.

c) Einredefreiheit des Anspruchs

Bei Einreden kein Vorgehen nach § 281 möglich

Die Einredefreiheit des Anspruchs stellt eine ungeschriebene Voraussetzung des § 281 BGB dar. Das Bestehen einer dauerhaften oder vorübergehenden Einrede schließt den Anspruch aus § 281 BGB aus.[17] Wenn der Schuldner eine ihm zustehende Einrede gegen den Anspruch geltend macht, ist der Anspruch nicht durchsetzbar, der Schuldner kann nicht zur Leistung verurteilt werden.

Einreden müssen erhoben werden

Einreden werden aber vom Gericht grundsätzlich nur dann beachtet, wenn der Schuldner sie erhoben hat. Beruft sich der Schuldner nicht auf die Einrede, so kann sie im Prozess nicht berücksichtigt werden. Im Gegensatz zu Einwendungen werden Einreden nicht von Amts wegen geprüft.

Wenn der Schuldner die Einrede bereits erhoben hat, kann der Gläubiger danach nicht mehr nach § 281 BGB vorgehen. Da der Anspruch nicht mehr durchsetzbar ist, können an die Nichtleistung keine für den Schuldner nachteiligen Wirkungen geknüpft werden.

Zeitraum vor der Erhebung

Fraglich ist aber der Zeitraum vor Erhebung der Einrede. Hier ist grundsätzlich davon auszugehen, dass bereits das Vorliegen der Voraussetzungen der Einrede den Anspruch aus § 281 BGB hindert, die Einrede muss noch nicht erhoben sein.[18]

Bestehen der Einrede genügt grundsätzlich

Damit die Einrede aber im Prozess beachtet werden kann, muss sie spätestens in der letzten Tatsachenverhandlung geltend gemacht worden sein. Die Erhebung wirkt dann aber auf den Zeitpunkt der Entstehung der Einredevoraussetzungen zurück. Die Erhebung der Einrede hat somit ex-tunc-Wirkung.

Diese ex-tunc-Wirkung rechtfertigt sich daraus, dass beim Vorliegen der Einredevoraussetzungen die Leistung ins Belieben des Schuldners gestellt wird. Dem Schuldner soll die Wahlmöglichkeit eingeräumt werden, ob er die Leistung erbringt oder nicht. Ohne Rückwirkung müsste der Schuldner die Einrede sofort erheben, um die nachteiligen Wirkungen der Nichtleistung auszuschließen. Die Wahlmöglichkeit würde dadurch zu stark eingeschränkt.

Die Rückwirkung der Einredeerhebung findet aber dort ihre Grenzen, wo schutzwürdige Interessen des Gläubigers betroffen sind. Bei einigen Einreden sind daher Besonderheiten zu beachten:

Auswirkung des Bestehens von Einreden auf den Schuldnerverzug

Verzug setzt **Einredefreiheit** (= Durchsetzbarkeit) des fraglichen Anspruches voraus (Arg.: Wenn Schuldner nicht erfolgreich auf Leistung verklagt werden kann, kann auch die Nichtleistung nicht zu seinen Lasten gehen!)

Daher: Bloßes Bestehen der Einrede **schließt Verzug aus!**

Aber: Einrede muss vom Schuldner im Prozess **geltend gemacht** werden, da Einreden nicht von Amts wegen zu prüfen sind. D.h.: Schuldner muss Einrede irgendwann geltend machen!

---

17 Jauernig § 281 Rn. 5.
18 Palandt § 281 Rn. 8.

aa) Zurückbehaltungsrechte nach §§ 273 und 1000 BGB

Die Zurückbehaltungsrechte nach §§ 273 und 1000 BGB begründen eine Einrede. Jedoch ist hier eine Ausnahme von dem Grundsatz zu machen, dass bereits das Vorliegen der Einredevoraussetzungen den Anspruch aus § 281 BGB ausschließt.

Beim Zurückbehaltungsrecht Erhebung der Einrede notwendig

Dem Gläubiger wird nämlich durch § 273 III BGB das Recht eingeräumt, die Ausübung des Zurückbehaltungsrechts durch Sicherheitsleistung abzuwenden.

hemmer-Methode: § 273 III BGB ist auch auf das Zurückbehaltungsrecht des § 1000 BGB anwendbar. Gleiches gilt für § 274 BGB.[19]

Würde bereits das Vorliegen der Voraussetzungen des § 273 BGB anspruchshindernd wirken, würde dem Gläubiger das Recht genommen, auf die Erhebung der Einrede durch den Schuldner mit der Sicherheitsleistung zu reagieren. Ist der Gläubiger vom Bestehen der Einrede in Unkenntnis, so ist ihm die Abwendung unmöglich.

Deshalb ist beim Zurückbehaltungsrecht nach § 273 BGB bzw. § 1000 BGB von einer bloßen Wirkung ex nunc auszugehen: Erst die Erhebung der Einrede schließt die nachteiligen Wirkungen der Nichtleistung aus.[20]

hemmer-Methode: Ähnlich ist dies bei Leistungsverweigerungsrecht nach § 410 BGB. Lesen Sie hierzu BGH Life and Law 2007, Heft 3, 156 ff. = NJW 2007, 1269 ff. = LNRB 2006, 28279.

---

§ 273 BGB

Gläubiger hat Möglichkeit, Einrede durch **Sicherheitsleistung** abzuwenden, § 273 III 1; dieses Recht würde ihm in Bezug auf den Verzug des Schuldners genommen, wenn § 273 schon ab dem Zeitpunkt seiner Entstehung verzugsausschließende Wirkung hätte (Gl. hat keine Kenntnis!)
<u>Daher:</u> § 273 schließt erst ab seiner **Erhebung** den Verzug aus!

§ 1000 BGB

Gleiches gilt für ZBR nach § 1000, da hierauf § 273 III anwendbar! Verzugsausschluss **erst mit Erhebung** des § 1000!

---

bb) Einrede des nicht erfüllten Vertrages nach § 320 BGB

Besonderheiten bei § 320 BGB

Auch die Einrede des nicht erfüllten Vertrages nach § 320 BGB stellt ein Zurückbehaltungsrecht dar. Hier ist aber die Abwendungsbefugnis des § 273 III BGB wegen § 320 I 3 BGB nicht anwendbar. Die obige Argumentation passt deshalb nicht.

Jedoch sind hier die Auswirkungen des Synallagmas zu beachten. Der Anspruch auf die Leistung ist durch den Anspruch auf die Gegenleistung in seiner Geltendmachung beschränkt.

---

19 Vgl. Palandt, § 1000, Rn. 2.
20 MüKo § 286 Rn. 31.

Bei gegenseitigen Verträgen Angebot der Gegenleistung erforderlich

Für die Geltendmachung des Anspruchs aus § 281 BGB ist deshalb erforderlich, dass der Gläubiger die von ihm geschuldete Gegenleistung in Annahmeverzug begründender Weise angeboten hat.[21] Die bloße Bereitschaft zur Erbringung der Gegenleistung genügt nicht. Diese Bereitschaft muss sich in einem Angebot der Leistung nach außen manifestiert haben.

Der Schuldner muss die Einrede des nicht erfüllten Vertrages nach § 320 BGB nicht, auch nicht nachträglich, erheben, um ein Vorgehen nach § 281 BGB zu hindern. Vielmehr hat der Gläubiger sein Leistungsangebot darzulegen und zu beweisen. Kann er dies nicht, scheidet ein Anspruch aus § 281 BGB aus.

Zu beachten ist aber: Die obigen Ausführungen gelten nur für die Voraussetzungen des § 281 BGB. Wird auf Erfüllung des Primäranspruchs geklagt, so wird der Schuldner zur uneingeschränkten Leistung verurteilt, wenn er sich auf die Einrede des nicht erfüllten Vertrages nach § 320 BGB nicht beruft.

hemmer-Methode: Bei der Einrede des nicht erfüllten Vertrages ist somit zwischen dem Primäranspruch und den Sekundäransprüchen wegen nicht Nichterfüllung (§§ 280 I, III, 281 BGB und §§ 280 I, II, 286 BGB) zu unterscheiden:
Beim Primäranspruch ist § 320 BGB als normale Einrede zu behandeln, d.h. sie wird nur beachtet, wenn sie erhoben wurde.
Für die Sekundäransprüche genügen aber die Voraussetzungen des § 320 BGB, also dass es sich um einen im Synallagma stehenden Anspruch handelt und die Gegenleistung noch nicht erbracht wurde. Für die Sekundäransprüche muss dann ein Angebot der Gegenleistung durch den Gläubiger vorliegen, die Einrede muss dagegen nicht erhoben worden sein

2. Möglichkeit der Leistung

Bei Unmöglichkeit der Leistung: § 281 BGB ist nicht anwendbar

§ 281 BGB setzt voraus, dass die Leistung noch erbracht werden kann. Es ist daher eine Abgrenzung zur Unmöglichkeit der Leistung vorzunehmen. Wenn Unmöglichkeit der Leistung vorliegt, ist bereits der Anspruch auf die Leistung gemäß § 275 BGB ausgeschlossen.

Ein Anspruch aus § 281 BGB würde also bereits am Fehlen eines Anspruchs scheitern.[22] Wegen der besonderen Bedeutung der Abgrenzung zur Unmöglichkeit wurde dieser Punkt als gesonderter Prüfungspunkt hervorgehoben. Im Falle der §§ 275 II, III BGB genügt die grobe Unverhältnismäßigkeit bzw. die Unzumutbarkeit nicht. Die Unmöglichkeit nach den §§ 275 II, III BGB ist nur beachtlich, wenn der Schuldner die Einrede geltend gemacht hat.

Erhebt der Schuldner die Einrede, so entfällt ex tunc der Anspruch.

Besonders problematisch: Fixgeschäfte

Wann Unmöglichkeit der Leistung im Einzelnen vorliegt, wird unter Rn. 110 ff. ausführlich dargestellt. Besonders bedeutend sind im Zusammenhang mit der Abgrenzung zwischen den §§ 280 I, III, 281 BGB und dem § 311a II 1 BGB bzw. den §§ 280 I, III, 283 BGB das **absolute und das relative Fixgeschäft**.

Die Abgrenzung zwischen diesen Fixgeschäften wird bei der Unmöglichkeit, Rn. 121 ff., beschrieben. Bei einem relativen Fixgeschäft stellt sich eine verspätete Leistung noch als Erfüllung dar. Es liegt somit keine Unmöglichkeit vor, der Schadensersatz statt der Leistung richtet sich nach § 281 BGB.

---

21 MüKo § 286 Rn 23.
22 MüKo § 323 Rn. 47.

Liegt hingegen ein absolutes Fixgeschäft vor, ist der Anspruch auf die Leistung gemäß § 275 I BGB ausgeschlossen. § 281 BGB scheitert am Fehlen eines Anspruchs. Richtige Anspruchsgrundlage ist in diesem Fall §§ 280 I, III, 283 BGB.

> **Verspätung der Leistung führt zur (sog. zeitlichen) Unmöglichkeit im Falle des absoluten Fixgeschäftes:**
>
> Die Leistung innerhalb des Erfüllungszeitraumes wird von den Parteien als so wesentlich angesehen (§§ 133, 157), dass eine verspätete Leistung keinen Sinn machen und somit keine Erfüllung mehr darstellen würde. z.B.: Der Schneider stellt das Brautkleid erst nach der Hochzeitsfeier fertig.

⬇

> **Rechtsfolge:** Nach Überschreiten des Erfüllungszeitraumes liegt mangels Möglichkeit der Leistung kein Verzug vor, es gilt *allein* Unmöglichkeitsrecht

> **hemmer-Methode: Klausurtechnik!** Weil Unmöglichkeit den § 281 BGB ausschließt und diesbezüglich Abgrenzungsprobleme bestehen, ist die Problematik häufig Gegenstand von Klausuren. Eine Faustregel für die Lösung heißt: „Unmöglichkeit vor Verzug und § 281 prüfen!". Haben sie Unmöglichkeit festgestellt, kann ab diesem Zeitpunkt kein Verzug und auch kein Anspruch aus § 281 BGB mehr gegeben sein. Diese Prüfungsreihenfolge sollte wenigstens bei Ihren Überlegungen zur richtigen Lösung eingehalten werden.
> In der späteren Darstellung kommt es dann vornehmlich darauf an, die Abgrenzung Unmöglichkeit/Verzug bzw. § 281 BGB überhaupt und an der richtigen Stelle vorzunehmen. Beginnen Sie deshalb die Lösung nur dann mit einem Anspruch aus § 281 BGB, wenn Sie ganz sicher sind, dass im Ergebnis keine Unmöglichkeit vorliegt. Würden Sie trotz Annahme der Unmöglichkeit mit § 281 BGB beginnen, zeigte dies, dass Sie wichtige Grundsätze nicht kennen oder nicht richtig beherrschen.
> Die Abgrenzung gehört am besten in die Norm, für die Sie sich letztendlich entscheiden. Dabei empfehlen sich (z.B. i.R.d. § 281 BGB Formulierungen wie: „§ 281 i.V.m. §§ 280 I, III BGB ist nur dann die richtige Anspruchsgrundlage, wenn keine Unmöglichkeit vorliegt ...", dann vollziehen Sie die Abgrenzung. Schließlich fassen Sie noch zusammen: „Da keine Unmöglichkeit vorliegt, ist § 281 BGB und nicht § 283 BGB die richtige Anspruchsgrundlage."
> Gleiches gilt nur umgekehrt bei der Annahme von Unmöglichkeit z.B.: „§ 283 BGB ist nur dann die richtige Anspruchsgrundlage, wenn Unmöglichkeit vorliegt...", dann abgrenzen und zusammenfassen: „Da Unmöglichkeit vorliegt, ist § 283 BGB einschlägig.

Unmöglichkeit nach Ablauf der Nachfrist

Problematisch ist der Fall, dass die Unmöglichkeit der Leistung erst nach der Fristsetzung, aber vor dem Schadensersatzverlangen eintritt. Der Primäranspruch erlischt nicht allein durch den fruchtlosen Fristablauf, er besteht bis zum Schadensersatzverlangen durch den Gläubiger fort, vgl. § 281 IV BGB. Es kann daher noch nach Fristablauf Unmöglichkeit eintreten.

In diesem Fall ist fraglich, ob § 281 BGB oder § 283 BGB die richtige Anspruchsgrundlage ist. Für § 283 BGB spricht, dass schließlich Unmöglichkeit vorliegt. Es ist daher sachgerecht, die Anspruchsgrundlage für Schadensersatz wegen Unmöglichkeit heranzuziehen.

Für ein Nebeneinander von § 281 BGB und § 283 sprechen aber Unterschiede im Bereich des Vertretenmüssens: Bei § 281 BGB muss der Schuldner die Nichtleistung innerhalb der Frist[23] zu vertreten haben, bei § 283 BGB bezieht sich das Vertretenmüssen auf die Unmöglichkeit.

---

23 Vgl. unten Rn. 46 ff.

Hat der Schuldner die Unmöglichkeit nicht zu vertreten, scheitert § 283 BGB. Wegen § 287 S.2 BGB ist dies aber nur in seltenen Ausnahmefällen anzunehmen.

Dem Gläubiger kann aber das Recht, auf Schadensersatz statt der Leistung aufgrund nachträglich eintretender Umstände nicht mehr genommen werden. Es ist daher § 281 BGB neben § 283 BGB anzuwenden.

Aus Gründen der Kausalität handelt es sich hierbei auch nicht lediglich um ein Scheinproblem. Wenn z.B. nach abgelaufener Frist zur Leistung ein Deckungskauf vorgenommen wird und erst danach dem Schuldner seine Leistungspflicht unmöglich wird, kann die Anspruchsgrundlage nicht § 283 BGB sein, weil der Schaden nicht kausal auf der Unmöglichkeit beruht! Ein Rückgriff auf §§ 280 I, III, 281 I BGB muss daher weiterhin möglich sein[24].

hemmer-Methode: Die Bedeutung dieses Meinungsstreits ist - mit Ausnahme des soeben beschriebenen Kausalitätsproblems - gering, da grundsätzlich jedenfalls Schadensersatz statt der Leistung, sei es nach § 281 BGB oder § 283 BGB, verlangt werden kann.
Hat der Meinungsstreit keine Auswirkung auf das Ergebnis, so genügt eine kurze Erwähnung, da jedenfalls Schadensersatz statt der Leistung verlangt werden kann. Bei unterschiedlichen Ergebnissen muss er aber ausführlicher dargestellt werden.

Der Vermieter V vermietet eine Wohnung an den Mieter M. M hat sich vertraglich verpflichtet, alle drei Jahre „Schönheitsreparaturen" durchzuführen. Nach 3½ Jahren verweigert M bei seinem Auszug den Neuanstrich der Wände. V lässt daher die Arbeiten von dem Nachmieter N auf dessen eigene Kosten ausführen. V verlangt von M Ersatz der Kosten.

V könnte gegen M einen Anspruch auf Schadensersatz statt der Leistung gemäß den §§ 280 I, III, 281 BGB zustehen.

V stand gegen M ein Anspruch auf Vornahme der Schönheitsreparaturen zu. Zwar ist es nach § 535 I 2 BGB eigentlich Aufgabe des Vermieters, die Sache in einem zum vertragsgemäßen Gebrauch geeigneten Zustand zu erhalten. Die Überwälzung der Verpflichtung zur Vornahme von Schönheitsreparaturen auf den Mieter ist aber durch vertragliche Vereinbarung zulässig.

hemmer-Methode: Die Übertragung der Schönheitsreparaturen inklusive Renovierungspflicht verstößt wegen des sog. „Summierungseffekts" gegen § 307 BGB.
Diese extrem wichtige Entscheidung sollten Sie in der Life&Law 2003, 681 ff. nachlesen. Sie war Gegenstand der 1. Klausur im Staatsexamen 2004/I in Bayern.
Lesen Sie zur Vertiefung auch D´ALQUEN, „Von zulässigen und unzulässigen Klauseln: Schönheitsreparaturen", Life and Law 2005, 494 ff.

Eine Fristsetzung ist hier gemäß § 281 II 1.Alt. BGB entbehrlich, weil der Mieter die Vornahme der Schönheitsreparaturen ernsthaft und endgültig verweigert.

Der Anspruch aus § 281 BGB könnte aber daran scheitern, dass dem Mieter die Verpflichtung zur Vornahme der Schönheitsreparaturen gemäß § 275 I BGB unmöglich geworden ist.

Die Wohnung wurde inzwischen von dem Nachmieter gestrichen. Dies hindert M natürlich nicht daran, die Wohnung noch einmal zu streichen. Geschuldet ist jedoch der Leistungserfolg, nicht nur die Leistungshandlung. Unmöglichkeit ist deshalb auch im Falle der Zweckerreichung gegeben, also dann, wenn der Leistungserfolg bereits durch die Handlung eines anderen eingetreten ist, § 275 I BGB.

---

[24] Nach der wenig überzeugenden Auffassung von MüKo, § 281 Rn. 89 f. soll der Anspruch aus §§ 280 I, III, 281 BGB mit Eintritt der Unmöglichkeit entfallen.

Fraglich ist, ob § 281 BGB oder § 283 BGB die richtige Anspruchsgrundlage ist, wenn die Unmöglichkeit nach Ablauf der Nachfrist bzw. hier nach der ernsthaften und endgültigen Erfüllungsverweigerung eintritt.

Der Erfüllungsanspruch besteht auch nach Fristsetzung oder Erfüllungsverweigerung fort. Nach § 281 IV BGB erlischt er erst durch das Schadensersatzverlangen. Nach oben vertretener Auffassung ist § 281 BGB hier trotz Unmöglichkeit anwendbar. Dem Gläubiger kann die Möglichkeit Schadensersatz nach § 281 BGB zu verlangen nicht durch die nachträgliche Unmöglichkeit genommen werden.

Bei der Nichterfüllung der Verpflichtung zur Vornahme von Schönheitsreparaturen wird der Vermieter typischerweise die Schönheitsreparaturen selbst vornehmen und so Unmöglichkeit herbeiführen. Der Schadensersatz statt der Leistung besteht hier folglich gerade in den Kosten für eine Ersatzvornahme.

M hat die Pflichtverletzung auch nach den §§ 280 I 2, 276 BGB zu vertreten.

Rechtsfolge des Anspruchs ist der Ersatz des durch die Nichtvornahme der Schönheitsreparaturen entstandenen Schadens.

Problem: Schaden des V

Fraglich ist allerdings, ob V einen Schaden erlitten hat. Dem könnte entgegenstehen, dass N die Schönheitsreparaturen durchgeführt hat, ohne ihn in Anspruch zu nehmen.

Eine solche Vorteilsanrechnung kann angenommen werden, wenn die/ das schädigende Handlung/Unterlassen zugleich kausal für den Eintritt eines Vorteils war, die Anrechnung dem Zweck des Schadensersatzes entspricht, der Schädiger nicht unbillig entlastet und der Geschädigte nicht unbillig bereichert wird.

Bei der freiwilligen Zuwendung durch Dritte ist eine Vorteilsausgleichung grundsätzlich abzulehnen, wenn der Dritte durch seine Leistung nicht ausgerechnet den Schädiger entlasten will. Vorliegend wollte N nicht für M leisten. Dieser würde durch eine Vorteilsausgleichung zu Lasten des V vielmehr unbillig entlastet.

Die Vorteilsanrechnung ist vorliegend abzulehnen. V kann die angefallenen Kosten gemäß den §§ 280 I, III, 281 BGB ersetzt verlangen.

3. Fristsetzung oder Entbehrlichkeit der Fristsetzung

Fristsetzung erforderlich

Der Schadensersatzanspruch nach § 281 BGB setzt grundsätzlich voraus, dass der Gläubiger dem Schuldner eine Frist zur Leistung gesetzt hat. In Ausnahmefällen kann die Fristsetzung nach § 281 II BGB entbehrlich sein.

a) Fristsetzung

Der Gläubiger muss dem Schuldner eine angemessene Frist zur Leistung gesetzt haben. Dem Schuldner soll dadurch eine letzte Chance zur ordnungsgemäßen Erfüllung des Vertrages eröffnet werden.

Nachfristsetzung

Rechtsnatur: geschäftsähnliche Handlung, §§ 104 ff. anwendbar

Notwendiger **Inhalt**:
- Nach §§ 133, 157 muss für Schu. erkennbar sein, welche Pflichtverletzung moniert wird.
- Ablehnungsandrohung *nicht* erforderlich
- Angemessene Frist, siehe nächste KK
- Formfrei

aa) Rechtsnatur der Fristsetzung

Rechtsgeschäftsähnliche Handlung

Fraglich ist die Rechtsnatur der Fristsetzung nach § 281 BGB. Eine Willenserklärung würde vorliegen, wenn der rechtliche Erfolg deshalb eintritt, weil er gewollt ist. Bei der Fristsetzung tritt aber der rechtliche Erfolg, nämlich die Möglichkeit nach § 281 BGB Schadensersatz statt der Leistung zu verlangen oder nach § 323 BGB vom Vertrag zurückzutreten, unabhängig von einem entsprechenden Willen des Gläubigers ein. Eine Willenserklärung liegt somit nicht vor, es handelt sich um eine rechtsgeschäftsähnliche Handlung.[25]

Auf rechtsgeschäftsähnliche Handlungen finden die Vorschriften über Willenserklärungen, die §§ 104 ff. BGB, entsprechende Anwendung. Es handelt sich um eine einseitige und empfangsbedürftige Erklärung, d.h. sie wird erst mit dem Zugang, §§ 130, 131 BGB analog, wirksam. Die Fristsetzung durch einen beschränkt Geschäftsfähigen ist analog § 107 BGB wirksam, da sie allein rechtliche Vorteile bringt, nämlich die Möglichkeit Schadensersatz statt der Leistung zu verlangen und vom Vertrag zurückzutreten.

Dagegen ist die Fristsetzung eines Geschäftsunfähigen analog § 105 I BGB unwirksam.[26]

Für die Fristsetzung ist keine besondere Form vorgeschrieben. Sie ist daher formlos möglich. Gemäß § 255 ZPO kann die Frist auch in einem Leistungsurteil durch den Richter gesetzt werden, wenn dies der Gläubiger beantragt.

bb) Frühester Zeitpunkt für die Fristsetzung

Fristsetzung erst ab Fälligkeit möglich

§ 281 BGB verlangt, dass die Fristsetzung *nach Fälligkeit* der Leistung gesetzt wird. Eine vor Eintritt der Fälligkeit gesetzte Frist ist unwirksam, da der Schuldner die Leistung noch nicht zu erbringen hat. Sie entfaltet auch nach Eintritt der Fälligkeit keine rechtliche Wirkung. Sie ist auch dann unwirksam, wenn sie vor Eintritt der Fälligkeit gesetzt wird, die Frist aber erst nach Fälligkeit abläuft.[27]

Es ist jedoch anerkannt, dass die Fristsetzung gleichzeitig mit dem Eintritt der Fälligkeit gesetzt werden kann. Der Gläubiger kann also die Fälligkeit begründende Handlung (z.B. Kündigung oder Abruf der Ware) mit der Fristsetzung verbinden.

---

25 Palandt § 281 Rn. 9.
26 Palandt § 281 Rn. 9.
27 MüKo § 323 Rn. 56.

> **Frühester Zeitpunkt für Fristsetzung**
>
> <u>Wortlaut:</u> Nach § 281 I 1 muss Leistung bereits *fällig* sein, Fristsetzung vor Fälligkeit ist unwirksam.

> <u>Aber</u> zulässig, Fristsetzung bereits im Fälligkeitszeitpunkt auszusprechen;
> Dann aber bei Frage nach Angemessenheit zu berücksichtigen.

cc) Inhalt der Fristsetzung

Inhalt der Fristsetzung

Die Fristsetzung muss eine bestimmte und eindeutige Aufforderung zur Leistung enthalten. Es muss zum Ausdruck gebracht werden, *welche Leistung* innerhalb *welcher Frist* zu bewirken ist. Beginn und Ende der Frist müssen für den Schuldner erkennbar sein.[28]

Der Gläubiger muss in der Erklärung die geschuldete Leistung verlangen. Eine Aufforderung zur Erklärung über die Leistungsbereitschaft genügt nicht. Das Leistungsverlangen muss inhaltlich genügend bestimmt sein.

Die Fristsetzung muss sich auf die Beseitigung der Pflichtverletzung beziehen. Deshalb muss der Gläubiger dem Schuldner die vorgeworfene Pflichtverletzung mitteilen. Liegt die Pflichtverletzung in der vollständigen Nichtleistung, so ist der Schuldner zur Erbringung der Leistung aufzufordern. Bei einer Teilleistung richtet sich die Fristsetzung auf die Erbringung des Leistungsrests. Im Falle der Lieferung eines Aliuds richtet sich die Fristsetzung auf die Verschaffung des richtigen Leistungsgegenstandes.

Es genügt, wenn sich die geforderte Leistung durch Auslegung analog §§ 133, 157 ermitteln lässt. Im Rahmen der Auslegung sind die dem Schuldner erkennbaren Umstände zu berücksichtigen. Der Schuldner muss erkennen können, was von ihm verlangt wird.

Schuldet der Schuldner dem Gläubiger mehrere Leistungen, so muss erkennbar sein, welche Leistung der Gläubiger gerade einfordert.

Zuvielforderung

Bei einer Zuvielforderung des Gläubigers bezieht sich die Fristsetzung grundsätzlich auf die geschuldete Leistung. Übersteigt aber die Zuvielforderung die tatsächlich geschuldete Leistung bei weitem, so kann der Schuldner die Erklärung des Gläubigers nicht mehr als Aufforderung zur Erbringung der geschuldeten Leistung ansehen. In diesem Fall ist die Fristsetzung wirkungslos.

Zuwenigforderung

Bei einer Zuwenigforderung bezieht sich die Fristsetzung nur auf den eingeforderten Teil. Hinsichtlich des Restes kann grundsätzlich kein Schadensersatz statt der Leistung verlangt werden.

Keine Ablehnungsandrohung nötig

Eine Ablehnungsandrohung ist nicht erforderlich. Der Gläubiger muss nicht zum Ausdruck bringen, dass im Falle des fruchtlosen Ablaufs der Frist mit Schadensersatzansprüchen zu rechnen ist.

---

28 MüKo § 323 Rn. 59.

dd) Angemessenheit der Fristsetzung

Angemessenheit der Fristsetzung

Der Gläubiger muss dem Schuldner eine angemessene Frist zur Leistung gesetzt haben.

Die Angemessenheit bestimmt sich durch objektive Umstände. Zu berücksichtigen sind hierzu insbesondere Art und Natur des Rechtsgeschäfts. Auch der Zeitraum, seitdem die Leistung fällig ist, hat für die Bestimmung der angemessenen Frist Bedeutung. Je länger die Nichtleistung bereits andauert, desto kürzer kann die gesetzte Frist sein.

Die Frist muss nur solange bemessen sein, dass eine bereits angefangene Leistung beendet werden kann. Nicht notwendig ist deshalb, dass der Schuldner in der bestimmten Frist die Zeit hat, überhaupt erst mit der Leistung zu beginnen und sie dann noch vollenden zu können.[29]

Bsp.: B bestellt bei Künstler C eine Statue. Für die Herstellung gibt B dem C ein halbes Jahr Zeit bis zum 01.05. C kommt wegen Arbeitsüberlastung nicht dazu, die Statue herzustellen. Am 20.05. fordert B den C zur Leistung innerhalb einer Frist von einem Monat auf. C meint, er habe noch nicht beginnen können, die Herstellung benötige drei Monate, die Frist sei deshalb unangemessen kurz.

Die Frist von einem Monat wäre unangemessen, wenn sie dem C Zeit für eine völlige Neuherstellung der Statue gewähren müsste. Jedoch ist Sinn der Fristsetzung nach § 281 BGB, den Schuldner definitiv zur Fertigstellung der bereits begonnenen Leistung zu veranlassen. Dass C hier mit der Anfertigung der Statue noch überhaupt nicht begonnen hat, ändert daran nichts, sondern fällt allein in dessen Risiko. Da eine bereits begonnene Statue durchaus innerhalb eines Monats fertig gestellt werden könnte, war die von B gesetzte Frist angemessen.

hemmer-Methode: Die Frage, ob eine Frist angemessen ist, wird gerne in Klausuren gestellt. Hier muss der Bearbeiter dann zeigen, dass er sich mit den Einzelheiten des konkreten Sachverhalts auseinandersetzt. Häufig kommt es dabei schon im Sachverhalt zum Hinweis, dass die Frist unangemessen sei.[30] Sie sollten zur Beantwortung der Frage auch beachten, ob Sie durch die Annahme der einen oder anderen Möglichkeit nicht aus allen weiteren Problemen der Klausur herausfallen! Entscheiden Sie sich deshalb für die Möglichkeit, die einerseits vertretbar ist und andererseits die für die Klausur wichtigeren Folgeprobleme schafft.

Bei zu kurzer Frist wird eine angemessene in Lauf gesetzt

Setzt der Gläubiger eine unangemessen kurze Frist, so führt dies dazu, dass die Frist auf eine *objektiv angemessene* Zeit verlängert wird. Die Nachfristsetzung ist deshalb *nicht unwirksam*. Die Rechtsfolgen des § 281 BGB treten dann mit Ablauf der angemessenen Frist ein.[31]

> Nachfrist muss so lange bemessen sein, dass der Schuldner eine **bereits begonnene** Leistung beenden kann (**nicht** maßgeblich: Dauer der *gesamten* Leistungserbringung!)
> Dabei Art und Natur der jeweiligen Leistungspflicht zu berücksichtigen.

Rechtsfolge bei unangemessen kurzer Nachfrist:

- Frist ist auf angemessene Zeit **zu verlängern**; Fristsetzung daher nicht wirkungslos
- Ausnahmsweise bei **sehr** kurzer Frist ist Fristsetzung völlig unwirksam, kann also nicht als angemessene Frist aufrechterhalten werden (v.a.: Gläubiger verlangt *sofortige* Leistung!)
- Wird unangemessene Frist durch AGB gesetzt: gänzlich unwirksam (Verbot d. geltungserhaltenden Reduktion)

---

29 Jauernig § 281 Rn. 6.
30 So z.B. bei BREHM, Grundfälle zum Recht der Leistungsstörungen, JuS 1989, S.115, Fall 57.
31 MüKo, § 323, Rn. 77.

Gar keine Fristsetzung

Wenn der Gläubiger *sofortige Leistung* verlangt, wird gar keine Frist in Gang gesetzt. Denn in diesem Fall kann von einer Fristsetzung keine Rede sein.

Die Forderung nach unverzüglicher Leistung i.S.v. § 121 BGB kann nur in dringenden Fällen zur Anwendbarkeit des § 281 BGB führen.[32]

Im Einzelfall ernsthafte und endgültige Erfüllungsverweigerung möglich

Weiß der Gläubiger, dass der Schuldner in der zu kurz bestimmten Nachfrist nicht zu leisten imstande ist, so kann dies als ernsthafte und endgültige Erfüllungsverweigerung seitens des Gläubigers auszulegen sein. § 281 BGB soll dem Gläubiger keinen bequemen Weg eröffnen, durch eine mit Absicht zu kurz bemessene Nachfrist möglichst schnell von einem lästig gewordenen Vertrag loszukommen.[33] Der Schuldner kann dann selbst nach § 281 BGB gegen den Gläubiger vorgehen.

ee) Fruchtloser Ablauf der Nachfrist

Die Nachfrist muss ohne Erfolg abgelaufen sein, d.h. die Leistung darf im Zeitpunkt des Ablaufs der Frist noch nicht bewirkt worden sein. An einem fruchtlosen Ablauf der Nachfrist fehlt es auch dann, wenn der Gläubiger mit der Entgegennahme der Leistung in Annahmeverzug geraten ist.

Vornahme der Leistungshandlung notwendig

Die Leistung ist bewirkt, wenn der Schuldner die *Leistungshandlung* vorgenommen hat. Ob der geschuldete *Leistungserfolg* noch innerhalb der Frist eintritt, ist unerheblich. Bereits durch die Vornahme der Leistungshandlung wird die Pflichtverletzung beseitigt. Mehr kann vom Schuldner nicht verlangt werden.

Der Gläubiger muss für den Schadensersatzanspruch grundsätzlich den Ablauf der Frist abwarten. Dies gilt aber dann nicht, wenn während des Fristlaufs Umstände eintreten, die zur Entbehrlichkeit der Fristsetzung nach § 281 II BGB führen. In diesem Fall wäre ein Abwarten bis zum Fristablauf sinnlos.

hemmer-Methode: Zur Frage, ob der Gläubiger die (Nach)Erfüllung zwischen Fristablauf und Schadensersatzverlangen noch zurückweisen kann lesen Sie FINN in ZGS 2004, 32 ff.

Exkurs für Referendare:

Gem. § 255 I ZPO kann der Kläger verlangen, dass die Bestimmung der Frist zur Bewirkung der Leistung nach § 281 I 1 BGB bereits im Urteil ausgesprochen wird.

Der für den Fall des fruchtlosen Fristablaufs geltend gemachte Schadensersatzanspruch gem. § 281 I 1 BGB kann als unechter Hilfsantrag mit dem Herausgabeanspruch verbunden werden, da die Voraussetzungen des § 259 ZPO vorliegen.

Die heute h.M. nimmt nämlich an, dass eine Besorgnis der Nichterfüllung i.S.d. § 259 ZPO bereits dann zu bejahen ist, wenn der Schuldner ohne triftigen Grund die Erfüllung des mit dem Hauptantrag geltend gemachten Leistungsbegehrens verweigert. Da aber dieser unechte Hilfsantrag nur bei begründetem Hauptantrag zum Zuge kommt, ist die Leistungsverweigerung des Beklagten unberechtigt.[34]

---

[32] MÜKO, § 326, Rn. 74.
[33] RG Recht 1908 Nr. 2911 zu § 326 a. F.
[34] Palandt, Rn. 7 zu § 283; OLG Schleswig NJW 1966, 1929; BGH MDR 1996, 1232; BGH NJW 1965, 440 (411).

> hemmer-Methode: Lesen Sie hierzu vertiefend WIESER, „Gleichzeitige Klage auf Leistung und Schadensersatz aus § 281 BGB" in NJW 2003, 2432 ff.

> Die Anträge in einer „Anwaltsklausur" müssten also wie folgt lauten:
>
> **Anträge:**
>
> 1. Der Beklagte wird verurteilt, ... herauszugeben.
>
> 2. Dem Beklagten wird für die Herausgabe eine Frist von zwei Wochen ab Rechtskraft des Urteils gesetzt.
>
> 3. Für den Fall, dass die Herausgabe nicht fristgerecht erfolgt, wird der Beklagte verurteilt, an den Kläger Schadensersatz in Höhe von ...... € zu zahlen.

Exkurs Ende

b) Abmahnung statt Fristsetzung

An die Stelle einer Fristsetzung tritt gemäß § 281 III BGB die Abmahnung, wenn nach der Art der Pflichtverletzung eine Fristsetzung unsinnig wäre. Die Fristsetzung ist in diesem Fall nicht entbehrlich, sondern wird durch eine andere Handlung, nämlich die Abmahnung, ersetzt.

Die Regelung kommt vor allem bei Unterlassungspflichten zur Anwendung. Auch ein Unterlassen kann gemäß § 241 I BGB Gegenstand einer Leistungspflicht sein. Ist die Primärleistung auf ein Unterlassen gerichtet, macht eine Fristsetzung keinen Sinn, da eine bestimmte Handlung schlechthin und nicht nur innerhalb einer Frist zu unterlassen ist. In diesem Fall kommt nur eine Abmahnung in Frage.

Für eine Abmahnung ist erforderlich, dass der Schuldner bereits einmal gegen die Unterlassensfrist verstoßen hat. Abmahnung ist jede bestimmte Aufforderung an den Schuldner, weitere Zuwiderhandlungen zu unterlassen.[35] Die Abmahnung muss nicht mit einer Androhung der Geltendmachung von Schadensersatz statt der Leistung im Falle des erneuten Verstoßes verbunden sein.

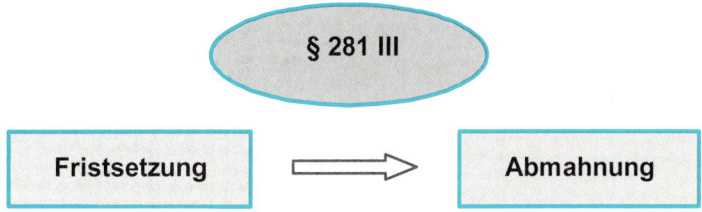

Nach Gesetzesbegründung: v.a. bei **Unterlassungspflichten**

(P) Bei Verletzung von Unterlassungspflichten wird kausaler Schaden schon von § 280 I gedeckt, SE statt der Leistung ist regelmäßig unnötig, deshalb kaum echte Relevanz von § 280 III

---

[35] Palandt § 281 Rn. 13.

c) Entbehrlichkeit der Fristsetzung

Entbehrlichkeit der Fristsetzung

Um den Vorrang des Primäranspruchs zu gewährleisten, ist grundsätzlich eine Fristsetzung erforderlich. In Ausnahmefällen kann die Fristsetzung entbehrlich sein, wenn der Schuldner die Leistung endgültig und ernsthaft verweigert (§ 281 II 1.Alt. BGB) oder wenn besondere Umstände vorliegen, die unter Abwägung der beiderseitigen Interessen die sofortige Geltendmachung des Schadensersatzanspruchs rechtfertigen.

aa) Verzicht auf Fristsetzung

Entbehrlich bei Verzicht

Eine Fristsetzung ist entbehrlich, wenn der Schuldner auf das Erfordernis der Fristsetzung verzichtet hat. Bei § 281 BGB handelt es sich um dispositives Gesetzesrecht. Die Parteien können daher vereinbaren, dass für den Schadensersatz statt der Leistung eine Fristsetzung nicht erforderlich ist. Der Schuldner kann aber auch einseitig auf das Erfordernis einer Fristsetzung verzichten.

hemmer-Methode: Bei einer Abbedingung durch AGB ist aber die Grenze des § 309 Nr.4 BGB zu beachten, d.h. gegenüber Privatleuten ist eine Abbedingung in AGB nicht möglich.

bb) Ernsthafte und endgültige Erfüllungsverweigerung

Entbehrlich bei ernsthafter und endgültiger Erfüllungsverweigerung

Gemäß § 281 II 1.Alt. BGB ist die Fristsetzung entbehrlich, wenn der Schuldner die Leistung ernsthaft und endgültig verweigert. In diesem Fall ist eine Fristsetzung sinnlos, weil von vorneherein klar ist, dass eine Leistung während der Frist nicht erfolgen wird. Der Gläubiger kann daher im Falle einer Erfüllungsverweigerung sofort Schadensersatz statt der Leistung verlangen.

An das Vorliegen einer ernsthaften und endgültigen Erfüllungsverweigerung sind strenge Anforderungen zu stellen. Der Schuldner muss unmissverständlich zum Ausdruck bringen, dass er zu einer freiwilligen Leistung unter keinen Umständen bereit ist. Eine Fristsetzung muss als leere Förmelei erscheinen. Es muss offensichtlich sein, dass der Schuldner die Leistung nicht erbringen wird. Der Schuldner muss „das letzte Wort gesprochen" haben.

Problem: Erfüllungsverweigerung vor Fälligkeit

Fraglich ist, was im Falle einer ernsthaften und endgültigen Erfüllungsverweigerung *vor Fälligkeit* gilt. § 281 BGB kann in diesem Fall eigentlich nicht vorliegen, weil kein fälliger Anspruch besteht. Gleichwohl ist anerkannt, dass in diesem Fall sofort Schadensersatz statt der Leistung verlangt werden kann. Die Anspruchsgrundlage ist aber umstritten.

Eine Ansicht stützt den Schadensersatzanspruch auf die §§ 280 I, III, 282, 241 II BGB. Es liegt danach eine Verletzung der Leistungstreuepflicht vor.

Die herrschende Meinung legt § 281 BGB erweiternd aus. Bei der Vertragsaufsage vor Fälligkeit soll nach dieser Ansicht § 281 BGB anwendbar sein. Dazu wird eine Analogie zu § 323 IV BGB gezogen. Es wäre widersinnig, wenn der Gläubiger zwar nach den §§ 323 I, II Nr.1, IV BGB vom Vertrag zurücktreten können, nicht aber Schadensersatz verlangen könnte.[36]

hemmer-Methode: Ausführlich hierzu JAENSCH, Der Gleichlauf von Rücktritt und Schadensersatz" in NJW 2003, 3613 ff. sowie JAENSCH, „Schadensersatz beim vorweggenommenen Vertragsbruch und beim relativen Fixgeschäft" in ZGS 2004, 134 ff.

---

36 MüKo § 281 Rn. 62.

cc) Vorliegen besonderer Umstände nach § 281 II 2.Alt. BGB

Generalklausel

Weiterhin ist die Fristsetzung gemäß § 281 II 2.Alt BGB entbehrlich, wenn besondere Umstände vorliegen, die unter Abwägung der beiderseitigen Interessen die sofortige Geltendmachung des Schadensersatzanspruchs rechtfertigen.

Strenge Anforderungen

Bei § 281 II 2.Alt. BGB handelt es sich um eine Generalklausel für die Entbehrlichkeit der Fristsetzung. Aufgrund der schweren Folgen für den Schuldner sind an das Vorliegen der Voraussetzungen des § 281 II 2.Alt. BGB strenge Anforderungen zu stellen. Das Erfordernis der Fristsetzung ist nämlich der Regelfall, die Entbehrlichkeit die Ausnahme.

z.B. bei Interessefortfall

§ 281 II 2.Alt. BGB erfasst im Wesentlichen die Fälle des Interessefortfalls nach § 326 II a. F., 286 II a.F. BGB. Es muss dem Gläubiger im Wesentlichen das entgehen, was er nach dem Vertrag erwarten durfte.[37]

Arglist

Ein überwiegendes Interesse des Gläubigers i.S:d. § 281II 2.Alt BGB (bzw. eine Unzumutbarkeit der Fristsetzung für den Käufer gem. § 440 S. 1 Var. 3 BGB) wird von der Literatur und der untergerichtlichen Rechtsprechung ganz überwiegend bejaht, wenn der Verkäufer dem Käufer einen ihm bekannten Mangel arglistig verschwiegen hat.[38]

Dem schließt sich der BGH an.[39] Hat zum Beispiel der Verkäufer beim Abschluss eines Kaufvertrags eine Täuschungshandlung begangen, so ist in der Regel davon auszugehen, dass die für eine Nacherfüllung erforderliche Vertrauensgrundlage beschädigt ist. Dies gilt insbesondere, aber nicht nur, dann, wenn die Nacherfüllung durch den Verkäufer selbst oder unter dessen Anleitung im Wege der Mängelbeseitigung erfolgen soll. In solchen Fällen hat der Käufer ein berechtigtes Interesse daran, von einer weiteren Zusammenarbeit mit dem Verkäufer Abstand zu nehmen, um sich vor eventuellen neuerlichen Täuschungsversuchen zu schützen.

Dem stehen regelmäßig keine maßgebenden Interessen des Verkäufers gegenüber. Eine „zweite Chance", den mit der Rückabwicklung verbundenen wirtschaftlichen Nachteil abzuwenden, verdient der Schuldner nicht.

Nicht bei relativem Fixgeschäft

§ 281 II 2.Alt. BGB meint nicht den Fall des relativen Fixgeschäfts.[40] Bei einem relativen Fixgeschäft soll der Gläubiger zwar ohne Fristsetzung vom Vertrag zurücktreten können, für den Schadensersatzanspruch soll gleichwohl eine Fristsetzung erforderlich sein, vgl. § 323 II Nr.2 BGB gegenüber § 281 II BGB.

hemmer-Methode: Anderer Ansicht, nämlich für eine extensive Auslegung des § 281 II 2.Alt. BGB beim relativen Fixgeschäft, ist JAENSCH NJW 2003, 3613 (3614 f.) sowie JAENSCH in ZGS 2004, 134 (141).

z.B. bei just-in-time-Verträgen

§ 281 II 2.Alt. BGB soll nach der amtlichen Begründung[41] vor allem bei sog. „just-in-time"-Verträgen Bedeutung haben, bei denen dem Gläubiger im Falle der Leistungsverzögerung enorme Schäden zu entstehen drohen.

---

37 BGH NJW 2000, 803.
38 LG Bonn, NJW 2004, 74 [75]; Bamberger/Roth/Faust, § 440 BGB, Rn. 37; Erman, § 440 BGB, Rn. 3; MüKo, § 440 BGB, Rn. 8; Palandt, § 440 BGB, Rn. 8; Staudinger, § 440 BGB, Rn. 22; differenzierend Lorenz, NJW 2004, 26 f und NJW 2006, 1925 [1927]; MüKo, § 281 BGB, Rn. 60 und § 323 BGB, Rn. 130.
39 Vgl. **BGH, Life and Law 2007, Heft 3, 214** = ZGS 2007, 109 ff.
40 Dazu ausführlich unten Rn. 559 ff.
41 BT-Drucks. 14/6040, S. 140.

Bsp.: Autohersteller M benötigt zur Fertigung der Pkws verschiedenste Einzelteile, die er zur effektiven Nutzung des Firmengeländes nicht bei sich einlagert, sondern ständig von den Herstellern der Einzelteile liefern lässt.

So vereinbart er mit X die Lieferung von 5.000 Katalysatoren zum 02.06.2002 „just in time". X liefert nicht. M verlangt sofort Schadensersatz statt der Leistung nach den §§ 280 I, III, 281 BGB.

Grundsätzlich kann M Schadensersatz statt der Leistung erst nach erfolglosem Ablauf der gesetzten Nachfrist gemäß § 281 I 1 BGB verlangen. Jedoch könnte die Fristsetzung gemäß § 281 II 2.Alt. BGB entbehrlich sein. Dies setzt ein überwiegendes Interesse des M an der sofortigen Geltendmachung des Schadensersatzes voraus.

Dem M drohen infolge der Nichtleistung des X hohe finanzielle Verluste, da er die Produktion ohne die benötigten Katalysatoren nicht fortsetzen kann. Er ist daran interessiert, sofort von Dritten Ersatz zu beschaffen; ihm wäre angesichts des drohenden erheblichen Vermögensschadens nicht zumutbar, zunächst dem X eine Frist zur Nachholung der Leistung zu setzen. Daher ist er gemäß § 281 II 2.Alt. BGB zur sofortigen Geltendmachung des Schadensersatzanspruches und damit zur Abstandnahme von dem Primäranspruch gegen X (vgl. § 281 IV BGB) berechtigt.

dd) Weitere gesetzliche Vorschriften

Weitere Fälle der Entbehrlichkeit

Es gibt weitere gesetzliche Vorschriften, die eine Entbehrlichkeit der Fristsetzung anordnen. Zu nennen sind hier insbesondere die §§ 440 und 636 BGB aus dem kaufrechtlichen bzw. werkvertraglichen Mängelrecht.

hemmer-Methode: Diese Vorschriften wurden im Skript Schadensersatzrecht I, Rn. 308, dargestellt. Die Mängelrechte gelten auch im Falle einer Zuwenig- oder Aliud-Lieferung, vgl. §§ 434 III, 633 II 3 BGB.

4. Vertretenmüssen

Vertretenmüssen

Voraussetzung für einen Schadensersatzanspruch nach § 281 BGB ist gemäß § 280 I 2 BGB, dass der Schuldner die Pflichtverletzung zu vertreten hat.

Die Pflichtverletzung liegt bei § 281 BGB darin, dass die Leistung nicht bzw. nicht innerhalb der gesetzten Frist erbracht wird.

Für das Vertretenmüssen genügt es, dass der Schuldner in zu vertretender Weise trotz Fristsetzung nicht geleistet hat. Erfolgt die Nichtleistung während der Frist schuldlos, kann der Verschuldensvorwurf auch an das Ausbleiben der Leistung trotz Fälligkeit geknüpft werden.

Haftungsmilderungen beachten

Für das Vertretenmüssen gelten insbesondere die §§ 276, 278 BGB. Der Schuldner hat danach gemäß § 276 I BGB grundsätzlich Vorsatz und Fahrlässigkeit zu vertreten. Es kann sich aber eine strengere (z.B. § 287 BGB, Garantiehaftung) oder mildere (z.B. §§ 300 I, 521, 680, 690, 708, 1359, 1664 BGB) Haftung aus einer Vereinbarung oder aus dem Inhalt des Schuldverhältnisses ergeben. Das Verschulden eines Erfüllungsgehilfen wird dem Schuldner gemäß § 278 S.1 BGB zugerechnet.

Die Darlegungs- und Beweislast für das Vertretenmüssen trifft den Schuldner. Dies ergibt sich aus der negativen Formulierung des § 280 I BGB. Der Schuldner muss darlegen und im Bestreitensfalle beweisen, warum er die Pflichtverletzung nicht zu vertreten hat.

5. Im gegenseitigen Vertrag: Eigene Vertragstreue des Gläubigers

Erfordernis eigener Vertragstreue als Ausfluss des Synallagma

Verhält sich der Gläubiger hinsichtlich der von ihm zu erbringenden Gegenleistung vertragswidrig, so können ihm Leistungsstörungsrechte gegen den Schuldner wegen einer Verletzung von dessen Leistungspflicht nicht zustehen.[42] Dies wird als aus dem Gegenseitigkeitsverhältnis („*tu quoque*") im gegenseitigen Vertrag abgeleitet:

Auch nach neuem Schuldrecht aufrechtzuerhalten

Dieser Gedanke ist auch nach der Schuldrechtsreform aufrechtzuerhalten; die fehlende Normierung des Erfordernisses eigener Vertragstreue sagt über die Anwendbarkeit desselben nichts aus: Der Gesetzgeber wollte die Anwendung und Fortentwicklung dieses Grundsatzes weiterhin Rechtsprechung und Literatur überlassen[43].

Nur bei synallagmatischer Hauptleistungspflicht

Zu beachten ist, dass eigene Vertragstreue des Gläubigers *nur bei Verletzung einer synallagmatischen Hauptleistungspflicht* durch den Schuldner zu fordern ist, da sich dieses Erfordernis gerade aus dem Synallagma rechtfertigt.[44]

Eigene Vertragstreue

(-) bei Verletzung einer **synallagmatischen** Pflicht durch den Gläubiger, die nach Art und Schwere **geeignet** ist, **Vertragszweck zu gefährden**

Ausnahmen: Schuldner legt auf pflichtgemäßes Verhalten erkennbar keinen Wert; oder: Schuldner hat Pflichtwidrigkeit durch *seine* Vertragsuntreue hervorgerufen

→ **Beispiel:**
*nach*leistungspflichtiger (sonst § 320!) Gläubiger kündigt an, seine Leistung nicht zu erbringen

Def: Gegenseitige Verträge

Gegenseitige Verträge sind *Austauschverträge*. Die beiderseitigen Verpflichtungen stehen in einem *Abhängigkeitsverhältnis* zueinander. Jeder Vertragsteil verspricht seine Leistung, um die Gegenleistung des anderen Vertragsteils zu erhalten. Die Leistung des einen Teils ist damit Entgelt für die des anderen. Kennzeichen der gegenseitigen Zweckbindung ist die synallagmatische Verknüpfung beider Leistungspflichten, das Prinzip vom „*do ut des*".[45]

Gegenseitige Verträge sind z.B. Kauf (§ 433 BGB), Tausch (§ 480 BGB), Miete (§ 535 BGB), Pacht (§ 581 BGB), Dienst- und Werkvertrag (§§ 611, 631 BGB).

Auch nach neuem Schuldrecht aufrecht zu erhalten

Bei der eigenen Vertragstreue handelt es sich um einen Ausfluss von Treu und Glauben, § 242 BGB: Der Gläubiger, der trotz eigener Pflichtverletzungen Schadensersatz statt der Leistung verlangt, handelt in der Regel rechtsmissbräuchlich.[46]

---

[42] PALANDT, § 326 BGB, Rn. 10 und BGH NJW 71, 1747; 84, 869.
[43] Nach PALANDT, § 281, Rn. 35 soll die eigene Vertragstreue keine zusätzliche Voraussetzung des Anspruches aus §§ 281, 280 I, III BGB bei gegenseitigen Verträgen darstellen; vielmehr fehle in aller Regel schon eine geschriebene Anspruchsvoraussetzung; in den übrigen Fällen solle man mit § 242 BGB arbeiten.
[44] PALANDT, § 281, Rn. 35.
[45] „Ich gebe, damit Du gibst".
[46] Palandt § 281 Rn. 35.

Diese Missbräuchlichkeit kann auch bei § 281 BGB problematisch sein. Es ist deshalb bei § 281 BGB die eigene Vertragstreue zu fordern, sofern eine gegenseitige Leistungspflicht verletzt wurde.

Oft fehlen bereits andere Voraussetzungen des § 281 BGB

Der Anwendungsbereich der eigenen Vertragstreue ist allerdings sehr gering. In vielen Fällen werden bereits die Voraussetzungen des § 281 BGB entfallen:

⇨ Wenn dem Gläubiger die Erbringung seiner Gegenleistung unmöglich ist, entfällt sein Anspruch gegen den Schuldner nach § 326 I BGB. Ein Vorgehen nach § 281 BGB scheitert bereits am Nichtbestehen des Anspruchs gegen den Schuldner.

⇨ Ist der Gläubiger nicht zur Erbringung der Gegenleistung bereit, so ist er nach dem oben unter Rn. 37 ff., zu § 320 BGB Gesagten an der Geltendmachung des § 281 gehindert. § 281 BGB setzt nämlich ein Angebot der Gegenleistung voraus.

⇨ Bei Annahmeverzug des Gläubigers kann § 281 BGB mangels Nichtleistung nicht vorliegen.

Anwendungsfall: Vorleistungspflicht des Schuldners

Ein Fall der eigenen Vertragstreue liegt aber vor, wenn der Schuldner zur Vorleistung verpflichtet ist, der Gläubiger aber vor Erbringung der Leistung ernsthaft und endgültig erklärt, dass er die Gegenleistung nicht erbringen wird. § 320 BGB ist dann nicht einschlägig, weil er eine Leistung Zug um Zug erfordert. Der Anspruch des Gläubigers aus § 281 BGB scheitert hier an der eigenen Vertragstreue.

In anderen Fällen: Interessenabwägung

Bei anderen Pflichtverletzungen des Gläubigers ist durch Abwägung zu ermitteln, ob sie so schwer wiegen, dass ein Schadensersatzanspruch des Gläubigers als missbräuchlich erscheint und deshalb § 281 BGB ausgeschlossen sein muss. Dies ist dann der Fall, wenn die Pflichtverletzung des Gläubigers nach Art und Schwere den Vertragszweck gefährdet. Dagegen ist Schadensersatz statt der Leistung möglich, wenn der Schuldner auf die Erfüllung der Pflicht des Gläubigers keinen Wert legt, weil er sich beispielsweise vom Verhalten des Gläubigers vom Vertrag losgesagt hat.

Bsp.: V verkauft an K ein Grundstück. Zugunsten des K wird eine Auflassungsvormerkung eingetragen. K zahlt den Kaufpreis nicht. V setzt dem K am 01.02. eine Frist bis zum 01.03. Am 15.02. verkauft und übereignet V das Grundstück zu einem niedrigeren Kaufpreis an D. K zahlt auch nach Fristablauf nicht. Kann V Schadensersatz statt der Leistung nach § 281 BGB verlangen?

Die Voraussetzungen des § 281 BGB liegen grundsätzlich vor:

1. V stand gegen K ein Anspruch auf Zahlung des Kaufpreises zu. Der Anspruch ist nicht nach § 326 I BGB durch die Weiterveräußerung an D erloschen. Wegen der Wirkung der Vormerkung nach § 883 II BGB ist dem V die Erbringung der Leistung noch möglich.

2. Auch eine Fristsetzung und Vertretenmüssen des K liegen vor.

3. Der Anspruch könnte aber an der eigenen Vertragstreue des V scheitern, da V das Grundstück vor Fristablauf an D veräußert hat. Dazu müsste diese Vertragsverletzung des V so gewichtig sein, dass ein Verlangen nach Schadensersatz statt der Leistung als rechtsmissbräuchlich erscheint. Wegen § 883 II BGB ist aber die Übereignung des Grundstücks an K nicht gefährdet. Das Geschäft mit D wurde durch die Nichtzahlung des Kaufpreises durch K provoziert. Ferner ist an rechtmäßiges Alternativverhalten zu denken. Wenn V den Fristablauf abgewartet hätte und erst dann das Deckungsgeschäft mit D vorgenommen hätte, hätte er rechtmäßig gehandelt.

Da K den Kaufpreis nicht bezahlt hat, wäre spätestens nach Fristablauf V zur Vornahme des Rechtsgeschäfts berechtigt gewesen. Der Anspruch scheitert deshalb nicht am Fehlen der Vertragstreue des V.

V kann somit Schadensersatz statt der Leistung nach § 281 BGB verlangen.

6. Ersatzfähiger Schaden

Rechtsfolge: Schadensersatz statt der Leistung

Rechtsfolge des § 281 BGB ist Schadensersatz statt der Leistung: Der Gläubiger soll so gestellt werden, wie er stünde, wenn die Leistung ordnungsgemäß erbracht worden wäre.[47] Es wird also das positive Interesse ersetzt.[48]

Ersatzfähiger Schaden i.R.v. §§ 280 I, III, 281

Schadensersatz statt der Leistung

Differenzhypothese: Der Gl. ist finanziell so zu stellen, wie er bei ordnungsgemäßer (d.h. hier rechtzeitiger) Erfüllung stünde.

An die Stelle des Primäranspruchs auf die Leistung tritt der Sekundäranspruch auf Schadensersatz statt der Leistung.

a) Nebeneinander von Primäranspruch und Schadensersatz statt der Leistung

Wahlmöglichkeit zwischen Primäranspruch und Schadensersatz statt der Leistung

Zunächst bestehen der Erfüllungsanspruch und die Berechtigung des Gläubigers, Schadensersatz statt der Leistung zu verlangen, nebeneinander. Erst ab dem Zeitpunkt des Schadensersatzverlangens ist der Erfüllungsanspruch ausgeschlossen, vgl. § 281 IV BGB.

Der Gläubiger kann deshalb auch nach Fristablauf noch Erfüllung verlangen, er ist nicht auf den Schadensersatzanspruch beschränkt. Der Schuldner kann aber nicht von sich aus statt der Erfüllung Schadensersatz leisten.

Schadensersatzverlangen nach Schadensersatz statt der Leistung

Das Schadensersatzverlangen muss sich auf den Schadensersatz statt der Leistung beziehen. Macht der Gläubiger nur Schadensposten geltend, die von § 280 I BGB (Ersatz sonstiger Schäden) oder von den §§ 280 I, II, 286 BGB (Verzögerungsschäden) erfasst werden, bleibt der Erfüllungsanspruch bestehen. Unerheblich ist, ob der Gläubiger die Höhe des Schadensersatzes statt der Leistung richtig berechnet hat.

Wenn der Gläubiger nur allgemein „Schadensersatz" verlangt, so muss durch Auslegung ermittelt werden, ob Schadensersatz statt der Leistung oder nur Ersatz sonstiger Schäden und Verzögerungsschäden gefordert wird.

Bei dem Schadensersatzverlangen handelt es sich um eine einseitige, empfangsbedürftige Willenserklärung. Sie ist formlos möglich. Das Schadensersatzverlangen eines Minderjährigen ist gemäß § 111 BGB unwirksam, weil es rechtliche Nachteile mit sich bringt: Der Minderjährige verliert gemäß § 281 IV BGB seinen Erfüllungsanspruch.

---

47 Palandt § 281 Rn. 19.
48 Ausführlicher HEMMER/WÜST Schuldrecht I, Rn. 402 ff.

b) Schadensermittlung

Schadensermittlung

Zunächst ist festzulegen, worin der nach § 281 BGB zu ersetzende Schaden liegt (Schadensermittlung). Erst anschließend kann die Höhe des Schadensersatzes ermittelt werden (Schadensberechnung).

Der Gläubiger soll durch den Schadensersatz statt der Leistung dafür entschädigt werden, dass er die geschuldete Leistung endgültig nicht mehr erhält.

aa) Schadensermittlung bei gegenseitigen Verträgen

Sonderfall: Gegenseitige Verträge

Bei Schadensersatz wegen Verletzung einer im Gegenseitigkeitsverhältnis stehenden Leistungspflicht muss im Rahmen der Schadensermittlung auch die Gegenleistung des Gläubigers berücksichtigt werden. Hierzu bieten sich zwei verschiedene Wege an:

Differenztheorie

Nach der Differenztheorie wird die Gegenleistung nicht mehr erbracht bzw. nach den §§ 326 I, IV, 346 BGB zurückverlangt. Der Schaden liegt hier in der Differenz zwischen dem Wert der Leistung und dem Wert der Gegenleistung. „Negative Schäden" können sich hier nicht ergeben: Der Schadensersatz beträgt mindestens 0 €.

Surrogationstheorie

Bei der Surrogationstheorie wird die Gegenleistung vom Gläubiger noch erbracht. Der Schaden liegt dann im Wert der Leistung. Auch hier entstehen dem Gläubiger bei einem für ihn „schlechtes Geschäft", d.h. die Gegenleistung ist wertvoller als die Leistung, keine Nachteile: Die Leistung wird nämlich mindestens mit dem Wert der Gegenleistung angesetzt.

Es geht um die Schadensermittlung des SE statt der Leistung bei gegenseitigen Verträgen:

Differenzmethode:	Surrogationsmethode:
Die Pflicht des Gläubigers zur Gegenleistung **erlischt**; Teil des SE ist dann die Differenz von Leistung und Gegenleistung	Die Pflicht des Gläubigers zur Gegenleistung **bleibt bestehen**; Einer der zu ersetzenden Schadensposten ist dann der Wert der vom Gl. zu erbringenden Gegenleistung

---

Meist vergleichbare Ergebnisse

Wenn die Gegenleistung des Gläubigers in Geld besteht, führen beide Theorien wirtschaftlich zum gleichen Ergebnis. Nach der Differenztheorie werden Gegenleistung und Schaden kraft Gesetzes miteinander verrechnet. Bei der Surrogationstheorie wird der Schadensersatz gegen die Gegenleistung „getauscht". Durch eine Aufrechnung kann hier das gleiche Ergebnis wie bei der Differenztheorie herbeigeführt werden, § 389 BGB. Die Aufrechnungserklärung nach § 388 BGB wird häufig konkludent erfolgen.

Deutliche Unterschiede zwischen Differenz- und Surrogationstheorie ergeben sich aber, wenn die Gegenleistung des Gläubigers nicht in Geld besteht, beispielsweise beim Tausch nach § 480 BGB:

§ 7 SCHADENSERSATZ STATT DER LEISTUNG

Bsp.: Briefmarkensammler S tauscht mit B sein Motorrad gegen die seltene Briefmarke „Blaue Flunder", da er gerade kein Geld hat. B, der die Briefmarke geerbt hat und sie nicht gebrauchen kann, kommt dies gerade recht, da er einen fahrbaren Untersatz benötigt.

Der Wert des Motorrads beträgt 2.500 €, der der Briefmarke ca. 2.900 €. B leistet aber nicht. S setzt ihm daher eine Nachfrist zur Leistung. Nach Fristablauf verlangt er Schadensersatz statt der Leistung.

Die Voraussetzungen der §§ 280 I, III, 281 BGB liegen grundsätzlich vor. Fraglich ist aber, wie im Rahmen des Schadensersatzes statt der Leistung die Gegenleistung zu berücksichtigen ist.

Nach der Surrogationstheorie bliebe der S auch beim Schadensersatzverlangen weiterhin zur Gegenleistung, also zur Übereignung des Motorrads, verpflichtet. Wie der Name Surrogationstheorie schon besagt, tritt also an die Stelle der geschuldeten Leistung der Schadensersatzanspruch als Surrogat. Der Schadensersatzanspruch beliefe sich entsprechend dem Wert der Briefmarke dann auf 2.900 €.

Nach der Differenztheorie besteht eine Pflicht zur Erbringung der Gegenleistung nicht. Der Vergleich der hypothetischen mit der tatsächlichen Vermögenslage nach der Differenztheorie ergibt: S hätte (bezogen auf den Wert der Gegenstände) 2.500 € geleistet und 2.900 € erhalten. Tatsächlich muss er 2.500 € nicht leisten, erhält aber die 2.900 € nicht. Sein Differenzschaden beträgt 400 €

Wahlrecht zwischen Differenz- und Surrogationstheorie

Grundsätzlich hat der Gläubiger zwischen dem Vorgehen nach der Differenz- und der Surrogationstheorie die Wahl. Der Gläubiger wird die Surrogationstheorie anwenden, wenn er seine Gegenleistung „loswerden" will, beispielsweise bei schwer verkäuflichen Waren. Will er aber für den Fall der Nichtleistung des Schuldners seine eigene Leistung lieber behalten, so wird er die Differenztheorie vorziehen. Fraglich ist aber, ob der Gläubiger in allen Fällen die Wahl zwischen den beiden Möglichkeiten hat.

Kein Wahlrecht mehr nach Rücktritt

Wenn der Gläubiger vom Vertrag zurückgetreten ist, ist eine Schadensermittlung nach der Surrogationstheorie nicht mehr erlaubt. Rücktritt und Schadensersatz sind zwar nach § 325 BGB nebeneinander möglich. Der Rücktritt hat aber zur Folge, dass die gegenseitigen Leistungspflichten erlöschen. Der Gläubiger hat es nicht in der Hand, die Leistungspflicht durch die Wahl der Surrogationstheorie „wiederzubegründen". Es bleibt hier nur eine Schadensermittlung nach der Differenztheorie.

Auch nach Erbringung der Gegenleistung Wahlrecht

Problematisch ist ferner, ob die Differenztheorie auch dann angewendet werden kann, wenn der Gläubiger die Gegenleistung bereits erbracht hat. Die Differenztheorie würde hier dazu führen, dass der Schuldner die Gegenleistung zurückzugeben hat.

Zu § 326 BGB a. F. wurde vertreten, dass die Differenztheorie ausgeschlossen sein muss. Eine Anwendung der Differenztheorie würde zu einer damals verbotenen Kumulation von Rücktritt und Schadensersatz führen. Nach neuer Rechtslage sind Rücktritt und Schadensersatz aber kombinierbar, § 325 BGB. Deshalb besteht kein sachlicher Grund mehr, die Differenztheorie auszuschließen. Auch bei bereits erbrachter Gegenleistung ist deshalb eine Schadensermittlung nach der Differenztheorie möglich.

**hemmer-Methode: Die Differenz- bzw. Surrogationstheorie wird oft fälschlich mit dem großen/kleinen Schadensersatz verwechselt.
Bei der Differenz- / Surrogationstheorie wird danach gefragt, ob die *Gegenleistung* noch erbracht werden muss/darf.
Beim großen/kleinen Schadensersatz geht es dagegen um die Frage, ob der Schadensersatzgläubiger die *Leistung* behalten muss oder ob er wegen der ganzen Leistung Schadensersatz verlangen kann.**

Beim großen Schadensersatz will er die gestörte Leistung nicht und muss sie, falls er sie bereits bekommen hat, zurückgeben (§ 281 V BGB).

Es geht bei diesem Begriffspaar also um die Frage, was mit der gestörten Leistung passiert, während Differenz- und Surrogationstheorie die Frage des Schicksals der Gegenleistung bei der Ermittlung des Schadensersatzes betreffen[49].

Rein theoretisch bestehen also vier Kombinationsmöglichkeiten und zwar jeweils kleiner und großer Schadensersatz mit entweder Differenz- oder Surrogationstheorie.

Ob diese einzelnen Möglichkeiten auch wirklich immer möglich sind, muss je nach Fall entschieden werden und ist im Einzelnen umstritten. Die Frage großer oder kleiner Schadensersatz stellt sich ohnehin nur bei mangelhaften Leistungen und Teilunmöglichkeit (vgl. sogleich).

Ungenau ist auf jeden Fall, wie dies z.T. geschieht, den kleinen Schadensersatz immer mit der Surrogationstheorie gleichzusetzen und den großen Schadensersatz mit der Differenztheorie[50].

Seien Sie also vorsichtig mit pauschalen Aussagen: Trennen Sie daher sauber nach dem Schicksal der Leistung und dem Schicksal der Gegenleistung beim Ermitteln des Schadensersatzes und achten Sie darauf, was der Gläubiger will.

bb) Schadensermittlung bei teilweiser oder mangelhafter Leistung

Sonderproblem: Teil- und mangelhafte Leistung

Problematisch ist die Schadensermittlung ferner, wenn eine teilweise oder mangelhafte Leistung vorliegt. Hier stellt sich die Frage, ob dann *nur wegen des ausstehenden Leistungsteiles* Schadensersatz statt der Leistung verlangt werden kann oder ob *für die ganze Leistung* Schadensersatz verlangt werden kann.

Kleiner Schadensersatz

Beim „kleinen" Schadensersatz statt der Leistung behält der Gläubiger die Teilleistung bzw. die mangelhafte Sache. Der Schaden liegt dann in dem Wert des noch ausstehenden Leistungsteils.

Großer Schadensersatz

Beim „großen" Schadensersatz statt der **ganzen** Leistung gibt der Gläubiger die bereits erbrachte Teilleistung zurück. Der Schaden liegt dann in der gesamten Leistung. Gemäß §§ 281 V, 346 BGB hat der Schuldner im Falle des großen Schadensersatzes einen Anspruch auf Rückgewähr der bereits erbrachten Teilleistung.

Möglichkeit großen Schadensersatz zu verlangen ist nach § 281 I 2, 3 BGB eingeschränkt

Kleiner Schadensersatz kann vom Gläubiger stets verlangt werden. Der große Schadensersatz statt der ganzen Leistung ist dem Schuldner aber nicht ohne weiteres zumutbar, da nur eine beschränkte Störung vorliegt. Die Möglichkeit, großen Schadensersatz zu verlangen wird deshalb durch die §§ 281 I 2, 3 BGB eingeschränkt.

hemmer-Methode: Lesen Sie dazu vertiefend HEMMER/WÜST Schuldrecht I, Rn. 317 und 412 ff. sowie HEMMER/WÜST Schuldrecht II, Rn. 137. Dort wird die Frage behandelt, wie eine Teilleistung im Kaufrecht, die dort als Mangel gem. § 434 III BGB anzusehen ist, im allgemeinen Schuldrecht behandelt wird. Nach überzeugender Ansicht handelt es sich im Schuldrecht AT nicht um den Fall der „nicht vertragsgemäßen Leistung", sondern um eine Teilleistung.
Lesen Sie die angegebenen Fundstellen unbedingt nach!

Bei Teilleistung: § 281 I 2 BGB

Für eine teilweise Nichtleistung gilt § 281 I 2 BGB. Teilweise Nichtleistung meint quantitative Nichtleistungen. Die geschuldete Leistung muss dazu teilbar sein. Schadensersatz statt der ganzen Leistung kann hier nur dann verlangt werden, wenn der Gläubiger an einer Teilleistung *kein Interesse* hat.

---

49   Auf diese Unterscheidung ausdrücklich hinweisend: HUBER/FAUST, § 3 Rn. 187; LORENZ/RIEHM, Rn. 216.
50   So zumindest mißverständlich: Medicus, BR (18. Aufl.), Rd. 360; H/W Schuldrechtsreform Rd. 125 und Schuldrecht I Rd. 305.

§ 7 SCHADENSERSATZ STATT DER LEISTUNG

Entscheidend ist, dass das Interesse des Gläubigers nicht gewahrt ist, wenn er statt der ursprünglichen Leistung eine naturale Teilleistung und für den Rest Ausgleich durch den kleinen Schadensersatz erhält.

Bsp.: V verkauft an K einen Computer mit einer speziell für Ks Bedürfnisse zugeschnittenen Software. Der Computer wird am 01.02. geliefert. Die Software kann aufgrund von Lieferengpässen aber derzeit nicht geliefert werden. Am 02.03. verliert K die Geduld und setzt dem V eine Frist bis zum 15.03.

Als V auch zu diesem Termin die Software noch nicht geliefert hat, möchte K den Computer zurückgeben und Schadensersatz statt der Leistung verlangen.

1. Die Voraussetzungen des § 281 I 1 BGB liegen vor: K hat dem V zur Lieferung der Software eine Frist gesetzt. Die Frist ist erfolglos abgelaufen. Aufgrund der Übernahme eines Beschaffungsrisikos hat V die Nichtleistung auch zu vertreten, §§ 280 I 2, 276 BGB.

2. Fraglich ist, ob K auch Schadensersatz statt der ganzen Leistung verlangen kann. Dies wäre gemäß § 281 I 2 BGB dann der Fall, wenn eine Teilleistung für den K kein Interesse hätte. Bei Computer und Software handelt es sich um keine einheitliche Leistung, sondern um eine teilbare Leistung.

Mit der bloßen Lieferung des Computers liegt auch eine teilweise Leistung vor. Problematisch ist aber, ob ein Interessewegfall vorliegt. K hat Computer und Software gekauft, um mit der Software arbeiten zu können. Dies war auch für V erkennbar. Computer und Software waren aufeinander abgestimmt. Mit anderer Software wäre unter Umständen eine andere Konfiguration erforderlich. Folglich hat K ein Interesse daran, Computer und Software aus einer Hand zu bekommen. Da dies nicht möglich ist, kann er Schadensersatz statt der ganzen Leistung verlangen.

Bei mangelhafter Leistung: § 281 I 3 BGB

Bei mangelhaften Leistungen sind die Anforderungen, die das Gesetz an das Recht, großen Schadensersatz zu verlangen stellt, geringer.

Gemäß § 281 I 3 BGB kann hier großer Schadensersatz schon dann verlangt werden, wenn der Mangel nicht *unerheblich* ist. Mangelhafte Leistung meint qualitative Nichtleistungen. Die Schwelle für den großen Schadensersatz ist hier geringer, da der Gläubiger mit einer mangelhaften Sache oft nichts anfangen kann.

Anhand eines kleinen Beispiels soll nun verdeutlicht werden, wie man die Differenz-/Surrogationsmethode mit dem Problem kleiner/großer Schadensersatz kombinieren kann.

Grundfall: K kauft ganz bestimmte 1000 Flaschen Wein (Stückschuld) für 1.000 Euro (1 Flasche kostet 1 € und ist auch objektiv 1 € wert). 500 Flaschen davon gehen nach Konkretisierung kaputt. Vom Vertretenmüssen des V ist auszugehen.

a) Großer Schadensersatz statt der ganzen Leistung

aa) Wählt K großen Schadensersatz (Interessenfortfall gem. §§ 283 S.2, 281 I 2 vorausgesetzt), so bekommt er keine der 500 verbleibenden Flaschen. Sein Schaden wird bei Geld als Gegenleistung sinnvollerweise nach der Differenztheorie ermittelt. Der Schaden beträgt daher 0 €, wenn man vom Wert der 1.000 Flaschen (1.000 €) die Gegenleistung 1.000 €) abzieht.

bb) *Zugleich Abwandlung:*

Die Frage stellt sich aber, ob bei einer atypischen Gegenleistung (z.B. wenn man im obigen Fall einen Tausch mit einem Gebrauchtwagen annimmt) K das Recht hat, seine Gegenleistung (Auto) zu erbringen und dafür den Wert der ganzen Leistung zu verlangen (Surrogationstheorie).

Die Frage ist schon bei Vollunmöglichkeit umstritten, wird aber von der z.Zt. wohl h.M. bejaht[51]. Letztlich kann aber wohl eine Teilunmöglichkeit, bei der die noch möglichen Teilleistung für den Gläubiger kein Interesse mehr hat, nicht anders zu behandeln als eine Vollunmöglichkeit (a.A. ebenso vertretbar[52]).

Bei dieser ist aber eben gerade anerkannt, dass der Gl. seine Gegenleistung im Rahmen des Schadensersatzes noch erbringen darf[53].

b) Kleiner Schadensersatz

aa) *Zum Grundfall*:

(1) Will der K (oder muss er wegen Nichtvorliegens der Voraussetzung der §§ 283 S.2, 281 I 2 BGB) also die 500 intakten Flaschen behalten (kleiner Schadensersatz), so kann er, sofern er den Preis schon bezahlt hat, den auf die restlichen (kaputten) Flaschen entfallenden Kaufpreis als Schaden geltend machen[54].

Hierbei handelt es sich um die Surrogationstheorie, weil er die Gegenleistung erbracht hat.

(2) Hat K hingegen noch nicht bezahlt, so mindert sich sein Gegenleistungsanspruch gem. § 326 I 1, 2. Hs. BGB[55]. Bzgl. der restlichen (kaputten) Flaschen kann es nicht sein, dass er erst den Kaufpreis bezahlen muss, um dann den Schadensersatz gelten zu machen. Vielmehr geht er bzgl. dieses Teiles nach der Differenztheorie vor[56] (Wert kaputte Flaschen - Wert der Restgegenleistung = 0).

hemmer-Methode: Sie sehen also, dass sowohl Differenz- als auch Surrogationstheorie auch beim kleinen Schadensersatz möglich sind.

bb) *Zur Abwandlung*: Kleiner Schadensersatz bei atypischer Gegenleistung (Wein gegen Auto):

(1) Hat K sein Auto schon geliefert und muss/will er die 500 intakten Flaschen behalten, so ist wohl unproblematisch, dass K den Wert der restlichen Flaschen als Schadensersatz erhält. Eine Minderung der Gegenleistung kraft Gesetzes findet nicht statt, weil die Anwendung von §§ 326 I 1, 2.Hs., 441 eine teilbare Gegenleistung voraussetzt.[57]

(2) Was passiert aber, wenn K das Auto noch hat. Auf jeden Fall ist die Surrogationstheorie möglich, d.h. er erbringt seine Gegenleistung. Die Lösung ist dann wie oben.

Fraglich ist aber, ob K sein Auto behalten darf. Daran kann er insbesondere dann ein Interesse haben, wenn er es nur für die volle Leistung hergeben wollte. Würde man ein solches Recht des K annehmen, entspräche das im Ergebnis der Differenztheorie. Klar ist, dass K dann zumindest für die 500 Flaschen, die er bekommt, bezahlen muss. Wie dies konstruktiv zu begründen ist, scheint überdies aber fraglich.

---

51 Mit sehr überzeugenden Argumenten allgemein für ein Wahlrecht zwischen großen und kleinen Schadensersatz: LORENZ/RIEHM, Rn. 210 ff./216; sowie PALANDT, § 281, Rn. 39/17 ff.; SCHULZE/EBBERS, *„Streitfragen zum neuen Schuldrecht"* in JuS 2004, 366 [368 f.]; besonders umstritten ist dies beim Anspruch „nur" aus §§ 280 I, III, 281 BGB.

52 Die zum Teil geäußerte Auffassung, dass beim großen Schadensersatz und Wahl der Surrogationstheorie der Schuldner die mögliche Restleistung noch erbringen muss, überzeugt nicht. Surrogationstheorie heißt, dass die Gegenleistung erbracht werden darf und die Leistung durch den Wert derselben surrogiert wird. Beim großen Schadensersatz ist das eben der Wert der gesamten Leistung nicht nur der unmöglichen Teilleistung, denn wenn der Gl. an der teilmöglichen Leistung kein Interesse mehr hat, entspricht dies der Vollunmöglichkeit. Hier werden gerade die beiden Begriffspaare, die streng zu trennen sind, unsauber vermengt.

53 HEMMER/WÜST, Schuldrecht I, Rn. 310 ff.

54 HEMMER/WÜST, Schuldrecht I, Rn. 317.

55 **Achtung**: Im Falle eines Mangels mindert sich die Gegenleistung zwar nicht kraft Gesetzes (vgl. § 326 I S.2 BGB; allerdings kann der Käufer gestalten (§§ 437 Nr. 2, 1.Alt., 441 BGB) **und** Schadensersatz statt der Leistung verlangen (vgl. § 437 Nr. 2 a.E.: ..."und"...).

56 So Faust/Huber § 3 Rd. 207.

57 Müko-Ernst, Bd. 2a, § 326, Rn. 28.

ERNST vertritt daher, dass, wenn dem K ein Rücktritt nicht möglich ist, welches ihm das Behalten der Gegenleistung sichern würde, er eben sein Gegenleistungsrecht erbringen muss.[58] Ob dies aber zwingend so sein muss, beleibt abzuwarten.

hemmer-Methode: Dieses Problem wird Ihnen im Examen zum jetzigen Zeitpunkt aber wohl kaum begegnen. Es wurde nur der Vollständigkeit halber aufgeführt. Sollte es dennoch vorkommen, entscheiden sie sich für die Lösung, zu der Ihnen die besseren Argumente einfallen, dann haben Sie die entscheidenden Punkte mitgenommen.
Diese Beispiele sollten nur allgemein zeigen, dass großer Schadensersatz nicht immer Differenztheorie und kleiner Schadensersatz nicht immer Surrogationstheorie bedeuten muss, wie oft behauptet wird.

cc) Maßgeblicher Zeitpunkt für die Schadensermittlung

Maßgebender Zeitpunkt: Fristablauf

Für die Schadensermittlung ist der Zeitpunkt des Ablaufes der Nachfrist entscheidend. Bei Entbehrlichkeit der Fristsetzung kommt es auf den Zeitpunkt der Pflichtverletzung des Schuldners an.

Begründung: Keine Spekulation auf Kosten des Schuldners

Zwar entsteht der Schadensersatzanspruch erst mit dem Schadensersatzverlangen des Gläubigers. Allerdings könnte der Gläubiger auf Kosten des Schuldners spekulieren, indem er das Schadensersatzverlangen verzögert. Da dem Gläubiger diese Möglichkeit genommen sein soll, ist der Zeitpunkt des Fristablaufs maßgebend.

Ausnahmsweise Vorverlagerung auf den Verzugseintritt

Zu § 326 BGB a.F. wurde vertreten, dass der Gläubiger alternativ auf den Zeitpunkt des Schuldnerverzugs abstellen kann. Fraglich ist, ob dies auch bei § 281 BGB möglich ist. § 281 BGB setzt aber gerade keinen Schuldnerverzug voraus. Regelmäßig wird aber mit der Fristsetzung gleichzeitig auch die Mahnung zum Ausdruck gebracht werden.

Ein Abstellen auf den Zeitpunkt der Fälligkeit, ohne gleichzeitig Schuldnerverzug zu fordern, würde in zeitlicher Hinsicht gegen die Wertung des § 280 II BGB verstoßen: Es könnte der Verzögerungsschaden für Zeiträume geltend gemacht werden, in denen kein Verzug vorliegt.

Deshalb ist höchstens auf den Zeitpunkt des Eintritts des Schuldnerverzugs vor zu verlagern. Zu einer ordnungsgemäßen Leistung gehört auch die Rechtzeitigkeit der Leistung. Zwar werden dadurch die Grenzen zwischen Verzögerungsschäden und Schadensersatz statt der Leistung vermischt. Wegen der bestehenden Abgrenzungsschwierigkeiten muss dies aber in Kauf genommen werden.

hemmer-Methode: Der Verzögerungsschaden kann also im Schadensersatz statt der Leistung geltend gemacht werden. In der Klausur sind aber immer auch die §§ 280 I, II, 286 BGB zu prüfen. Die Vorverlagerung des Zeitpunkts soll nur der Vereinfachung der Schadensermittlung dienen. Dadurch soll aber nicht die Anwendbarkeit der §§ 280 I, II, 286 BGB eingeschränkt werden. Der Verzögerungsschaden kann damit sowohl nach den §§ 280 I, II, 286 BGB als auch über den Schadensersatz statt der Leistung verlangt werden.

c) Schadensberechnung

Schadensberechnung

Zur Schadensberechnung muss ein Gesamtvermögensvergleich vorgenommen werden. Es ist die bestehende Vermögenslage mit der Vermögenslage zu vergleichen, die bestünde, wenn die geschuldete Leistung ordnungsgemäß erbracht wurde. Der Schaden kann konkret und abstrakt berechnet werden.

---

58   Müko-Ernst, Bd. 2a, § 326, Rn. 29.

Mindestschaden: Wert der erbrachten Gegenleistung

Als Mindestschaden wird dann, wenn der Verkäufer vorgeleistet hat, auf Grund einer widerlegbaren Vermutung der Wert der von ihm erbrachten Gegenleistung anzusetzen sein. Außerdem gehören dazu regelmäßig die Kosten der Vertragsdurchführung, z.B. nutzlos aufgewandte Transportkosten.

Ausnahme ist aber der Fall, dass der Schuldner belegen kann, dass der Gläubiger auch bei Erfüllung die Kosten zu tragen gehabt hätte.[59]

aa) Konkrete Schadensberechnung

Konkrete Schadensberechnung

Bei der konkreten Schadensberechnung sind alle Vor- und Nachteile des nicht erfüllten Vertrags zu saldieren. Maßgebend ist die konkrete Entwicklung nach dem schädigenden Ereignis. Hauptanwendungsfall ist dabei der Kaufvertrag.[60] Der Umfang des zu ersetzenden Schadens bestimmt sich dann nach den §§ 249 bis 252 BGB.

Nach der allgemein zur Bemessung von Schadensersatz gültigen *Differenzhypothese* ist dabei die Vermögenslage des Geschädigten aufgrund der Nichterfüllung mit der hypothetischen Vermögenslage des Gläubigers bei ordnungsgemäßer Erfüllung zu vergleichen.[61]

Auch Vorteile des Gläubigers sind zu berücksichtigen

Im Rahmen des Gesamtvermögensvergleichs sind auch Vorteile des Gläubigers, die im Zusammenhang mit der Pflichtverletzung stehen, zu berücksichtigen. Der Schaden reduziert sich beispielsweise um die Kosten für die Vertragsdurchführung, die sich der Gläubiger durch Nichterbringung der Leistung erspart.

hemmer-Methode: Genauigkeit bei der Darstellung! Die Frage der Schadensermittlung und der Schadens*berechnung* sind streng voneinander zu unterscheiden. Achten Sie dabei vor allem darauf, dass Differenz*theorie* nur im Rahmen der Schadens*ermittlung*, die Differenz*hypothese* dagegen bei der Schadens*berechnung* Anwendung findet.
Wer in diesen Fällen nicht die nötige Genauigkeit besitzt, läuft Gefahr, bei der Klausurlösung in Widersprüche zu geraten und zum falschen Ergebnis zu gelangen.
Achten Sie dann insbesondere bei der Schadensberechnung darauf, dass die Differenz*hypothese* richtig angewendet wird. Ein häufiger Fehler ist dabei die Verwendung falscher Merksätze. Falsch ist z.B.: „Zu ersetzen ist der Unterschied der Vermögenslage vor und nach dem schadensbegründenden Ereignis". Hier fehlt das hypothetische Element!

Regelmäßig entgangener Gewinn

Hauptschaden wird i.d.R. der entgangene Gewinn sein (§ 252 BGB). Der Gläubiger hat dann *konkret* darzulegen, dass z.B. ein ansonsten sicher erfolgter Weiterverkauf nicht erfolgen konnte.

Gleiches gilt, wenn ein *vom Käufer* durchgeführter *Deckungskauf*[62] höhere Kosten verursacht als die ordnungsgemäße Erfüllung.

hemmer-Methode: Ein Deckungskauf liegt vor, wenn der Käufer sich für die nicht erbrachte Leistung Ersatzware von einer anderen Quelle beschafft. Eine Pflicht des Käufers zur Vornahme eines Deckungskaufs besteht zwar grundsätzlich nicht, doch kann sich eine solche im Einzelfall aus der Schadensminderungspflicht des § 254 II BGB ergeben.[63]

---

59 Zum Ganzen MÜKO, vor § 281 Rn. 34; dies können z.B. Fahrtkosten zum Vertragsabschluss sein.
60 PALANDT, § 281, Rn. 26.
61 MÜKO, vor § 281, Rn. 12.
62 Der Deckungskauf des BGB unterscheidet sich vom Selbsthilfeverkauf des § 373 HGB dadurch, dass dieser auf Kosten des Käufers geht, PALANDT, § 281, Rn. 27.
63 BGH NJW 1989, 291.

§ 7 SCHADENSERSATZ STATT DER LEISTUNG

Exkurs

Deckungsgeschäfte

Auch der Verkäufer kann in konkreter Schadensberechnung den durch einen *Deckungsverkauf* entstandenen Schaden geltend machen (Mindererlös, zusätzliche Kosten). Hier gilt wiederum, dass eine Pflicht zu einem Deckungsgeschäft besteht, wenn diese zur Schadensminderung geboten ist.[64]

105

Vorteilsanrechnung ist zu berücksichtigen

Dabei kommen die allgem. Grundsätze der Schadenszurechnung und *Vorteilsausgleichung* zur Anwendung. Danach sind nicht alle Vorteile berücksichtigungsfähig, die durch die Nichterfüllung adäquat kausal verursacht wurden, sondern nur solche, deren Anrechnung dem Sinn und Zweck der Schadensersatzpflicht entsprechen.

106

> *Bsp.:* Hat ein Grundstückskäufer den Vertrag nicht erfüllt und behält der Verkäufer das Grundstück, so ist die im Zeitpunkt der Schadensberechnung eingetretene Steigerung des Verkehrswerts ein anzurechnender Vorteil, der unmittelbar und ohne weiteres Zutun des Verkäufers oder eines Dritten infolge der Nichterfüllung durch den Käufer entstanden ist.
>
> Anders ist es, wenn der Verkäufer bei einem Deckungsverkauf einen den Verkehrswert übersteigenden Erlös erzielt. Dieser Vorteil beruht nämlich entweder auf überobligationsmäßigen Bemühungen des Verkäufers oder auf einem den Verkehrswert übersteigenden Erwerbsinteresse des Drittkäufers. Beides lässt eine Anrechnung nicht zu.

Ein Ausgleich würde den Verkäufer unzumutbar belasten und den Käufer unbillig begünstigen.[65]

Abgrenzung zum Deckungsverkauf

Ein Deckungsverkauf des Verkäufers bei *Annahmeverzug oder Annahmeverweigerung des Käufers* kann ebenfalls zu einem Mindererlös bzw. zu zusätzlichen Kosten führen. Er kann dann als Schaden die Differenz gegebenenfalls nach § 326 II 1 2.Alt.; 433 II BGB geltend machen. Bei verderblichen Waren ist die Vornahme eines Deckungsverkaufs notwendig.[66]

> *V verkauft an K 100 kg Gurken für 100 €. K nimmt diese aber nicht zum vereinbarten Zeitpunkt ab. V verkauft sie deshalb für 60 € an den X. V verlangt nun von K die 40 € Differenz.*

107

Ein Anspruch des V gegen K ergibt sich hier unter den Voraussetzungen der §§ 326 II 1, 2.Alt.; 433 II BGB.

Exkursende

hemmer-Methode: Denken in Zusammenhängen! Die Probleme des Deckungskaufs bzw. -verkaufs müssen stets im Zusammenhang mit konkreten Anspruchsgrundlagen betrachtet werden.
Oftmals lassen einen diesbezüglich die Lehrbücher und Kommentare im Stich, weil sie die Probleme nur abstrakt darstellen. Merken Sie sich deshalb, dass der Deckungs*kauf* i.R.d. Schadensersatzes statt der Leistung seine Bewandtnis hat und der Deckungs*verkauf* bei § 326 II 1, 2.Alt. BGB. Beachten Sie dabei auch, dass sich dieses Problem gut mit der von beiden Seiten zu vertretenen Unmöglichkeit kombinieren lässt!

bb) Abstrakte Schadensberechnung

Abstrakte Schadensberechnung

Die abstrakte Schadensberechnung ist eine Vergünstigung für den Gläubiger in Form einer Beweiserleichterung. Sie findet aber nur bei Kaufleuten und Gewerbetreibenden, nicht dagegen bei Privaten Anwendung.[67]

108

---

64 BGH NJW 1997, 1231.
65 BGH NJW 1997, 2378.
66 MüKo, vor § 281 Rn. 62.
67 Palandt, § 281 Rn. 30.

Nur bei Kaufleuten!

Der Kaufmann soll so vor der Notwendigkeit der Offenlegung von Geschäftsgeheimnissen geschützt werden.

I.R.d. abstrakten Schadensberechnung gilt die Vermutung, dass der Kaufmann jederzeit in der Lage gewesen wäre, das gleiche Geschäft zu Marktpreisen zu tätigen, also den *branchenüblichen Gewinn* aus der Durchführung des Vertrages zu ziehen. Zur Bemessung des Schadensersatzes wird damit der gewöhnliche Lauf der Dinge zugrunde gelegt (vgl. § 252 S.2 BGB).

Hauptanwendungsfall ist dabei ebenfalls der Kauf: abstrakter Schaden ist die Differenz zwischen Markt- und Vertragspreis bzw. zwischen Vertrags- und Weiterverkaufspreis.[68]

Beim hypothetischen Deckungsverkauf marktgängiger Ware durch den kaufmännischen Verkäufer kommt es nicht darauf an, ob er die Ware behalten hat oder anderweitig mit Gewinn veräußern konnte.

Eine Vorteilsanrechnung des Gewinns kommt nicht in Betracht, da bei Kaufleuten davon ausgegangen werden kann, dass dieses Geschäft auch mit anderer Ware genauso getätigt worden wäre.[69] Es fehlt damit am kausalen Zusammenhang von Schaden und gewinnstiftendem Ereignis.

Der kaufmännische Gläubiger hat grundsätzlich die Wahl, ob er die abstrakte oder konkrete Schadensberechnung vorziehen will. Dies regelt für den Fixhandelskauf[70] § 376 II HGB ausdrücklich.

hemmer-Methode: Schaffung von Problembewusstsein! Gerade weil der Kaufmann die Wahl hat, welche Art der Schadensbemessung er wählt, kann in einer Klausur die Frage nach der für ihn günstigeren Alternative gestellt werden. Dann ist es Ihre Aufgabe, beide Varianten darzustellen und auszuführen, warum welche Entscheidung im konkreten Fall die günstigere ist.

C. Schadensersatz statt der Leistung wegen Unmöglichkeit

Bei Unmöglichkeit mehrere Anspruchsgrundlagen

Auch bei Vorliegen von Unmöglichkeit der Leistung kommt ein Anspruch auf Schadensersatz statt der Leistung in Betracht.

Das Gesetz stellt hierfür zwei Anspruchsgrundlagen zur Verfügung: Bei **anfänglicher Unmöglichkeit** ergibt sich der Schadensersatzanspruch nach **§ 311a II 1 BGB**, für die **nachträgliche Unmöglichkeit** gelten die **§§ 280 I, III, 283 S.1 BGB**.

> § 311a II BGB bezieht sich auf § 311a I BGB und betrifft dementsprechend den Fall *anfänglicher* Unmöglichkeit
> ⇨ §§ 280 I, III, 283 BGB können daher nur den Fall *nachträglicher* Unmöglichkeit betreffen!

SE statt der Leistung bei Unmöglichkeit:

Anfängliche Unmöglichkeit	**Nachträgliche** Unmöglichkeit
§ 311a II BGB	§§ 280 I, III, 283 BGB

---

68 PALANDT, § 281, Rn. 32.
69 MüKo, vor § 281, Rn. 40.
70 Die Fristversäumung i.R. eines Fixhandelskaufs gem. § 376 HGB führt jedoch *nicht* zur Unmöglichkeit (anders: absolutes Fixgeschäft; vgl. Rn. 559).

§ 7 SCHADENSERSATZ STATT DER LEISTUNG

I. Vorliegen von Unmöglichkeit der Leistung, § 275 BGB

Die Unmöglichkeit der Leistung hat nicht nur für den Schadensersatzanspruch Bedeutung. Auch an anderer Stelle im Gesetz ist die Unmöglichkeit der Leistung Tatbestandsvoraussetzung, vgl. §§ 275, 285, 326 BGB. Wegen der besonderen Bedeutung soll die Unmöglichkeit der Leistung hier vorab ausführlich dargestellt werden.

Definition: Unmöglichkeit

Kann der Schuldner im Rahmen eines beliebigen Schuldverhältnisses seine *Leistung endgültig* nicht mehr erbringen, so liegt *Unmöglichkeit* vor. Der Begriff der *Leistung* meint dabei den *Leistungserfolg,* nicht die Leistungshandlung.[71] Unmöglichkeit der Leistung bedeutet also die endgültige Nichterbringbarkeit des Leistungserfolges durch eine Leistungshandlung des Schuldners.

Inhalt der Leistungspflicht maßgebend

Um aber feststellen zu können, ob der Leistungserfolg unmöglich geworden ist, muss der Inhalt der betreffenden Leistungspflicht bestimmt werden. Denn nur wenn man den Inhalt der Leistungspflicht kennt, kann man ermitteln, ob der Leistungserfolg noch herbeizuführen ist.

Unterscheidungen bei der Unmöglichkeit

Terminologisch ungenau ist es jedoch, von „der Unmöglichkeit" zu sprechen, denn der Begriff ist in vielerlei Hinsicht *unterschiedlich* zu verstehen.

Zu differenzieren ist zwischen objektiver und subjektiver Unmöglichkeit. Des Weiteren sind anfängliche und nachträgliche Unmöglichkeit genau zu trennen.

Die wirkliche Unmöglichkeit (§ 275 I BGB) ist von der faktischen (§ 275 II BGB) und der moralischen Unmöglichkeit (§ 275 III BGB) zu unterscheiden.

Es gibt auch einen Unterschied zwischen dauernder und vorübergehender Unmöglichkeit. Außerdem kann die Unmöglichkeit auf verschiedenen Gründen beruhen.

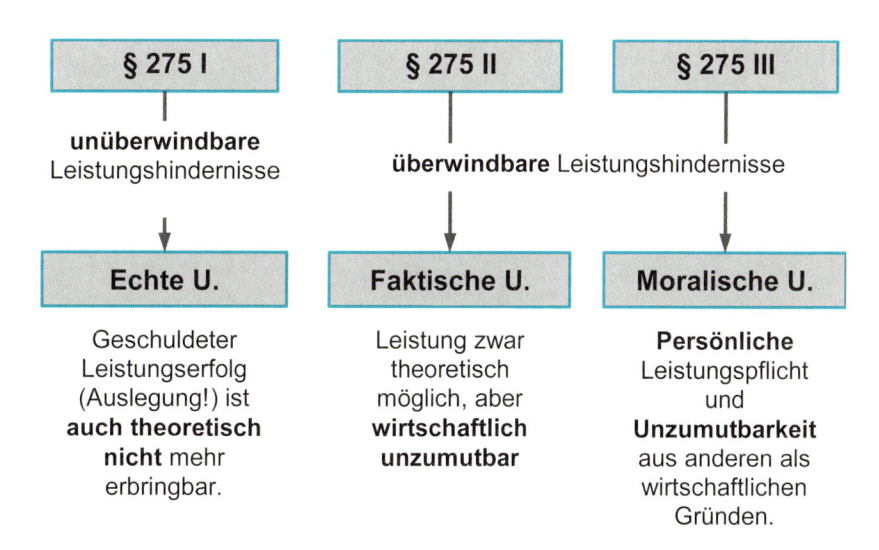

§ 275 I	§ 275 II	§ 275 III
unüberwindbare Leistungshindernisse	**überwindbare** Leistungshindernisse	
Echte U.	**Faktische U.**	**Moralische U.**
Geschuldeter Leistungserfolg (Auslegung!) ist **auch theoretisch nicht** mehr erbringbar.	Leistung zwar theoretisch möglich, aber **wirtschaftlich unzumutbar**	**Persönliche** Leistungspflicht und **Unzumutbarkeit** aus anderen als wirtschaftlichen Gründen.

1. Objektive und subjektive Unmöglichkeit

Objektive und subjektive Unmöglichkeit

Ganz abstrakt formuliert liegt objektive Unmöglichkeit gemäß **§ 275 I 2.Alt. BGB** dann vor, wenn die Leistung des Schuldners jedermann unmöglich ist, wenn also niemand in der Lage wäre, die vom Schuldner versprochene Leistung zu erbringen.

---

[71] Vgl. PALANDT, § 275, Rn. 4.

Dagegen spricht man von subjektiver Unmöglichkeit oder Unvermögen, wenn der Schuldner zwar nicht in der Lage ist, die Leistung zu erbringen, während mindestens ein Dritter zur Leistung imstande ist.

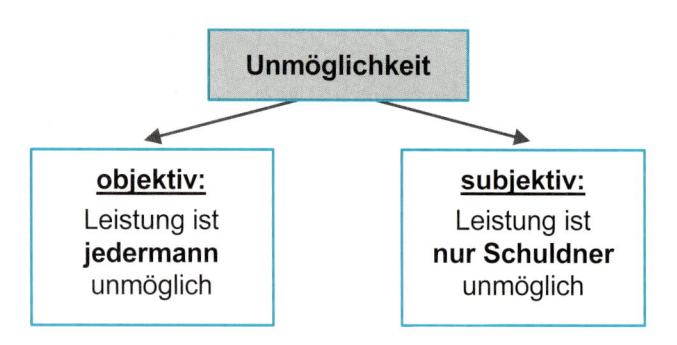

```
                    Unmöglichkeit
                    ↙           ↘
            objektiv:           subjektiv:
            Leistung ist        Leistung ist
            jedermann           nur Schuldner
            unmöglich           unmöglich
```

2. Ursachen für die Unmöglichkeit

a) Naturgesetzliche Unmöglichkeit

Naturgesetzliche Unmöglichkeit

Naturgesetzliche Unmöglichkeit bedeutet, dass die geschuldete Leistung nach den Naturgesetzen von niemandem erbracht werden kann.

Bsp.: Es wurde die Herstellung eines Perpetuum mobile versprochen.

b) Juristische Unmöglichkeit

Unmöglichkeit aus Rechtsgründen

Juristische Unmöglichkeit liegt vor, wenn der Schuldner aus Rechtsgründen an der Herbeiführung des Leistungserfolges gehindert ist. Dies ist einerseits der Fall, wenn der herbeizuführende Leistungserfolg bereits besteht. Andererseits kann es sein, dass der geschuldete Leistungserfolg von der Rechtsordnung nicht anerkannt wird.

Bsp.:
(1) Es soll eine Sache an den Gläubiger übereignet werden, die dem Gläubiger bereits gehört. Hier besteht der Leistungserfolg bereits, er kann nicht mehr durch eine Leistungshandlung des Schuldners herbeigeführt werden.
(2) Der Schuldner verspricht die Übertragung eines Nießbrauchs. Gemäß § 1059 S.1 BGB ist ein Nießbrauch nicht übertragbar. Der Leistungserfolg kann deshalb nicht herbeigeführt werden.

c) Zweckerreichung

Zweckerreichung

Weitere Ursache der Unmöglichkeit kann die Zweckerreichung sein. Sie ist dann gegeben, wenn der vertraglich vereinbarte Leistungserfolg deshalb nicht eintreten kann, weil er auf eine andere Art als durch eine Leistungshandlung des Schuldners bereits eingetreten ist.

Bsp.: Der Patient ist vor Eintreffen des herbeigerufenen Arztes wieder gesund geworden. Das freizuschleppende Schiff kommt von selbst wieder frei.

d) Zweckfortfall

Zweckfortfall

Auch beim Zweckfortfall liegt Unmöglichkeit vor. Zweckfortfall meint die Fälle, in denen das Leistungssubstrat wegfällt oder untauglich wird.

§ 7 SCHADENSERSATZ STATT DER LEISTUNG

Bsp.: Der Patient stirbt vor Eintreffen des herbeigerufenen Arztes. Das freizuschleppende Schiff sinkt.

Probleme ergeben sich dann aber bei der Abgrenzung zum Annahmeverzug.

Bsp.: Maler M soll am 01.06.2004 das Haus des A streichen. Bereits am 15.05.2004 brennt das Haus ab. M verlangt von A am 01.06.2004 Vergütung, weil sich der A in Annahmeverzug befinde.

Abwandlung: Diesmal geht das Haus in Flammen auf, weil das Haus von A fahrlässig in Brand gesetzt wurde

Lösung Ausgangsfall: Nach § 326 I 1 BGB trägt die Gegenleistungsgefahr *grundsätzlich der Schuldner*. Eine Ausnahme besteht allerdings für den Annahmeverzug, § 326 II 1, 2.Alt. BGB. Fraglich ist, ob im Fall Annahmeverzug oder Unmöglichkeit vorliegt.

Da der Leistungserfolg aufgrund des Wegfalls des Leistungssubstrats nicht mehr herbeigeführt werden kann und auch kein bloß vorübergehendes Leistungshindernis vorliegt, ist Unmöglichkeit anzunehmen.[72] Ein Annahmeverzug des A besteht somit nicht.

Eine Haftung des A könnte aber unter den Voraussetzungen des § 326 II 1, 1.Alt. BGB bestehen. Zwar liegt im Fall Unmöglichkeit vor, doch fehlt es am Verschulden. Eine volle Haftung, auch des schuldlosen Gläubigers, für alle Einflüsse aus seiner Sphäre ist abzulehnen.[73]

Jedoch nimmt die h.M. an, dass der Gläubiger analog § 645 I BGB zumindest zur Teilvergütung verpflichtet ist, wenn der Untergang des Leistungssubstrats zufällig erfolgte. Eine weitere Haftung besteht indes nur bei Verschulden, dies ergibt sich als Rückschluss aus § 645 II BGB.

Abwandlung: In diesem Fall besteht der Anspruch auf die volle Gegenleistung über § 326 II 1, 1.Alt. BGB. Die Unmöglichkeit war von A verschuldet. A wird folglich nicht nach § 326 I 1 BGB befreit; die erweiterte Haftung gegenüber dem Ausgangsfall ist gem. § 645 II BGB auch ohne weiteres möglich.

Zweckerreichung	Zweckfortfall
Nichterbringbarkeit des Leistungserfolges *durch den Schuldner*, da Leistungserfolg ohne Zutun des Schuldners **bereits eingetreten** ist.	Nichterbringbarkeit des Leistungserfolges, da *vereinbarter Leistungszweck* nicht erreicht werden kann, sondern **fortgefallen** ist
z.B.: Vermieter lässt die durch den Mieter geschuldete Schönheitsreparatur vornehmen	z.B.: freizuschleppendes Schiff wird bei einem Brand vollständig zerstört

Sind Fälle der **wirklichen** Unmöglichkeit, § 275 I BGB!

e) Zweckstörung

Keine Unmöglichkeit bei Zweckstörung

Kein Fall der Unmöglichkeit ist hingegen die Zweckstörung bzw. Zweckverfehlung, welche dann vorliegt, wenn der Gläubiger an der Leistung kein Interesse mehr hat, weil ein bestimmtes Ereignis nicht, früher oder anders als geplant eingetreten ist. Für diesen Fall ist die Leistung sinnlos geworden. Es ist dann allenfalls von einer Störung der Geschäftsgrundlage nach § 313 BGB auszugehen.

---

72 Ganz h.M., MüKo, § 275, Rn. 152.
73 Vgl. Palandt, § 645, Rn. 10.

Zweck ist nicht Vertragsinhalt geworden

Die Zweckstörung ist vom Zweckfortfall abzugrenzen. Beim Zweckfortfall ist der weggefallene Zweck Inhalt des Vertrages geworden. Dagegen liegt der Zweck bei der Zweckstörung außerhalb des geschlossenen Vertrages.

Ob der Zweck Vertragsinhalt und damit Teil der Leistungspflicht des Schuldners geworden ist, ist durch Auslegung nach den §§ 133, 157 BGB zu ermitteln. Indizien sind hier insbesondere, ob der Zweck bei der Bemessung der Gegenleistung berücksichtigt wurde.

§ 313 BGB ist flexibler

Dies begründet sich vor allem damit, dass dadurch die starren Rechtsfolgen der Unmöglichkeit vermieden werden. Die Annahme der Grundsätze über die Störung der Geschäftsgrundlage nach § 313 BGB führt deshalb zu einer flexibleren Konfliktlösung.[74]

Das Risiko der Verwendbarkeit der Leistung trägt grundsätzlich der Gläubiger. Nur ausnahmsweise muss sich der Schuldner auf eine Vertragsänderung einlassen.

Zweckstörung

Der geschuldete Leistungserfolg kann zwar noch bewirkt werden, der Gläubiger hat an der Leistung aber **kein / kaum noch ein Interesse** z.B.: M mietet sich ein Zimmer, um den vorbeiziehenden Festzug zu beobachten; der Festzug fällt aber aus

⇨ **Unmöglichkeit?** (-): **geschuldeter** Leistungserfolg ist noch erbringbar; anders nur, wenn weggefallenes Interesse zum *Leistungsinhalt* gemacht wurde; dies aber nur bei ausdr. Vereinbarung anzunehmen
⇨ **daher:** Lösung über § 313 (**SGG**); prakt. Vorteil: flexiblere Berücksichtigung der Umstände des Einzelfalls möglich

Bsp.: Der Bezirksliga-Fußballverein F mietet sich einen Reisebus zum Spitzenspiel der Bundesliga. Vorstandsmitglied V deutet dem Busunternehmer B dabei an, dass die Reise diesen Zweck hat. Das Spiel fällt wegen Regens aus. V beruft sich für den Verein auf die Befreiung von der Leistungspflicht wegen Unmöglichkeit.

Die Reise ist zwar nunmehr für F überflüssig, dennoch nicht unmöglich, da sie noch durchführbar ist. Unmöglichkeit kann bei *bloßer Andeutung* des Verwendungszwecks auch nicht angenommen werden.[75] Eine Ausnahme besteht nur für den Fall, dass die geplante Verwendung *Vertragsinhalt* geworden ist.[76] Dies ist im Fall jedoch nicht anzunehmen.

Es bleibt deshalb nur die Möglichkeit einer Lösung über die Störung der Geschäftsgrundlage nach § 313 BGB. Jedoch trägt das Risiko der Verwendbarkeit der Leistung grundsätzlich der Gläubiger.

f) Absolutes Fixgeschäft

Absolutes Fixgeschäft

Unmöglichkeit der Leistung liegt auch in den Fällen des absoluten Fixgeschäfts vor. Hier tritt durch Zeitablauf Unmöglichkeit ein.

---

74 BROX, SchuldR AT, Rn. 232.
75 PALANDT, § 275, Rn. 20.
76 PALANDT, a.a.O., fraglich ist dann allerdings, ob es sich nicht vielmehr um einen bedingt geschlossenen Vertrag handeln wird.

122 Grundsätzlich führt eine verspätete Leistung nur zum Schuldnerverzug nach § 286 BGB. Dies gilt auch dann, wenn für die Leistung ein fester Termin vereinbart wurde (vgl. § 286 II Nr.1 BGB). Ausnahmsweise kann aber die Leistungszeit so bedeutend sein, dass sich eine verspätete Leistung nicht mehr als Erfüllung darstellt. Dann liegt Unmöglichkeit der Leistung vor.

> **Bsp.:** *Das bestellte Hochzeitsessen wird erst drei Tage nach der Hochzeit geliefert.*

Bei absolutem Fixgeschäft keine Nachholbarkeit

123 Ob der Zeitablauf zur Unmöglichkeit oder nur zum Schuldnerverzug führt, hängt davon ab, ob ein relatives oder ein absolutes Fixgeschäft vorliegt.

Bei Fixgeschäften soll das Geschäft mit der Einhaltung der Leistungszeit „stehen und fallen".

Die Einhaltung der Leistungszeit hat eine größere Bedeutung als ein bloßer Termin und muss zum Vertragsinhalt geworden sein.

Im Falle des relativen Fixgeschäfts stellt sich eine verspätete Leistung noch als Erfüllung dar. Dagegen ist beim absoluten Fixgeschäft die Leistung nicht mehr nachholbar.

124 Unmöglichkeit der Leistung bedeutet, dass der Leistungserfolg nicht mehr erbringbar ist. Beim absoluten Fixgeschäft ist die Leistungszeit zum Inhalt der Leistungspflicht geworden. Geschuldet ist die Leistung bis zu einem bestimmten Zeitpunkt. Verstreicht dieser Leistungszeitpunkt, tritt Unmöglichkeit der Leistung ein.

Bei relativem Fixgeschäft: Nachholbarkeit (+)

125 Beim relativen Fixgeschäft kann die Leistung auch nach Verstreichen der Leistungszeit noch nachgeholt werden. Der Zeitpunkt der Leistung hat aber auch hier besondere Bedeutung. Die Durchführung des Geschäfts soll mit der rechtzeitigen Leistung „stehen und fallen."

Bei einem relativen Fixgeschäft liegt *keine* Unmöglichkeit der Leistung vor. Rechtsfolge ist nur ein erleichtertes Rücktrittsrecht nach § 323 II Nr.2 BGB (Fristsetzung entbehrlich).

Abgrenzung

126 Ob ein relatives oder ein absolutes Fixgeschäft vorliegt, muss durch Auslegung des abgeschlossenen Vertrages ermittelt werden. Indizien für ein Fixgeschäft sind insbesondere eine für den Schuldner erkennbare besondere Bedeutung der Leistungszeit. Ein absolutes Fixgeschäft liegt vor, wenn die Leistungszeit zum Inhalt der Leistungspflicht gemacht wurde. Eine verspätete Leistung darf sich nicht mehr als Erfüllung darstellen, d.h. die Leistung darf nicht mehr nachholbar sein. Meist wird eine verspätete Leistung sinnlos sein. Im Zweifel ist wegen der härteren Folgen kein absolutes Fixgeschäft anzunehmen.

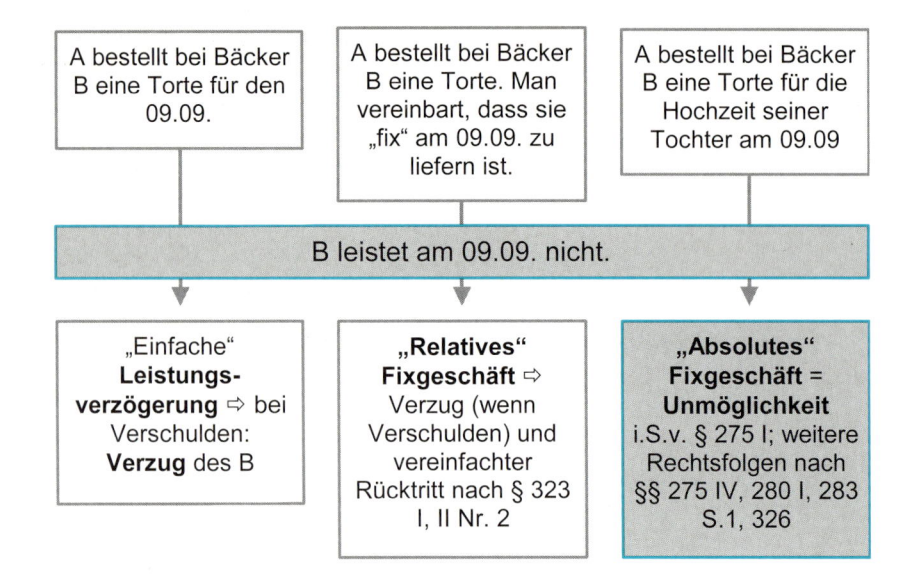

A bestellt bei Bäcker B eine Torte für den 09.09.	A bestellt bei Bäcker B eine Torte. Man vereinbart, dass sie „fix" am 09.09. zu liefern ist.	A bestellt bei Bäcker B eine Torte für die Hochzeit seiner Tochter am 09.09
	B leistet am 09.09. nicht.	
„Einfache" **Leistungsverzögerung** ⇨ bei Verschulden: **Verzug** des B	**„Relatives" Fixgeschäft** ⇨ Verzug (wenn Verschulden) und vereinfachter Rücktritt nach § 323 I, II Nr. 2	**„Absolutes" Fixgeschäft = Unmöglichkeit** i.S.v. § 275 I; weitere Rechtsfolgen nach §§ 275 IV, 280 I, 283 S.1, 326

Bsp.: Der Schwabe A will heiraten. Aus diesem Grunde bestellt er bei Schneider S einen Smoking, den er dann aber später auch zu anderen Festlichkeiten anziehen will. Zur Hochzeit ist der Smoking aber noch nicht fertig.

Der Erfüllungszeitraum,[77] also die Zeit, innerhalb der eine Leistung noch möglich ist, wäre mit dem Tag der Hochzeit eigentlich beendet. Ginge man hier aber von Unmöglichkeit aus, so ließe man unberücksichtigt, dass A auch weiterhin Interesse am Smoking haben kann. Die Rechtsfolgen in diesem Fall können deshalb nicht verallgemeinert werden.

Hat S die Verzögerung z.B. nicht zu vertreten (weil er plötzlich schwer krank wurde), so kann zumindest vom Vorliegen eines relativen Fixgeschäfts ausgegangen werden. Liegt Schuldnerverzug vor und hat A weiterhin Interesse an der Leistung, so kann er zusätzlich zur Erfüllung nach den §§ 280 I, II 286 BGB Schadensersatz verlangen, wenn er sich kurzfristig einen anderen Smoking gemietet hat. Es ist daher nur von einem relativen Fixgeschäft auszugehen.

Bsp.: A bestellt für 11.30 Uhr ein Taxi, zum Flughafen, weil er die Maschine um 13.00 Uhr bekommen will. Taxifahrer T verschläft und kommt erst um 13.05 Uhr bei A an.

Abwandlung 1: T kommt diesmal um 12.30 Uhr. Er meint, wenn er „Gas gebe" würde A um 12.50 Uhr am Flughafen sein und die Maschine noch „locker" bekommen.

Abwandlung 2: T kommt nunmehr um 11.40 Uhr. Er sieht gerade noch, wie A vor seiner Nase wegfährt und von seinem Bruder zum Flughafen gebracht wird.

Im Ausgangsfall ist die Nachholbarkeit der Leistung in jedem Fall ausgeschlossen, es liegt folglich Unmöglichkeit und nicht bloßer Verzug vor.

Im der ersten Abwandlung ist dagegen fraglich, ob die vereinbarte Leistung nicht doch noch erbracht werden kann, da nach Auskunft des T dies noch möglich sei. Richtigerweise liegt aber auch hier bereits Unmöglichkeit vor, weil die Ankunft um 12.50 Uhr aufgrund der normalen Umstände am Flughafen (Kontrolle etc.) nach Treu und Glauben keine Erfüllung mehr sein kann.

Dagegen hätte in der zweiten Variante der T den A durchaus noch zum Flughafen bringen können. Die Leistung ist auch um 11.40 Uhr grundsätzlich noch als nachholbar anzusehen. Gleichwohl befand er sich aufgrund der bestimmten Leistungszeit, vgl. § 286 II Nr.1 BGB und bestehenden Verschuldens in Verzug.[78]

---

77 So LARENZ, SchuldR I, § 21 I.
78 Zu den Verzugsvoraussetzungen im Einzelnen vgl. die weitere Darstellung; letztendlich käme für A aufgrund der Annahme von Verzug ein Ersatzanspruch aus § 326 I/II BGB in Betracht, da mit der Verzögerung auf jeden Fall ein Interessenwegfall anzunehmen ist. Dies deshalb, weil für T der

hemmer-Methode: Bei der Vereinbarung einer Leistungszeit muss die Bedeutung dieser Regelung genau untersucht werden. Es gibt hier verschiedene Möglichkeiten:
Die Leistungszeit kann eine bloße Absichtserklärung ohne rechtliche Bedeutung sein. Wenn bei der Bestimmung der Leistungszeit der Gläubiger keinen Rechtsbindungswillen hat, hat eine Nichteinhaltung der Leistungszeit keine für den Schuldner nachteiligen Folgen, Ersatz des Verzögerungsschadens kann erst nach Mahnung, Schadensersatz statt der Leistung erst nach Fristsetzung verlangt werden.
Es kann auch eine Bestimmung der Leistungszeit im Sinne des § 286 II Nr.1, 2 BGB vorliegen. Der Gläubiger kann in diesem Fall ohne Mahnung nach den §§ 280 I, II, 286 BGB Ersatz des Verzögerungsschadens verlangen. Schadensersatz statt der Leistung ist erst nach der Fristsetzung möglich.
In Betracht kommt ferner ein relatives Fixgeschäft. Auch in diesem Fall kommt der Schuldner in Verzug, sodass der Verzögerungsschaden nach den §§ 280 I, II, 286 I, II Nr.1, 2 BGB zu ersetzen ist. Zusätzlich kann der Gläubiger ohne Fristsetzung vom Vertrag zurücktreten, vgl. §§ 323 I, II Nr.2 BGB. Schadensersatz statt der Leistung kann aber grundsätzlich nur nach vorheriger Fristsetzung verlangt werden. In § 281 II BGB findet sich im Gegensatz zu § 323 II Nr.2 BGB keine Ausnahme von dem Erfordernis der Fristsetzung. In Ausnahmefällen kommt aber eine Entbehrlichkeit der Fristsetzung nach § 281 II 2.Alt. BGB in Betracht. Nach a.A. soll beim relativen Fixgeschäft § 281 II 2.Alt. BGB immer angewendet werden (vgl. dazu nochmals oben unter Rn. 63). Jedenfalls beim Fixhandelskauf kann in Abweichung zu § 281 BGB gemäß § 376 I 1 2.Alt. BGB sofort Schadensersatz statt der Leistung verlangt werden.
Schließlich kann die Leistungszeit so wesentlich sein, dass eine verspätete Leistung keine Erfüllung mehr darstellt, sog. absolutes Fixgeschäft. Es liegt Unmöglichkeit der Leistung nach § 275 I BGB vor. In diesem Fall kommt Ersatz des Verzögerungsschadens mangels fortbestehenden Primäranspruchs nicht in Betracht. Schadensersatz statt der Leistung kann zwar nicht nach den §§ 280 I, III, 281 BGB verlangt werden, wohl aber nach den §§ 280 I, II, 283 BGB. Der Gläubiger kann gemäß den §§ 326 V, 323 BGB ohne Fristsetzung vom Vertrag zurücktreten. Wegen der schweren Folgen kann das absolute Fixgeschäft nur in Ausnahmefällen angenommen werden.
Welche Möglichkeit im Einzelfall gewollt ist, ist durch Auslegung nach den §§ 133, 157 BGB zu ermitteln. Maßgebend für die Auslegung sind vor allem die tatsächlichen Auswirkungen der Zuspätleistung für den Gläubiger, und ob der Schuldner diese Auswirkungen erkennen konnte. Im Zweifel ist eine bloße Bestimmung der Leistungszeit anzunehmen.

g) Moralische Unmöglichkeit

Moralische Unmöglichkeit

Die moralische Unmöglichkeit ist in § 275 III BGB geregelt. Hier geht es um Fälle, in denen die Leistung zwar erbringbar ist, die Leistung dem Schuldner aber aus persönlichen Gründen unzumutbar ist.

129

Nur bei höchstpersönlichen Leistungspflichten

§ 275 III BGB gilt nur für solche Leistungspflichten, die der Schuldner in eigener Person zu erbringen hat. Eine persönliche Leistungspflicht ist immer dann anzunehmen, wenn der Schuldner nicht durch einen Erfüllungsgehilfen leisten kann oder darf.[79] Hierunter fallen insbesondere Dienstverträge, Arbeitsverträge und Aufträge (auch Geschäftsbesorgungsverträge): Gemäß § 613 S.1 BGB hat der Dienstverpflichtete die Dienste persönlich zu erbringen. Auch bei Werkverträgen kann vereinbart werden, dass die Leistung in Person zu erbringen ist. Insbesondere bei künstlerischen und wissenschaftlichen Leistungen ist häufig in Person zu leisten.[80]

130

Interessenwegfall vorauszusehen war, vgl. unten, Rn. 699; zur Abgrenzung von Interessenwegfall und Unmöglichkeit beim Fixgeschäft vgl. NASTELSKI, JuS 1962, 295 f.; zum Ganzen auch LARENZ, SchuldR I, § 21 I.

79 MüKo § 275 Rn. 112.
80 MüKo § 275 Rn. 112.

131

Unzumutbarkeit für den Schuldner notwendig

§ 275 III BGB setzt voraus, dass dem Schuldner die Leistung nicht zugemutet werden kann. Die Unzumutbarkeit ergibt sich aus einer Interessenabwägung zwischen dem Interesse des Gläubigers an einer Leistung und dem Umstand, der die Leistung in Frage stellt. An das Vorliegen der Unzumutbarkeit sind strenge Anforderungen zu stellen. Hierzu muss ein Hindernis vorliegen, das die Leistung für den Schuldner unzumutbar macht. Unzumutbarkeit liegt vor, wenn die Erbringung der Leistung in Natur für den Schuldner in hohem Maße belastend ist.[81]

Bsp.: Lebensgefährliche Erkrankung des Kindes der Sängerin

132

Bei Gewissenskonflikten ist die Anwendbarkeit des § 275 III BGB umstritten

Da der Schuldner gerade in Person zu leisten hat, sind insbesondere persönliche Gründe heranzuziehen. Insbesondere kann das Gewissen des Schuldners einer Leistung entgegenstehen. Das Gericht kann hier wegen Art 4 GG nur prüfen, ob eine Gewissensentscheidung vorliegt und diese zur Unzumutbarkeit der Leistung führt. Die Vernünftigkeit der Gewissensentscheidung kann nicht überprüft werden.

Derzeit ist noch unklar, ob aus Gewissensgründen ein derartiges Leistungsverweigerungsrecht bestehen kann. Der Grund für diese Unklarheiten liegt in der in sich widersprüchlichen Gesetzesbegründung. Die Materialien enthalten nämlich den ausdrücklichen Hinweis, dass die Fälle der aus Gewissensgründen nicht erbrachten Leistung über § 275 BGB, sondern nur über § 313 BGB bzw. über die Anwendung des Grundsatzes von Treu und Glauben gelöst werden können[82].

Daraus schließt ein Teil der Literatur, dass die Leistungsverweigerung aus Gewissensgründen nicht über § 275 III BGB zu lösen sein soll[83]. Dogmatisch wird dies damit begründet, dass § 275 III BGB als entscheidenden Bezugspunkt für die Verhältnismäßigkeitsprüfung das Interesse des Gläubigers und nicht dasjenige des Schuldners vorsieht. Die Belange des Schuldners sollen vorwiegend im Bereich von § 313 BGB oder § 242 BGB berücksichtigt werden[84].

Dabei wird aber übersehen, dass diese Abwägung zumindest im Bereich der persönlich-ideellen Leistungsverweigerung nicht zum Tragen kommt. Im Rahmen von § 275 III BGB werden auch auf die Leistung des Schuldners bezogene persönliche Umstände berücksichtigt.

Dies ist geboten, weil die Leistung selbst auf die Person des Schuldners ausgerichtet ist. Dies spiegelt sich auch eindeutig im Wortlaut des Gesetzes wider, der ausdrücklich eine Abwägung des Leistungsinteresses des Gläubigers mit dem entgegenstehenden Leistungshindernis des Schuldners verlangt.

Demnach fällt auch die Arbeitsverweigerung aus Gewissensgründen unter § 275 Abs. 3 BGB[85].

hemmer-Methode: Diese Streitfrage des neuen Schuldrechts kann allerdings im Arbeitsrecht regelmäßig offen bleiben. Eine Weisung des Arbeitgebers, die zu einem Gewissenskonflikt führt, muss der AN nämlich nicht befolgen.
Das Direktionsrecht des Arbeitgebers erfährt gemäß § 106 Satz 1 GewO insoweit eine Einschränkung, als es mit Art. 4 GG nicht vereinbar ist.

---

81 MüKo § 275 Rn. 116.
82 Vgl. BT-Drucks. 14/6040, S. 130.
83 Vgl. Anwaltskommentar von DAUNER-LIEB, BGB, § 275 Rn. 19.
84 Vgl. CANARIS JZ 2001, 501.
85 So auch HENSSLER/MUTHERS in ZGS 2002, 219 [223].

Dies ist einer der anerkannten Fälle einer Drittwirkung von Grundrechten im Privatrechtsverkehr, wo die Wertung von Art.4 I GG in die unbestimmten Rechtsbegriffe zu übertragen ist. § 106 S.1 GewO enthält einen solchen unbestimmten Rechtsbegriff („billiges Ermessen").

Die Begrenzung des Direktionsrechts durch die berechtigte Berufung auf eine Gewissensnot führt auch nicht unter der Einschränkung der unternehmerischen Freiheit hinsichtlich der Bestimmung der Produktion zu einer einseitigen Belastung des Arbeitgebers mit dem Beschäftigungsrisiko.

Denn immer dann, wenn Arbeitnehmer, deren Einsatzmöglichkeit durch eine von ihnen getroffene Gewissensentscheidung eingeschränkt ist, nicht im Rahmen der vereinbarten oder geänderten Arbeitsbedingungen anderweitig beschäftigt werden können, ist ein in der Person liegender Grund gegeben[86].

Nur ein besonderes Interesse des Gläubigers an der Leistung kann zur Verneinung der Unzumutbarkeit führen.

Einrede

§ 275 III BGB ist als Einrede ausgestaltet. Der Schuldner erhält das Recht, die höchstpersönliche Leistung wegen Unzumutbarkeit zu verweigern. Er kann sich aber auch für die Erbringung der Leistung entscheiden.

Rechtsvernichtende Einrede

Anders als bei anderen Einreden führt die Erhebung der Einrede nicht nur zur Undurchsetzbarkeit. Die Leistungspflicht erlischt oder entsteht gar nicht. Es handelt sich daher um eine rechtsvernichtende Einrede.

Eine Einrede ist im Prozess nur dann beachtlich, wenn der Schuldner sie im Prozess erhebt. Wird die Einrede nicht erhoben, wird der Schuldner uneingeschränkt zur Leistung verurteilt. Die Ausgestaltung als Einrede dient dazu, dem Schuldner die freie Entscheidung zu geben, ob er im Falle der Unzumutbarkeit die Leistung erbringt oder nicht.

h) Faktische Unmöglichkeit, § 275 II BGB

Faktische Unmöglichkeit

Während § 275 II BGB die Unzumutbarkeit aus persönlichen Gründen normiert, geht es bei § 275 III BGB um Gründe, die die Leistung aufgrund des Aufwand-Nutzen-Vergleich als unzumutbar erscheinen lassen.

Voraussetzungen des § 275 II BGB

(1)	Kein unüberwindbares Leistungshindernis, sonst § 275 I BGB
(2)	Unzumutbarer Aufwand für den Schuldner: **Abwägung** zwischen Aufwand des Schu. und Leistungsinteresse des Gl. Dabei vor allem zu berücksichtigen: • Vertretenmüssen des Schu. • Inhalt des Schuldverhältnisses
(3)	Geltendmachung des Leistungsverweigerungsrechts durch Schu.

---

[86] Lesen Sie hierzu die Kopftuch-Entscheidung des BAG in NZA 2003, 483 ff. Dort ging es um die Kündigung einer türkischen Verkäuferin, der wegen des Tragens eines islamischen Kopftuches gekündigt wurde. Auch dort wurde – völlig zu Recht - das Weisungsrecht wegen der grundrechtlich geschützten Glaubensfreiheit eingeschränkt, BGH NZA 2003, 483 [486]. Lesen Sie dazu auch den Aufsatz von RIARBG A. WALDENFELS, ABGRENZUNG VON KÜNDIGUNGSGRÜNDEN: PERSONEN- ODER VERHALTENSBEDINGT ? in Life & Law 2003, 664 ff.

Faktische Unmöglichkeit meint die Fälle, in denen die Leistung zwar nach den Naturgesetzen möglich ist, aber einen exorbitant hohen Aufwand erfordert.

Die Leistung ist nur theoretisch möglich, nach der Lebenserfahrung kann sie aber von niemandem erwartet werden.

Voraussetzung ist zunächst ein grobes Missverhältnis zwischen dem Leistungsinteresse des Gläubigers und dem dazu notwendigen Aufwand des Schuldners.

Das Leistungsinteresse des Gläubigers bezieht sich auf den Erhalt der Leistung in natura. Es bestimmt sich hauptsächlich nach dem objektiven Wert der Leistung. Bei gegenseitigen Leistungspflichten kann auch der Wert der Gegenleistung herangezogen werden. Es können aber auch immaterielle Interessen des Gläubigers berücksichtigt werden.

Nicht nur Geldleistungen zu berücksichtigen

Der Aufwand des Schuldners ist nicht nur auf Geldleistungen beschränkt. Es können auch andere Leistungsmittel einbezogen werden, wie Tätigkeiten und sonstige persönliche Leistungen.

Interessenabwägung entscheidend

Es muss nach dem Inhalt des Schuldverhältnisses und dem Gebote von Treu und Glauben ein grobes Missverhältnis zwischen dem Leistungsinteresse und dem Gesamtaufwand des Schuldners bestehen. Hierzu ist eine Interessenabwägung vorzunehmen. An das Vorliegen des groben Missverhältnisses sind sehr hohe Anforderungen zu stellen. Faktische Unmöglichkeit ist nur in extremen Ausnahmesituationen anzunehmen. Die Unverhältnismäßigkeit muss so krass sein, dass das Verlangen nach Naturalerfüllung als rechtsmissbräuchlich erscheint.[87]

Bei der Abwägung ist nach § 275 II 2 BGB auch ein Vertretenmüssen des Schuldners zu berücksichtigen. Wenn der Schuldner das grobe Missverhältnis zu vertreten hat, sind an das Vorliegen der groben Unverhältnismäßigkeit noch höhere Anforderungen zu stellen.

Bei der Abwägung ist nach § 275 II 1 BGB der Inhalt des Schuldverhältnisses zu berücksichtigen. Kannte der Schuldner beim Vertragsschluss den erforderlichen hohen Aufwand, wird ihm regelmäßig die Leistungserbringung zumutbar sein. Dagegen ist bei unvorhersehbaren Erhöhungen des Aufwands eher von einem groben Unverhältnis auszugehen.

Auch hier Ausgestaltung als rechtsvernichtende Einrede

Auch § 275 II BGB ist als Einrede ausgestaltet. Der Schuldner kann bei Vorliegen eines groben Missverhältnisses frei entscheiden, ob er die Leistung erbringen will oder nicht. Im Prozess wird die Einrede nur dann beachtet, wenn der Schuldner sie geltend gemacht hat. An die Geltendmachung der Einrede sind keine hohen Anforderungen zu stellen.

Es genügt, wenn der Schuldner zu verstehen gegeben hat, dass er wegen groben Missverhältnisses die Leistung nicht erbringen will.

hemmer-Methode: Erhebt der Schuldner die Einrede, so kann er nicht mehr zu Leistung verurteilt werden. Wird das Leistungsverweigerungsrecht nicht bis zur letzten Tatsachenverhandlung geltend gemacht, kann es nicht im Prozess berücksichtigt werden.

---

87 MüKo § 275 Rn. 70.

k) „Wirtschaftliche" Unmöglichkeit

Wirtschaftliche Unmöglichkeit

Keinen Fall der Unmöglichkeit meint die sog. wirtschaftliche Unmöglichkeit. Bei der wirtschaftlichen Unmöglichkeit ist die Leistung erbringbar, zu ihrer Erbringung ist aber in wirtschaftlicher Hinsicht ein unzumutbar hoher Aufwand erforderlich. Die wirtschaftliche Unmöglichkeit fällt insbesondere nicht unter § 275 II BGB, da die Leistung zwar erheblich erschwert ist, aber kein grobes Missverhältnis im Sinne von § 275 II BGB vorliegt.

Richtigerweise werden jedoch die Fälle der sog. wirtschaftlichen Unmöglichkeit mittels der Störung der Geschäftsgrundlage nach § 313 BGB gelöst, da auf diese Weise eine flexiblere Handhabung der „Opfergrenze" und eine Aufteilung nach Risikobereichen möglich ist und auch die starren Rechtsfolgen der Unmöglichkeit vermieden werden.

Häufig wird auch der Schuldner gegen ein höheres Entgelt zur Leistung bereit sein. Die Vertragsanpassung im Wege der Störung der Geschäftsgrundlage ist hier interessengerechter.

§ 275 II	Grobes Missverhältnis zwischen Aufwand des Schuldners und Leistungsinteresse **des Gläubigers**

⇒ Maßstab ist **nur** das **Gläubigerinteresse**, das Interesse des Schuldners an der Leistungsbefreiung ist kein Abwägungskriterium.

§ 313, Störung der Geschäftsgrundlage	Bezieht **Interessen beider Parteien** ein. ⇨ übermäßige Leistungserschwerung / Äquivalenzstörung kann berücksichtigt werden

↳ **Wirtschaftliche U. fällt unter § 313**; prakt. Vorteil: Flexibilität

hemmer-Methode: Die Fälle des § 275 II BGB und der wirtschaftlichen Unmöglichkeit sind schwer auseinander zu halten, weil es in beiden Fällen um die wirtschaftliche Unzumutbarkeit der Leistungserbringung geht. Es ist jedoch zu beachten, dass § 275 II BGB nur seltene Ausnahmefälle erfasst. Im Zweifel ist daher von bloßer wirtschaftlicher Unmöglichkeit auszugehen. Es liegt dann keine Unmöglichkeit im Sinne des § 275 BGB vor. Unter Umständen besteht aber ein Anspruch auf Vertragsanpassung.

m) Unmöglichkeit bei Gattungsschulden

Unmöglichkeit der Leistung bei Gattungsschulden

Besonders problematisch ist die Unmöglichkeit der Leistung bei Gattungsschulden. Dort sind mehrere gleichartige Sachen erfüllungstauglich. Der Untergang einer einzelnen Sache kann hier grundsätzlich nicht zur Unmöglichkeit der Leistung führen, weil die Schuld noch mit anderen Sachen aus der Gattung erfüllt werden kann.

aa) Vorliegen einer Gattungsschuld

Gattungsschulden sind Verpflichtungen, die auf die Verschaffung von Sachen gerichtet sind, die nur nach generellen Merkmalen, also nicht individuell bestimmt sind.[88]

---

88 Huber Leistungsstörungen I § 24 I 1, S. 576.

Es bleibt zunächst offen, mit welcher konkreten Leistung der Schuldner erfüllen soll.[89]

Das Vorliegen einer Gattungsschuld beurteilt sich nach der Vereinbarung der Parteien. Wenn die Leistung irgendeines Gegenstandes, der bestimmte generelle Merkmale erfüllt, geschuldet ist, liegt eine Gattungsschuld vor.

Gattungsschulden als Beschaffungsschulden

Gattungsschulden sind grundsätzlich Beschaffungsschulden. D.h. der Schuldner muss sich die Sache auf dem Markt beschaffen, wenn er selbst keine derartige Sache besitzt. Eine Ausnahme hiervon stellen die Vorratsschulden (= beschränkte Gattungsschulden) dar. Hier verpflichtet sich der Schuldner, nur aus seinem Bestand zu leisten. Zur Beschaffung der Ware auf dem Markt ist er nicht verpflichtet.

145

Ob eine unbeschränkte Gattungsschuld oder eine Vorratsschuld vorliegt, ergibt sich aus dem abgeschlossenen Vertrag. Auch die Umstände des Vertragsschlusses können zur Annahme einer Vorratsschuld führen. Dies ist insbesondere beim Verkauf selbst produzierter Waren anzunehmen. Hier will der Hersteller nur aus seinem eigenen Vorrat leisten. Eine Beschaffung der Ware von Dritten ist gerade nicht gewollt.

Bsp.: Bauer B baut auf seinen Feldern Kartoffeln an. Er verkauft 50 kg Kartoffeln an K. Die Lieferung soll nach der Ernte erfolgen. Durch ein Unwetter wird die gesamte Ernte zerstört.

Hier ist nicht davon auszugehen, dass sich B auch dazu verpflichtet hat, im Falle der eigenen Leistungsunfähigkeit die Kartoffeln bei Dritten zu beschaffen. Es liegt daher eine beschränkte Gattungsschuld vor: B war nur zur Leistung aus seiner Ernte verpflichtet. Unmöglichkeit ist gegeben.

bb) Unmöglichkeit bei einer Gattungsschuld

Grundsätzlich nur bei Untergang der gesamten Gattung

Unmöglichkeit der Leistung kann bei einer Gattungsschuld grundsätzlich nur dann vorliegen, wenn die gesamte Gattung untergeht oder wenn der Schuldner sich die Sache nicht auf dem Markt beschaffen kann. Die Leistung aus einer Vorratsschuld ist unmöglich, wenn der gesamte Vorrat des Schuldners untergeht.

146

Umfang der Beschaffungspflicht ergibt sich aus dem Vertrag

Welche Anstrengungen der Schuldner zur Beschaffung des Gegenstandes auf sich zu nehmen hat, ist eine Frage der Vertragsauslegung. Regelmäßig sind an die Unmöglichkeit der Beschaffung strenge Anforderungen zu stellen.

Häufig ergibt sich aber, dass der Schuldner sich die Ware nur von anderen Händlern beschaffen muss. Ein Rückkauf von Endverbrauchern ist nicht geschuldet.

Durch Konkretisierung wird aus Gattungsschuld eine Stückschuld

Während nach dem oben Gesagten die Unmöglichkeit der Leistung einen extremen Ausnahmefall darstellt, kann nach Konkretisierung leichter Unmöglichkeit vorliegen: Mit der Konkretisierung wird aus der Gattungsschuld eine Stückschuld, d.h. mit Untergang der für die Erfüllung vorgesehenen Sache tritt Unmöglichkeit ein.[90]

147

Die Konkretisierung bestimmt sich nach den §§ 243 II, 300 II BGB:

Auswahl einer Sache durch den Schuldner

(1) Zunächst muss der Schuldner aus seinem Bestand eine Sache für die Erfüllung auswählen. Die Sache muss den Erfordernissen des § 243 I BGB genügen. Es muss sich daher um eine Sache mittlerer Art und Güte handeln.

148

---

89 MüKo § 243 Rn. 5.
90 Zur Frage, ob eine Konkretisierung rückgängig gemacht werden kann, lesen Sie CANARIS, „Die Bedeutung des Übergangs der Gegenleistungsgefahr im Rahmen von § 243 II BGB und § 275 II BGB", in JuS 2007, 793 ff.

§ 7 SCHADENSERSATZ STATT DER LEISTUNG

Eine besonders schlechte Sache kann nicht zu einer Umwandlung in eine Stückschuld führen. Insbesondere genügt die Auswahl einer mangelhaften Sache nicht. Die Auswahl einer besonders guten Sache bewirkt dagegen die Konkretisierung.

Konkretisierung nach §§ 243 II, 300 II BGB

(2) Was für Handlungen der Schuldner für die Konkretisierung zusätzlich vornehmen muss, richtet sich nach den §§ 243 II, 300 II BGB. Die Parteien können auch einen gesetzlich nicht vorgesehenen Konkretisierungstatbestand vereinbaren. *149*

Nach § 243 II BGB tritt Konkretisierung ein, wenn der Schuldner das zur Leistung seinerseits Erforderliche getan hat. Der Schuldner muss die geschuldete Leistungshandlung vornehmen. Welche Leistungshandlung der Schuldner vorzunehmen hat, bestimmt sich nach der Art der Schuld. Man unterscheidet Hol-, Schick- und Bringschulden.

Holschuld

Bei einer **Holschuld** soll der Gläubiger die Sache beim Schuldner abholen. Der Schuldner muss zur Konkretisierung eine Sache aus seinem Bestand auswählen und zur Abholung bereitstellen. Darüber hinaus muss der Gläubiger zur Abholung aufgefordert werden. *150*

Schickschuld

Bei einer **Schickschuld** soll die Ware an den Wohnort des Gläubigers überbracht werden. Die Leistungshandlung besteht hier in der ordnungsgemäßen Absendung der Ware. Mit der Absendung beschränkt sich die Schuld auf die der Transportperson übergebene Sache. *151*

Bringschuld

Bei einer **Bringschuld** muss der Schuldner zur Konkretisierung die Sache zum Gläubiger transportieren und dort dem Gläubiger tatsächlich in Annahmeverzug begründender Weise anbieten. Im Gegensatz zur Schickschuld tritt Konkretisierung erst mit dem tatsächlichen Angebot ein. *152*

Abgrenzung durch Auslegung des Vertrages

Welche Schuld im Einzelfall vereinbart ist, ist durch Auslegung des Vertrages zu ermitteln. Soll die Sache vom Gläubiger beim Schuldner abgeholt werden, liegt eine Holschuld vor. Soll dagegen die Ware zum Wohnsitz des Gläubigers transportiert werden, kommen sowohl Schick- als auch Bringschuld in Betracht. Entscheidend ist für die Abgrenzung vor allem, wer das Risiko des Untergangs der Sache während des Transports tragen soll.

Wenn sich aus dem Vertrag nicht ergibt, ob eine Schickschuld oder eine Bringschuld gewollt war, greift die Regelung des § 269 I BGB ein. Danach ist Leistungsort der Wohnsitz des Schuldners.

Leistungsort ist der Ort, an dem der Schuldner seine Leistungshandlung vorzunehmen hat. Aus § 269 I BGB ergibt sich dann, dass im Zweifel eine Schickschuld anzunehmen ist.

Sondertatbestand: § 300 II BGB

Auch in § 300 II BGB ist ein Konkretisierungstatbestand geregelt. Nach § 300 II tritt Konkretisierung ein, wenn der Gläubiger mit der Leistung in Annahmeverzug geraten ist. Voraussetzung ist aber, dass der Schuldner eine Sache aus seinem Bestand ausgewählt hat und diese Sache den Erfordernissen des § 243 I BGB entspricht. *153*

Geringe Bedeutung

§ 300 II BGB hat einen sehr geringen eigenständigen Anwendungsbereich. Meist wird bereits Konkretisierung nach § 243 II BGB eingetreten sein, wenn der Gläubiger in Annahmeverzug gerät. Bedeutung hat § 300 II BGB aber, wenn nach § 295 BGB ein wörtliches Angebot genügt oder ein Angebot nach § 296 BGB entbehrlich ist. Hier hat der Schuldner seine Leistungshandlung noch nicht vorgenommen und § 243 II BGB scheidet aus. Gleichwohl gerät der Gläubiger in Annahmeverzug und es tritt nach § 300 II BGB Konkretisierung ein. *154*

Bsp.: *K bestellt bei V 10 t Benzin. Es wird eine Bringschuld vereinbart. Kurz darauf verweigert K ernsthaft und endgültig die Erfüllung des Vertrages. V, der das Benzin für K bereits in einen Tankwagen gefüllt hat, bietet K die Lieferung telefonisch an. Wenig später wird der Tankwagen bei einem Brand zerstört. Liegt Unmöglichkeit der Leistung vor?*

Unmöglichkeit liegt bei einer Gattungsschuld vor, wenn die gesamte Gattung untergeht. Dies ist aber ersichtlich nicht der Fall. Unmöglichkeit kommt aber auch dann in Betracht, wenn nach Konkretisierung die für K bestimmte Sache untergeht. Fraglich ist, ob hier Konkretisierung gegeben ist. § 243 I BGB steht nicht entgegen, da V Benzin mittlerer Art und Güte ausgewählt hat.

Konkretisierung könnte nach § 243 II BGB eingetreten sein. Hierzu wäre aber bei einer Bringschuld erforderlich, dass der Schuldner dem Gläubiger die Sache an dessen Sitz tatsächlich angeboten hat. Dies ist aber nicht erfolgt.

Die Gattungsschuld könnte sich aber nach § 300 II BGB konkretisiert haben. Dann müsste der Gläubiger (K) in Annahmeverzug geraten sein. V hat dem K die Leistung zwar nicht tatsächlich angeboten. Nach § 295 BGB genügt aber ein wörtliches Angebot, wenn der Gläubiger erklärt hat, dass er die Ware nicht annehmen werde. Da K die Leistung nicht annehmen will, war ein wörtliches Angebot ausreichend. Es ist daher Konkretisierung nach § 300 II BGB eingetreten. Mit der Zerstörung des Tankwagens mit dem Benzin ist deshalb Unmöglichkeit der Leistung eingetreten.

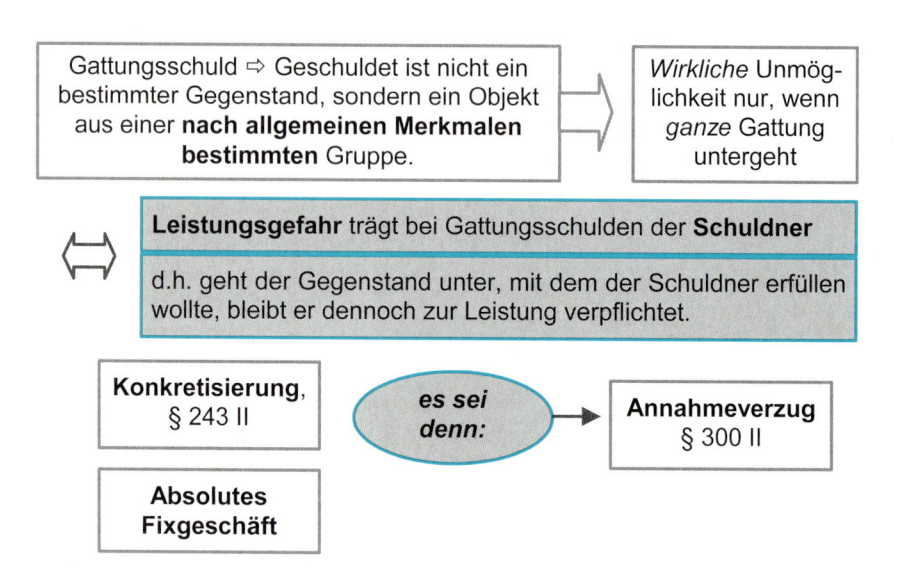

| Gattungsschuld ⇨ Geschuldet ist nicht ein bestimmter Gegenstand, sondern ein Objekt aus einer **nach allgemeinen Merkmalen bestimmten** Gruppe. | ⇨ | *Wirkliche* Unmöglichkeit nur, wenn *ganze* Gattung untergeht |

⇔ **Leistungsgefahr** trägt bei Gattungsschulden der **Schuldner**

d.h. geht der Gegenstand unter, mit dem der Schuldner erfüllen wollte, bleibt er dennoch zur Leistung verpflichtet.

Konkretisierung, § 243 II → *es sei denn:* → **Annahmeverzug** § 300 II

Absolutes Fixgeschäft

---

3. Vorübergehende Unmöglichkeit

Vorübergehende Unmöglichkeit

Bei der vorübergehenden Unmöglichkeit steht der Leistungserbringung ein Hindernis entgegen. Es ist jedoch abzusehen, dass dieses Hindernis in einiger Zeit wegfallen wird, und eine Leistung dann wieder möglich sein wird.

Keine Unmöglichkeit im Sinne des § 275 BGB!

Die vorübergehende Unmöglichkeit stellt grundsätzlich keine Unmöglichkeit im Sinne des § 275 BGB dar. Ausnahmsweise steht die vorübergehende Unmöglichkeit der dauernden gleich, wenn dem Gläubiger ein Abwarten bis zur Möglichkeit der Leistung nicht zuzumuten ist.

§ 7 SCHADENSERSATZ STATT DER LEISTUNG

> Ist damit zu rechnen, dass das dem Leistungsanspruch entgegenstehende **Leistungshindernis wieder entfällt** ...
> → Vorübergehende Unmöglichkeit

(P) fiele die vorübergehende U. unter § 275 I, lebte die zunächst erloschene Leistungspflicht nach Wegfall des Leistungshindernisses wieder auf. ⇨ Rechtsunsicherheit und dogmatische Unvereinbarkeit mit geltendem Recht
deshalb im **Normalfall keine Anwendung von § 275 I**. Gl. muss stattdessen über §§ 280 I, 281 vorgehen
Aber Gleichstellung mit U., wenn Geschäftszweck gefährdet, und Gläubiger Abwarten nicht **zugemutet** werden kann: *dann* § 275 I (+)

Die Rechtsfolgen der vorübergehenden Unmöglichkeit sind gesetzlich nicht geregelt. Ein Schadensersatzanspruch nach § 311a II 1 BGB oder den §§ 280 I, III, 283 BGB scheidet aus, da diese dauernde Unmöglichkeit voraussetzen. 157

Es kommt aber ein Anspruch auf Schadensersatz statt der Leistung gem. §§ 280 I, III, 281 BGB bzw. ein Rücktrittsrecht nach § 323 I BGB in Betracht. Die Fristsetzung kann nach §§ 281 II, 2.Alt., 323 II Nr.3 BGB wegen Aussichtslosigkeit entbehrlich sein.[91]

hemmer-Methode: Lesen Sie hierzu GRIEDEL, Gedanken zur vorübergehenden Unmöglichkeit, Life&Law 2003, 369 sowie HEMMER/WÜST Schuldrecht I, Rn. 33 ff.

4. Darlegungs- und Beweislast

Darlegungs- und Beweislast für die Unmöglichkeit

Die Darlegungs- und Beweislast für die Unmöglichkeit der Leistung kann sowohl dem Schuldner als auch dem Gläubiger obliegen. 158

Wenn der Schuldner im Rahmen einer Klage des Gläubigers auf Erfüllung sich auf eine Leistungsbefreiung nach § 275 BGB beruft, ist es Aufgabe des Schuldners, die Voraussetzungen des § 275 BGB darzulegen und zu beweisen.

Dagegen hat im Rahmen eines Schadensersatzanspruches nach § 311a II 1 BGB oder den §§ 280 I, III, 283 BGB der Gläubiger die Unmöglichkeit der Leistung zu beweisen.

Nur für Vertretenmüssen Vermutung

Lediglich für das Vertretenmüssen stellen die § 280 I 2 BGB und § 311a II 2 BGB eine Vermutung auf. Der Schuldner hat daher sein fehlendes Vertretenmüssen darzulegen und im Bestreitensfalle zu beweisen.

II. Schadensersatz statt der Leistung wegen anfänglicher Unmöglichkeit der Leistung nach § 311a II 1 BGB

Bei anfänglicher Unmöglichkeit der Leistung kommt als Anspruchsgrundlage § 311a II 1 BGB in Betracht. § 311a II 1 BGB ist eine eigenständige Anspruchsgrundlage. § 280 BGB ist nicht hinzu zu zitieren. 159

hemmer-Methode: „Perfekt" wäre es, § 275 IV BGB bei den §§ 280, 283, 285, 311a und § 326 BGB mit zu zitieren. Allerdings handelt es sich bei § 275 IV BGB dem Grunde nach um eine absolut überflüssige Vorschrift mit lediglich deklaratorischem Charakter.

---

91 MüKo § 275 Rn. 145.

> **Voraussetzungen**:
>
> 1. **Schuldverhältnis und <u>Pflichtverletzung</u>:**
>   Anfängliche Unmöglichkeit der Leistung
> 2. Schuldverhältnis trotz anfänglicher Möglichkeit der Leistung, § 311a I BGB
> 3. Anfängliche Unmöglichkeit der Leistung, § 275 BGB
> 4. Vertretenmüssen: Kenntnis oder zu vertretende Unkenntnis von der Unmöglichkeit, § 311a II 2 BGB
> 5. Rechtsfolge: Schadensersatz statt der Leistung

1. Schuldverhältnis trotz anfänglicher Möglichkeit der Leistung, § 311a I BGB

Bestehen eines Anspruchs auf die Leistung

§ 311a II 1 BGB setzt zunächst voraus, dass dem Gläubiger ein Anspruch auf die Leistung zusteht.

hemmer-Methode: Anfängliche Unmöglichkeit ist nur bei rechtsgeschäftlichen Ansprüchen möglich. Gesetzliche Ansprüche entstehen sofort mit einem anderen Inhalt.

§ 311a I BGB ist im Rahmen des Bestehens eines Schuldverhältnisses zu zitieren. Diese stellt klar, dass die anfängliche Unmöglichkeit keine Auswirkung auf die Wirksamkeit des Vertrages hat.

2. Anfängliche Unmöglichkeit der Leistung

Erlöschen des Anspruchs durch Unmöglichkeit

Dieser Anspruch muss wegen Unmöglichkeit der Leistung nach § 275 BGB ausgeschlossen sein. Wann Unmöglichkeit vorliegt, wurde oben ausführlich dargestellt.[92] Es muss sich um dauernde Unmöglichkeit handeln, vorübergehende Unmöglichkeit genügt nicht.

Im Falle der §§ 275 II, III BGB muss der Schuldner die ihm zustehende Einrede erhoben haben.

§ 311a II 1 BGB gilt nur für anfängliche Unmöglichkeit

Bei der Unmöglichkeit muss es sich um anfängliche Unmöglichkeit der Leistung handeln. Anfängliche Unmöglichkeit liegt vor, wenn die Unmöglichkeit schon *im Zeitpunkt des Vertragsschlusses* vorlag. Dagegen liegt nachträgliche Unmöglichkeit vor, wenn die Unmöglichkeit erst nach Entstehung des Schuldverhältnisses eingetreten ist. Für nachträgliche Unmöglichkeit sind die §§ 280 I, III, 283 BGB die richtige Anspruchsgrundlage.

Auch bei bedingten und befristeten Verträgen ist für die Abgrenzung zwischen anfänglicher und nachträglicher Unmöglichkeit auf den Zeitpunkt des Vertragsschlusses abzustellen.

3. Kenntnis oder zu vertretende Unkenntnis

Vertretenmüssen

Die Schadensersatzpflicht tritt nur ein, wenn der Schuldner wusste oder in zu vertretender Weise nicht wusste, dass die Leistung anfänglich unmöglich ist. Anknüpfungspunkt für das Vertretenmüssen ist nicht das Herbeiführen der Unmöglichkeit, sondern ausschließlich die Kenntnis davon.

Der Schuldner haftet auf Schadensersatz, wenn er das Leistungshindernis kannte oder in zu vertretender Weise nicht kannte.

---

92 Vgl. Rn. 548 ff.

Entscheidend: Kenntnis von der Unmöglichkeit

Bezugspunkt ist ausschließlich die Kenntnis von der Unmöglichkeit. Es kann den Schuldner nicht entlasten, wenn er im Umgang mit der Sache die im Verkehr erforderliche Sorgfalt beachtet hat. Umgekehrt kann dem Schuldner ein nachlässiger Umgang mit der Sache nicht vorgeworfen werden, sofern er die Leistungsstörung nicht kannte.[93]

164

Der Schuldner haftet, wenn er die Unmöglichkeit der Leistung kannte. Bei § 275 II BGB muss sich die Unmöglichkeit auf alle tatsächlichen Umstände beziehen, aus denen sich die Unverhältnismäßigkeit ergibt.[94]

Auch bei zu vertretender Unkenntnis besteht ein Anspruch aus § 311a II 1 BGB.

hemmer-Methode: An die Pflicht des Schuldners, seine Leistungsfähigkeit zu überprüfen, sind strenge Anforderungen zu stellen. Eine nicht zu vertretende Unkenntnis wird nur in Ausnahmefällen vorliegen.

Bei Stellvertretung: Vertreter maßgebend

Im Falle der Stellvertretung kommt es nach § 166 I BGB grundsätzlich auf die Kenntnis des handelnden Vertreters an. Ausnahmsweise ist nach § 166 II BGB zusätzlich die Kenntnis des Vertretenen heranzuziehen. Zusätzlich muss sich der Schuldner das Wissen seiner Erfüllungsgehilfen nach § 278 BGB zurechnen lassen, die er zur Überprüfung seiner Leistungsfähigkeit eingesetzt hat.

165

hemmer-Methode: Hat der Schuldner den Irrtum über die Leistungsmöglichkeit *nicht* zu vertreten, scheidet nicht nur die Primärpflicht (wegen § 275 I-III BGB), sondern auch der Sekundäranspruch nach § 311a II BGB aus. Der Schuldner wird also ersatzlos frei.

Problem: Wertungswiderspruch zur Anfechtung nach § 119 II BGB

Canaris sieht hierin einen Wertungswiderspruch zur Anfechtung nach § 119 II BGB, die – unabhängig vom Verschulden des Irrenden – zu einer Ersatzpflicht nach § 122 BGB führt.[95] Dem Vorschlag, im Rahmen des § 311a II BGB im Falle der nicht zu vertretenden Unkenntnis des Schuldners vom Leistungshindernis § 122 BGB für entsprechend anwendbar zu erklären, ist der Reformgesetzgeber allerdings nicht gefolgt.[96]

Freilich bleibt es den Parteien des Vertrages unbenommen, den nach § 311a I BGB wirksamen Vertrag nach den §§ 119 ff. BGB anzufechten und so die Ersatzpflicht nach § 311a II BGB zu beseitigen, da in diesem Fall der Vertrag wegen § 142 I BGB nicht im Übrigen wirksam wäre.

Jedoch kann in dem Irrtum über die Leistungsmöglichkeit nicht ein Irrtum über eine verkehrswesentliche Eigenschaft i.S.d. § 119 II BGB gesehen werden. Wäre dies der Fall, könnte der Schuldner in nahezu allen Fällen des § 311a II BGB die Schadensersatzpflicht statt der Leistung umgehen und müsste nur noch nach § 122 BGB auf das negative Interesse haften.

Im Übrigen ist auch der von *Canaris* angestellte Wertungsvergleich zweifelhaft: Bei § 311a II BGB geht es nicht darum, dass eine Seite die Leistungspflicht aufgrund eines Willensmangels beseitigt; vielmehr ist die Leistungspflicht schon kraft Gesetzes unwirksam, § 275 I BGB bzw. kann durch Erhebung der Einrede nach § 275 II, III BGB undurchsetzbar werden.

---

93 MüKo § 311a Rn. 45.
94 MüKo § 311a Rn. 44.
95 Canaris, JZ 2001, 499 (507 f.).
96 Palandt, § 311 a, Rn. 14.

Eine analoge Anwendung von § 122 BGB für den Fall der nicht zu vertretenden Unkenntnis vom anfänglichen Leistungshindernis muss ausscheiden. Zudem wäre es widersprüchlich, dem Schuldner einerseits für den Fall des Irrtums über die Leistungsmöglichkeit das Anfechtungsrecht nach § 119 BGB zu versagen, ihm aber andererseits die Schadensersatzpflicht nach § 122 BGB aufzuerlegen.[97]

Garantie möglich

Auch bei schuldloser Unkenntnis haftet der Schuldner allerdings dann, wenn er eine Garantie für seine Leistungsfähigkeit oder ein Beschaffungsrisiko übernommen hat. Regelmäßig übernimmt der Schuldner aber keine Garantie für die Leistungsfähigkeit.

Entgegen der bisher herrschenden Auffassung darf jedoch im Fall der anfänglichen subjektiven Unmöglichkeit eine solche Garantieübernahme nicht ohne weiteres angenommen werden; sie ist – um die Wertung des § 311a II 2 BGB nicht zu umgehen – von einer ausdrücklichen Erklärung abhängig, eine konkludente Garantieübernahme kann nur in eindeutigen Fällen angenommen werden.

4. Rechtsfolge: Schadensersatz statt der Leistung

§ 311a II 1 BGB gewährt dem Gläubiger einen Anspruch auf Schadensersatz statt der Leistung. Insoweit gelten die Ausführungen zu § 281 BGB[98] entsprechend.

III. Schadensersatz statt der Leistung wegen nachträglicher Unmöglichkeit der Leistung nach § 280 I, III, 283 S.1 BGB

Bei nachträglicher Unmöglichkeit der Leistung bestimmt sich der Schadensersatz statt der Leistung nach den §§ 280 I, III, 283 S.1 BGB.

Voraussetzungen des Anspruchs aus §§ 280 I, III, 283 S.1 BGB

1. Schuldverhältnis und <u>Pflichtverletzung</u>:

    Nachträgliche Unmöglichkeit der Leistung

2. Nachträgliche Unmöglichkeit der Leistung, § 275 BGB
3. Vertretenmüssen des Schuldners, §§ 283 S.1, 280 I 2 BGB
4. Rechtsfolge: Schadensersatz statt der Leistung

---

1. Nachträgliche Unmöglichkeit der Leistung

Anspruch auf die Leistung

§ 283 S.1 BGB setzt zunächst das Bestehen eines Erfüllungsanspruchs voraus.

Das dem Anspruch zugrunde liegende Rechtsverhältnis kann rechtsgeschäftlich oder gesetzlich sein. Wenn der Anspruch bereits vor dem Eintritt der Unmöglichkeit auf andere Art und Weise erloschen ist, scheidet § 283 BGB aus. Als solche anderen Erlöschensgründe kommen beispielsweise ein Schadensersatzverlangen nach § 281 IV BGB oder Erfüllung nach § 362 BGB in Betracht.

hemmer-Methode: Ein noch nicht ausdiskutiertes Problem stellt sich in folgendem Fall: Der Gläubiger setzt eine Nachfrist zur Leistung, die erfolglos abläuft. Bevor der Gläubiger Schadensersatz verlangt, tritt Unmöglichkeit ein. Was ist in solchen Fällen die richtige Anspruchsgrundlage?

---

97 Palandt, § 311a, Rn. 14 a.E.
98 Oben Rn. 81 ff.

§ 7 SCHADENSERSATZ STATT DER LEISTUNG

> Eines ist sicher. Bis zur Geltendmachung des Anspruches auf Schadensersatz statt der Leistung bleibt der Anspruch auf Erfüllung bestehen. Erst mit dem Ersatzverlangen erlischt der Primäranspruch gem. § 281 IV BGB, sodass jedenfalls bis dahin Unmöglichkeit eintreten kann.
>
> Hat der Schuldner nun den Eintritt der Unmöglichkeit zu vertreten, stellt sich in der Praxis kein Problem, da jedenfalls der Anspruch aus §§ 280 I, III, 283 BGB bejaht werden kann.
>
> Dennoch wird die Ansicht vertreten, dass der Anspruch aus § 281 BGB in diesem Fall neben demjenigen aus § 283 BGB bestehen kann, da es unbillig wäre, wenn der einmal tatbestandlich erfüllte Anspruch auf Schadensersatz gem. §§ 280 I, III, 281 BGB nachträglich untergehen könnte.
>
> Lesen Sie hierzu MÜNCHENER KOMMENTAR/ERNST, § 281 Rn. 89 f. Nach dieser Ansicht soll der Anspruch aus §§ 280 I, III, 281 BGB entfallen. Die Fälle einer unverschuldeten Unmöglichkeit wird es aber wegen § 287 S.2 BGB kaum geben.
>
> Beachten Sie aber, dass man auch differenzieren muss, wann der Schaden eingetreten ist. Wenn z.B. nach abgelaufener Frist, aber noch vor Unmöglichkeit ein Deckungskauf vorgenommen wird, kann die Anspruchsgrundlage nicht § 283 BGB sein, weil der Schaden nicht kausal auf der Unmöglichkeit beruht!

Unmöglichkeit der Leistung

Dieser Anspruch muss aufgrund **_Unmöglichkeit_** der Leistung gemäß § 275 BGB ausgeschlossen sein. Die verschiedenen Fallgruppen der Unmöglichkeit wurden oben ausführlich dargestellt.[99]

169

Nachträgliche Unmöglichkeit

Die §§ 280 I, III, 283 BGB sind nur dann die richtige Anspruchsgrundlage, wenn es sich um **_nachträgliche_** Unmöglichkeit der Leistung handelt.

170

Nachträgliche Unmöglichkeit liegt vor, wenn die Leistung erst nach der Entstehung des Schuldverhältnisses unmöglich geworden ist.

hemmer-Methode: Bei schon im Zeitpunkt des Vertragsschlusses bestehender Unmöglichkeit folgt der Schadensersatzanspruch aus § 311a II 1 BGB.

2. Vertretenmüssen

Vertretenmüssen

Der Anspruch aus den §§ 280 I, III, 283 BGB besteht nur dann, wenn der Schuldner die Unmöglichkeit zu vertreten hat, § 280 I 2 BGB. Maßstab ist dabei grundsätzlich § 276 BGB. Der Schuldner haftet damit für Vorsatz und jede Fahrlässigkeit.

171

Das Verschulden von Erfüllungsgehilfen wird nach § 278 BGB zugerechnet. Eine Haftungsverschärfung kann sich aus der Übernahme einer Garantie oder aus einem Beschaffungsrisiko ergeben.

Haftungsmilderungen sind zu berücksichtigen!

Besonderheiten hinsichtlich des Verschuldensmaßstabs gelten für den Fall, dass gesetzliche Haftungserleichterungen[100] bestehen. Die gesetzlichen Haftungserleichterungen (z.B. § 599 BGB) gelten dann auch für eventuell konkurrierende Deliktsansprüche als Verschuldensmaßstab.[101]

172

> *Bsp.:* A will in Urlaub fahren. Mit dem B vereinbart der A, dass dieser seinen Hund für die Dauer des Urlaubs unentgeltlich in Pflege nimmt. Aufgrund einer leichten Fahrlässigkeit des B stirbt der Hund des A. B hatte dem Hund des A (wie auch seinem Hund) ein Hähnchenbein zum Fressen gegeben. Der Hund des A verschluckte einen kleinen Knochen und erstickte.

173

---

99 Oben Rn. 548 ff.

100 Beachten Sie z.B. die Beschränkung auf *grobe* Fahrlässigkeit in den §§ 521, 599, 680, 968 BGB. In diesen Fällen gilt ein *objektiv-subjektiver* Maßstab. Anders bei der Beschränkung auf die *Sorgfaltspflicht in eigenen Angelegenheiten* in den §§ 690, 708, 1359, 1664, 2131 BGB (diligentia quam in suis, § 277 BGB). Hier gilt *kein objektiver* Maßstab, sondern *nur ein subjektiver*. Vgl. PALANDT, § 277, Rn. 5.

101 *Str.:* Siehe PALANDT, § 599, Rn. 3; Unbedingt lesen, z.B. für Probleme beim Mangelfolgeschaden und bei Nebenpflichtverletzungen.

A verlangt deshalb Schadensersatz. Zu Recht ?

Ein Anspruch des A gegen B könnte sich aus den §§ 280 I, III, 283 i.V.m. § 695 BGB ergeben. Ein wirksamer Verwahrungsvertrag (§ 688 ff. BGB) wurde geschlossen. Die Rückgabe des Hundes (als einseitige Leistungsverpflichtung des B) ist auch unmöglich geworden.

B müsste den Untergang aber auch zu vertreten haben (§ 280 I 2 BGB). Dabei gilt *grundsätzlich* der *objektive* Verschuldensmaßstab des § 276 BGB. Der B müsste dann auch für *leichte* Fahrlässigkeit haften. Eine *Ausnahme* sind jedoch die Fälle gesetzlicher Haftungserleichterung.

z.B. bei unentgeltlicher Verwahrung

Beim unentgeltlichen Verwahrungsvertrag besteht für den Verwahrer (also für den Rückgabeschuldner B) nach § 690 BGB nur der *subjektive* Haftungsmaßstab der *Sorgfaltspflicht in eigenen* Angelegenheiten.[102] Aufgrund der im Falle bloß leichten Fahrlässigkeit des B entfällt eine Haftung nach den §§ 280 I, III, 283 i.V.m. § 695 BGB.

Auch ein Ersatzanspruch aus § 823 I BGB scheitert am mangelnden Verschulden des B. Die gesetzliche Haftungsmilderung des § 690 BGB erstreckt sich nämlich auch auf die mit der vertraglichen Haftung konkurrierenden Deliktsansprüche.[103] Die gesetzliche Haftungsmilderung würde leer laufen, wenn B i.R.d. deliktischen Ansprüche für jedes Verschulden einstehen müsste.

Eine weitere gesetzlich geregelte Vergünstigung im *Haftungsmaßstab* besteht für den Fall des *Gläubigerverzugs*.

Bsp.: A leiht dem B wieder einmal seine Rolex für einen Abend. Am nächsten Morgen ist der A nicht da, um die Uhr wie vereinbart in Empfang zu nehmen. Die Uhr wird auf dem Nachhauseweg aufgrund einer leichten Fahrlässigkeit des B gestohlen. A verlangt von B Schadensersatz.

Der Anspruch des A gegen B aus den §§ 604 I, 280 I, III, 283 BGB könnte hier aufgrund des Annahmeverzugs entfallen sein. Annahmeverzug des A (§§ 293 ff. BGB) liegt vor. Mit dem Annahmeverzug hat B nur noch für Vorsatz und grobe Fahrlässigkeit zu haften (§ 300 I BGB). Da den B nur eine *leichte* Fahrlässigkeit trifft, besteht kein Anspruch des A gegen B aus §§ 604 I, 280 I, III, 283 BGB.[104]

Bei Annahmeverzug

Der Verschuldensmaßstab des § 300 I BGB gilt auch i.R.d. Deliktshaftung.[105] Im Ergebnis bestehen damit keine Ansprüche des A gegen B.

Haftungsverschärfung

Das Gegenstück zu der gesetzlichen Haftungserleichterung ist die gesetzliche *Haftungsverschärfung* des § 287 S.2 BGB. Danach haftet der Schuldner während des Verzugs sogar für den *zufälligen* Untergang der Sache, es sei denn, dass der Schaden auch bei rechtzeitiger Erfüllung eingetreten wäre.

Bedeutung, wenn keine Kausalität des Verzugs

§ 287 S.2 BGB hat aber nur dann eigenständige Bedeutung, wenn sich der Untergang nicht bereits als *adäquate* Folge des *Schuldnerverzugs* darstellt (z.B. Untergang leicht verderblicher Ware).

Dann hat nämlich der Schuldner die Unmöglichkeit ohnehin nach § 280 I 2 i.V.m. § 276 I 1 BGB *zu vertreten* und es bedürfte nicht eines Rückgriffs auf § 287 S.2 BGB.

Voraussetzung ist also, dass der Untergang der Sache *gerade nicht* adäquat durch den Verzug verursacht wurde, sondern *zufällig*.

Bsp.: Y leiht sich in der Stadtbibliothek S ein Buch, das er laut Stempel am 10.10. wieder zurückgeben muss. Y verschläft den Termin. Als er das Buch am 15.10. schließlich zurückbringen will, wird es ihm unterwegs gestohlen. S verlangt von Y Schadensersatz.

---

102 Vgl. oben Rn. 610 (Fußnote): diligentia quam in suis (§ 277 BGB).
103 PALANDT, vor § 823, Rn. 9.
104 Zum Annahmeverzug vgl. auch Rn. 694 ff.
105 PALANDT, § 300, Rn. 2.

§ 7 SCHADENSERSATZ STATT DER LEISTUNG

Ein Anspruch der S gegen Y ergibt sich hier aus §§ 604 I, 280 I, III, 283, 287 S.2 BGB, denn Y war am 15.10. bereits im Verzug mit der Rückgabe (§ 286 II Nr.1 BGB). Die Unmöglichkeit der Rückgabe (§ 275 BGB) ist nicht adäquat kausal durch den Verzug eingetreten, sodass der Rückgriff auf § 287 S.2 BGB nötig war.

Sonderfall: Zusammentreffen von Schuldner- und Gläubigerverzug

Einen Spezialfall stellt das Zusammentreffen von Schuldner- und Gläubigerverzug dar:

Bsp.: V verkauft dem K eine bestimmte Maschine und verpflichtet sich, diese dem K am 10.10. zu liefern. Aufgrund von Arbeitsüberlastung kann der V aber erst später liefern. Er liefert deshalb erst am 15.10. die Maschine an K. K verweigert wegen der Verzögerung die Annahme. Auf der Heimfahrt wird die Maschine aufgrund eines Unfalls, den ein Dritter D fahrlässig verursacht hat, völlig zerstört. K verlangt nun von V Schadensersatz statt der Leistung.

Ein Anspruch des K gegen V könnte sich aus den §§ 280 I, III, 283 BGB ergeben. Die aufgrund wirksamen Kaufvertrags bestehende Leistungsverpflichtung des V, dem K die Maschine zu übereignen (§ 433 I BGB), ist dem V unmöglich geworden, da von einer Stückschuld auszugehen ist und die Sache völlig zerstört wurde. V müsste die Unmöglichkeit aber auch zu vertreten haben.

Nach § 276 BGB haftet der V für Vorsatz und Fahrlässigkeit. Ihn selbst trifft aber kein Verschulden. Für den Untergang der Sache war nämlich allein der Dritte D verantwortlich.

Anders würde der Fall aber dann liegen, wenn sich V im Schuldnerverzug befand, denn dann gilt für das Vertretenmüssen i.R.d. § 280 I, III, 283 BGB die Vorschrift des § 287 S.2 BGB. V hat demnach auch für den *zufälligen* Untergang zu haften, wenn er sich gem. §§ 284 ff. BGB in Verzug befunden hat.

V war am 15.10. mit seiner Leistungspflicht im Verzug (§ 286 II Nr.1 BGB), da ein genauer Termin vereinbart war, zu dem V nicht geliefert hat. Der Verzug des V war auch zu vertreten (§ 286 IV BGB), denn er hätte die Arbeitsüberlastung durch das Ablehnen weiterer Aufträge verhindern können. Den V trifft insoweit ein Organisationsverschulden (§ 276 BGB).

Die Haftung nach § 287 S.2 BGB setzt aber noch voraus, dass sich der V im Zeitpunkt des Untergangs immer noch im Schuldnerverzug befand. Für § 287 S.2 BGB ist nämlich ein Zusammenhang zwischen Verzug und Unmöglichkeit erforderlich.[106]

Der Verzug endet aber für die Zukunft, wenn eine seiner Voraussetzungen entfällt. Der häufigste Beendigungstatbestand ist dabei die nachträgliche Erbringung der Leistung.

Erfüllung (§ 362 BGB) ist aber nicht eingetreten, da es an der Übergabe der Sache fehlt und damit keine Übereignung stattgefunden hat (§ 433 I BGB).

Der Schuldnerverzug wird aber auch mit dem Angebot der Leistung durch den Schuldner in einer *den Annahmeverzug begründenden* Art und Weise beendet.[107] Der Schuldner kommt dann nicht in Verzug, wenn sich der Gläubiger selbst nicht vertragstreu verhält. Zu prüfen ist deshalb, ob sich der K im Gläubigerverzug (§§ 293 ff. BGB) befunden hat.

Gläubigerverzug liegt u.a. dann vor, wenn der Gläubiger eine seinerseits erforderliche Mitwirkungshandlung, insbesondere die Annahme, unterlässt. Da die verspätete Lieferung allein noch keinen Ablehnungsgrund darstellt und bei K auch kein erkennbarer Interessenfortfall eingetreten ist, befand sich K mit der Ablehnung der Leistung im Annahmeverzug. Damit wiederum ist der Schuldnerverzug beendigt worden. Die Haftung für zufälligen Untergang nach § 287 S.2 BGB kommt mithin nicht mehr in Betracht. V haftet, da sich der K im Gläubigerverzug befunden hat, sogar nur noch für Vorsatz und grobe Fahrlässigkeit (§ 300 I BGB). Da V nicht fahrlässig handelte, besteht im Ergebnis kein Anspruch des K gegen V aus §§ 280 I, III, 283 BGB.

---

106 Vgl. Wortlaut: „Es sei denn, dass der Schaden auch bei rechtzeitiger Erfüllung eingetreten wäre".
107 PALANDT, § 286, Rn. 34.

3. Rechtsfolge: Schadensersatz statt der Leistung

Schadensersatz statt der Leistung

Auch § 283 BGB ist auf Schadensersatz statt der Leistung gerichtet. Der Gläubiger ist so zu stellen wie er stünde, wenn er die Leistung ordnungsgemäß erhalten hätte. Die Ausführungen bei § 281 BGB gelten entsprechend.[108]

Exkurs: Beiderseits zu vertretende Unmöglichkeit

Beiderseits zu vertretende Unmöglichkeit

Besondere Probleme stellen sich bei der beiderseits zu vertretenden Unmöglichkeit bei Unmöglichkeit einer im Synallagma stehenden Hauptleistungspflicht. Bei einer einerseitigen Pflicht kann der Verschuldensbeitrag im Rahmen des Mitverschuldens nach § 254 BGB angemessen berücksichtigt werden. Bei einer synallagmatischen Hauptleistungspflicht stellt sich aber die Frage nach dem Schicksal der Gegenleistung.

hemmer-Methode: Wird eine nicht-synallagmatische Pflicht aufgrund beiderseitiger Verantwortlichkeit nachträglich unmöglich, ist unproblematisch der Schadensersatzanspruch des Gläubigers aus §§ 280 I, III, 283 BGB um seinen Mitverantwortlichkeitsanteil zu kürzen, § 254 BGB. Eine Gegenleistung gibt es dann ja gerade nicht, die berücksichtigt werden müsste.

Beiderseitig zu vertretende Unmöglichkeit nach wie vor nicht gesetzlich geregelt

Nach h.L. immer noch nicht gesetzlich geregelt und damit weiterhin examensrelevant ist die Konstellation der beiderseitig zu vertretenden Unmöglichkeit. Gemeint sind die Fälle, in denen der Schuldner das Leistungshindernis i.S.d. § 275 I-III BGB i.S.d. §§ 283 S.1, 280 I 2 BGB zu vertreten hat und der Gläubiger i.S.d. § 326 II BGB für diesen Umstand ebenfalls verantwortlich ist bzw. sich im Zeitpunkt des Eintritts des Leistungshindernisses im Annahmeverzug befindet.

hemmer-Methode: Beachten Sie: Befindet sich der Gläubiger im Annahmeverzug, ist zugunsten des Schuldners § 300 I BGB anzuwenden. Ist dem Schuldner nur leichte Fahrlässigkeit vorzuwerfen, liegt das Problem der beiderseitig zu vertretenden Unmöglichkeit gar nicht vor!

Keine Lösung der Problematik durch § 326 II 1 BGB „weit überwiegend"

§ 326 II 1 BGB erklärt allerdings die Erhaltung der Gegenleistung für den Fall, dass der Gläubiger für das Leistungshindernis allein *oder weit überwiegend* verantwortlich ist.

Mit der 2. Alternative scheint der Fall der beiderseitig zu vertretenden Unmöglichkeit geregelt worden zu sein. So wird beispielsweise vertreten, dass alle Fälle, die nicht unter § 326 II 1, 2.Alt. BGB subsumierbar seien, unter § 326 I BGB fallen würden[109].

Dies ist jedoch nicht richtig: Der Fall weit überwiegender Verantwortlichkeit des Gläubigers ist bei Lösung der Problematik über § 254 BGB (s.u.) dem Fall *alleiniger* Verantwortlichkeit des Gläubigers gleichzustellen.[110] Jedenfalls fehlt eine Regelung für den Fall, in denen der Gläubiger das Leistungshindernis mit zu verantworten hat, ohne *weit überwiegend* verantwortlich zu sein.

Bsp.: V verkauft dem K ein Bild. Bevor dieses dem K übereignet wird, geht dieses infolge Verschuldens von K und V unter.

Wie ist diese beiderseits zu vertretende Unmöglichkeit zu behandeln?

---

108 S. Oben Rn. 81 ff.

109 So unzutreffend Gruber, Schuldrechtsmodernisierung 2001/2002 – Die beiderseits zu vertretende Unmöglichkeit, in JuS 2002, 1066 [1067 und 1071]; lesen Sie dazu aber auch das Echo von Prof. von Olshausen in JuS 2003, 312, der Grubers Ansicht als abenteuerliche Lösung scharf kritisiert und entschieden zurückweist.

110 Diese Gleichstellung findet ab einer Verursachungsquote des Gläubigers von ca. 80-90 % statt, Palandt, § 326, Rn. 9.

§ 7 SCHADENSERSATZ STATT DER LEISTUNG

Nach Rspr.: § 326 II BGB oder §§ 280 I, III, 283 BGB; Ausgleich über § 254

1. Nach der **Rechtsprechung** ist zunächst zu prüfen, wen die überwiegende Verantwortlichkeit trifft (mit „Verantwortlichkeit" ist auch wg. der Gleichstellung in § 326 II 1 BGB der Fall der Unmöglichkeit während Annahmeverzuges gemeint)[111].

Je nachdem, ob dies der Schuldner oder der Gläubiger ist, ist dann entweder *nur* ein Anspruch des Schuldners gegen den Gläubigers aus §§ 326 II 1, 433 II BGB gegeben (Aufrechterhaltung der Gegenleistungspflicht) oder *nur* ein Schadensersatzanspruch des Gläubigers gegen den Schuldner aus §§ 280 I, III, 283 BGB zu prüfen.

Das Mitverschulden (beim Gläubiger: Die Mitverantwortlichkeit) des jeweiligen Anspruchsgegners findet über § 254 BGB Berücksichtigung. Schwierigkeiten bestehen jedoch dann, wenn beide Seiten die gleiche bzw. nahezu gleiche Verantwortlichkeit trifft. Die Wahl, ob dann dem Gläubiger gegen den Schuldner oder dem Schuldner gegen den Gläubiger ein Anspruch zusteht, wäre willkürlich.

2. Ein Teil der **Literatur** fordert deshalb eine kombinierte Anwendung von § 326 II BGB einerseits, §§ 280 I, III, 283 BGB andererseits.

A.A. Lit.: §§ 280 I, III, 283 BGB und § 326 II BGB nebeneinander anzuwenden unter Berücksichtigung des Mitverschuldens, § 254 BGB

Die Berechnung läuft folgendermaßen: Zunächst ist der Schadensersatzanspruch des Gläubigers gegen den Schuldner nach den §§ 280 I, III, 283 BGB nach der Surrogationsmethode zu berechnen. Dieser Anspruch ist um den Mitverschuldensanteil des Gläubigers gem. § 254 BGB zu kürzen. Danach findet eine Verrechnung (nach a.A.: Aufrechnung) mit dem *vollen* Anspruch des Schuldners gegen den Gläubiger auf die Gegenleistung gem. § 326 II BGB statt.

Dieser Anspruch ist *nicht* um den Mitverschuldensanteil des Schuldners zu kürzen. Anderenfalls würde dieser zweimal zum Nachteil des Schuldners berücksichtigt.[112]

3. Zum gleichen Ergebnis führt regelmäßig eine andere Berechnungsmethode:

Man berechnet den Anspruchsumfang aus den §§ 280 I, III, 283 BGB nach der Differenzmethode, kürzt ihn um § 254 und verrechnet dann mit dem Gegenleistungsanspruch wg. § 326 II BGB, wobei dieser aber *ebenfalls* um das Mitverschulden des Anspruchsinhabers nach § 254 BGB zu kürzen ist[113].

Beiderseitig zu vertretende Unmöglichkeit

Z.B.: neben Vertretenmüssen des Schu. auch Verantwortlichkeit / Annahmeverzug des Gl. (§ 326 II 1)

Alternative Anwendung der §§ 280 I, III, 283 und § 326 II 1	*Kumulative* Anwendung der §§ 280 I, III, 283 und § 326 II 1
⇨ §§ 280 I, III, 283 bei überwiegendem Vertretenmüssen des Schu., gekürzt um § 254 des Gl. ⇨ § 326 II 1 bei überwiegender Verantwortlichkeit des Gl., gekürzt um § 254 des Schu. ⇨ § 326 I bei gleichen Verschuldensanteilen	Anwendung von § 326 II 1 **oder** §§ 280 I, III, 283 erscheint oft willkürlich; Daher sowohl §§ 280 I, III, 283 als auch § 326 II 1

---

111 Zuletzt hat der BGH die Lösung dieses Problems aber selbst ausdrücklich offen gelassen, vgl. BGH NJW 1991, 1683.
112 Vgl. zum Ganzen TEUBNER, NJW 1975, 2295; MEDICUS, BR, Rn. 270; SCHULZE/EBERS, Streitfragen im neue Schuldrecht, in JuS 2004, 368.
113 Vgl. dazu auch PALANDT, § 326, Rn. 15 sowie die Darstellung in MEDICUS, Bürgerliches Recht, Rn. 270.

hemmer-Methode: Stimmen Preis und Verkehrswert der Kaufsache überein, so kommt auch das Berechnungsmodell von HUBER[114] zum selben Ergebnis. Nach seiner Auffassung wird die noch mögliche Gegenleistung weiter geschuldet, aber analog § 254 I BGB gemindert. Wegen der unmöglichen Leistung kann nach §§ 280 I, III, 283 BGB Schadensersatz verlangt werden, welcher nach § 254 BGB umgekehrt proportional zu mindern ist.

Unterschiede ergeben sich bezüglich dieser beiden Rechenmodelle allerdings dann, wenn Kaufpreis und Verkehrswert der verkauften Sache unterschiedlich hoch sind. Für „interessierte Rechner" sei auf den Aufsatz von RAUSCHER, Die von beiden Seiten zu vertretende Unmöglichkeit im neuen Schuldrecht" in ZGS 2002, 333 ff. hingewiesen. RAUSCHER schlägt zur Lösung dieses Klassikers außerdem einen völlig neuen Weg ein. Nach seiner Ansicht sei er Anspruch auf Schadensersatz aus §§ 280 I, III, 283 BGB nach beiden Seiten einsetzbar[115].

Demnach hätte der Käufer wegen der unmöglich gewordenen Leistung einen Anspruch auf Schadensersatz aus §§ 280 I, III, 283 BGB gekürzt um seinen Mitverschuldensanteil. Umgekehrt hätte der Verkäufer wegen des Verlustes des Kaufpreisanspruches gem. § 326 I BGB einen Anspruch auf Schadensersatz und zwar ebenfalls aus §§ 280 I, III, 283 BGB gekürzt um seinen Mitverschuldensanteil. Das rechnerische Ergebnis entspricht weitgehend dem von Huber (s.o.).

Literaturansicht flexibler

Die konservative Ansicht der Literatur ist vorzugswürdig, da sie für *alle* Fälle beiderseitig zu vertretender Unmöglichkeit eine Lösung bereit hält und eine Entscheidung, wem die *überwiegende* Verantwortlichkeit vorzuwerfen ist, entbehrlich macht.

D. Schadensersatz statt der Leistung nach §§ 280 I, III, 282, 241 II BGB

Schadensersatz statt der Leistung bei nichtleistungsbezogenen Pflichten

Die Rechtsfolgen der Nichterfüllung einer leistungsbezogenen Pflicht sind in den §§ 280 I, III, 281, 283 BGB bzw. § 311a II 1 BGB geregelt.

Leistungsbezogene Pflichten sind solche Pflichten, deren Erfüllung der Gläubiger verlangen kann, auf die er also einen Primäranspruch hat.

Völlig unerheblich ist, ob es sich dabei um Hauptleistungs- oder Nebenleistungspflichten handelt[116].

hemmer-Methode: Dies ist ein verbreiteter Fehler in Klausuren. Entscheidend ist die Unterscheidung zwischen leistungsbezogenen (§ 241 I BGB) und nicht leistungsbezogenen Pflichten (§ 241 II BGB).

Daneben bestehen aber in einem Schuldverhältnis auch Schutz und Sorgfaltspflichten. Auch bei der Verletzung dieser Pflichten nach § 241 II BGB kann ein Bedürfnis danach auftreten, anstelle der unter Umständen ordnungsgemäßen Leistung Schadensersatz statt der Leistung zu verlangen.

Wann die Verletzung einer Nebenpflicht nach § 241 II BGB dem Gläubiger das Recht gibt, sich vom Vertrag zu lösen und Schadensersatz statt der Leistung zu verlangen, ist in § 282 BGB geregelt.

§ 282 BGB definiert die Voraussetzungen, unter denen die Verletzung einer Nebenpflicht nach § 241 II BGB Auswirkung auf die Primäransprüche hat, der Gläubiger anstelle des Primäranspruchs Schadensersatz statt der Leistung verlangen kann.

---

114 HUBER Leistungsstörungsrecht II, § 57.
115 RAUSCHER a.a.O., 333 [336].
116 PALANDT § 241 Rn. 5.

§ 7 SCHADENSERSATZ STATT DER LEISTUNG

> **Voraussetzungen des § 282 BGB:**
> 1. Bestehen eines Schuldverhältnisses
> 2. Verletzung einer Pflicht nach § 241 II BGB
> 3. Vertretenmüssen des Schuldners, § 280 I 2 BGB
> 4. Unzumutbarkeit für den Gläubiger
> 5. RF: Schadensersatz statt der Leistung

I. Bestehen eines Schuldverhältnisses

Bestehen eines Schuldverhältnisses mit Leistungspflichten notwendig

§ 282 BGB setzt zunächst das Bestehen eines Schuldverhältnisses zwischen dem Gläubiger und dem Schuldner voraus. Das Schuldverhältnis kann vertraglicher oder gesetzlicher Art sein. Gleichwohl hat § 282 BGB vor allem bei vertraglichen Schuldverhältnissen Bedeutung. 186

Aus diesem Schuldverhältnis müssen primäre Leistungspflichten entstehen. Das vorvertragliche Schuldverhältnis nach § 311 II BGB kann deshalb nicht genügen, da aus diesem keine Primäransprüche resultieren. Die verletzte Pflicht kann aber auch im vorvertraglichen Bereich liegen. Es muss aber dann jedenfalls zum Vertragsschluss gekommen sein.

II. Pflichtverletzung nach § 241 II BGB

Verletzung einer Pflicht im Sinne des § 241 II BGB

Voraussetzung ist ferner, dass der Schuldner eine Pflicht im Sinne von § 241 II BGB verletzt hat. Es muss sich um eine nichtleistungsbezogene Pflicht handeln. 187

§ 241 II BGB regelt Schutz- und Sorgfaltspflichten. Welche nichtleistungsbezogenen Pflichten sich aus einem Schuldverhältnis ergeben, wird unten, Rn. 312 ff., ausführlich dargestellt. Die Pflichtverletzung kann auch im vorvertraglichen Bereich liegen.

III. Keine Widerlegung des vermuteten Vertretenmüssen

Vertretenmüssen

Gemäß § 280 I 2 BGB kommt ein Schadensersatzanspruch nur in Betracht, wenn der Schuldner die Pflichtverletzung zu vertreten hat. 188

Anknüpfungspunkt für das Vertretenmüssen ist die Pflichtverletzung. auf die Unzumutbarkeit für den Gläubiger muss sich das Vertretenmüssen nicht beziehen. Was der Schuldner zu vertreten hat, bestimmt sich nach den §§ 276, 278 BGB.

IV. Unzumutbarkeit für den Gläubiger

Unzumutbarkeit für den Gläubiger

Aufgrund der Nebenpflichtverletzung muss dem Gläubiger ein weiteres Festhalten an dem Anspruch auf die Primärleistung nicht zumutbar sein. 189

An das Vorliegen der Unzumutbarkeit sind hohe Anforderungen zu stellen, nicht jede Nebenpflichtverletzung berechtigt den Gläubiger dazu, Schadensersatz statt der Leistung zu verlangen. Es ist eine umfassende Abwägung der beiderseitigen Interessen vorzunehmen.

Gemäß den §§ 280 I, 241 II BGB ist der Schuldner zum Ersatz des aus der Nebenpflichtverletzung entstehenden Schadens verpflichtet. Durch diesen Schadensersatz werden die Vermögenseinbußen des Gläubigers kompensiert.

Damit dem Gläubiger eine weitere Fortsetzung des Vertrags und eine Entgegennahme der Leistung des Schuldners unzumutbar ist, müssen besondere Umstände vorliegen, etwas dass weitere Nebenpflichtverletzungen zu befürchten sind. Der Eintritt eines Schadens durch die Pflichtverletzung ist nicht erforderlich.

Grundsätzlich nur bei wiederholter Pflichtverletzung

Eine einmalige Pflichtverletzung führt grundsätzlich nicht zur Unzumutbarkeit. Hier muss der Gläubiger den Schuldner nach dem Rechtsgedanken des § 314 II BGB vorher abmahnen.

Erst bei einer wiederholten Pflichtverletzung kann Unzumutbarkeit nach § 282 BGB vorliegen. Wenn die Nebenpflichtverletzung aber so schwer wiegt, dass der Schuldner mit einer Fortsetzung des Vertrages nicht rechnen kann, ist eine vorherige Abmahnung entbehrlich. Dies ist vor allem bei Straftaten des Schuldners gegen den Gläubiger (Körperverletzung, Sachbeschädigung, Diebstahl) und anderen vorsätzlichen Pflichtverletzungen des Schuldners der Fall.

Die vorherige Abmahnung ist entbehrlich, wenn eine Abmahnung sinnlos ist, etwa weil der Schuldner erklärt, dass er sein Verhalten nicht ändern wird. Auch zahlreiche Verletzungen von Pflichten verschiedenster Art können zur Unzumutbarkeit führen.

Umstände des Einzelfalls maßgebend

Es sind alle Umstände des Einzelfalls zu berücksichtigen. Bei Vertragsbeziehungen, die ein besonderes Vertrauen der Parteien voraussetzen, wird die Unzumutbarkeit eher gegeben sein als bei Schuldverhältnissen, die sich in einem einmaligen Leistungsaustausch unpersönlicher Art erschöpfen.[117] Auch die weitere Dauer des Vertrages spielt für die Ermittlung der Unzumutbarkeit eine Rolle.

Der Grad des Verschuldens des Schuldners kann zu seinen Lasten berücksichtigt werden. Umgekehrt spricht gegen eine Unzumutbarkeit für den Gläubiger, dass dieser auf die Einhaltung der verletzten Pflicht keinen Wert legt. Auch das Risiko des Eintritts eines besonders schwerwiegenden Schadens beim Gläubiger kann zur Annahme der Unzumutbarkeit führen.

V. Rechtsfolge: Schadensersatz statt der Leistung

Rechtsfolge: Schadensersatz statt der Leistung

Gemäß § 282 BGB kann der Gläubiger anstelle der Primärleistung des Schuldners Schadensersatz statt der Leistung verlangen. Die Ausführungen bei § 281 BGB[118] gelten insoweit entsprechend.

§ 281 IV BGB ist entsprechend anwendbar

Auch bei § 282 BGB stellt sich die Frage, wann der Primäranspruch ausgeschlossen ist. Eine Verweisung auf § 281 IV BGB fehlt hier. Jedoch ist diese Regelung bei § 282 BGB wegen der vergleichbaren Interessenlage entsprechend anzuwenden[119].

Nach der Nebenpflichtverletzung bestehen daher Primäranspruch und die Berechtigung, Schadensersatz statt der Leistung zu verlangen nebeneinander. Erst mit dem Schadensersatzverlangen nach § 281 IV BGB analog erlischt der Primäranspruch.

E. § 376 HGB

I. Allgemeines

§ 376 HGB: Schadensersatz wegen Nichterfüllung

Für den Bereich des Handelsrechts gewährt § 376 I HGB einen Anspruch auf *Schadensersatz wegen Nichterfüllung*.

---

117 MüKo § 324 Rn. 7.
118 Oben Rn. 525.
119 MüKo § 282 Rn. 12.

Zu ersetzen ist damit das positive Interesse.

Anwendungsfall ist das handelsrechtliche (relative) Fixgeschäft.[120]

Abgrenzung zu § 323 BGB

Gegenüber § 323 II Nr.2 BGB weicht § 376 HGB insoweit ab, als der Erfüllungsanspruch nur bei *sofortiger Anzeige* bestehen bleibt (§ 376 I 2 HGB). Der Rücktritt ist also *grundsätzliche* Rechtsfolge.

Im Gegensatz zu § 281 BGB kann beim Fixhandelskauf Schadensersatz statt der Leistung ohne Fristsetzung verlangt werden. Beim bürgerlich-rechtlichen Fixgeschäft kann Schadensersatz statt der Leistung grundsätzlich nur nach Fristsetzung verlangt werden.

hemmer-Methode: Dies ist absolut strittig. Lesen Sie dazu noch mal Rn. 63 sowie JAENSCH **NJW 2003, 3613 [3614 f.] bzw. ZGS 2004, 134 [141].**

II. Voraussetzungen

1. Zumindest einseitiger (§ 345 HGB) Handelskauf
2. Vereinbarung bestimmter Leistungszeit muss Vertragsbestandteil sein
3. Vertrag muss mit Einhalten der Frist stehen und fallen
4. Aus Wortlaut der Vereinbarung muss sich ergeben, dass an späterer Leistung kein Interesse besteht
5. Schuldnerverzug, aber nur für die Forderung von Schadensersatz

Voraussetzung ist das Vorliegen eines handelsrechtlichen Fixgeschäfts. Dieses setzt seinerseits das Vorliegen eines wenigstens *einseitigen* Handelskaufs voraus, vgl. § 345 HGB.

Weiterhin setzt es die Einigkeit der Parteien darüber voraus, dass der ganze Vertrag mit der Fristeinhaltung stehen und fallen soll. Es muss also ein relatives Fixgeschäft gewollt sein.

Bsp.: Als Indiz gelten die zwischen Kaufleuten üblichen Fixklauseln wie „fix", „präzise", „genau" etc. Nicht ausreichend sind i.d.R. „bis Ultimo", „sofort", „ohne Nachfrist", denn hier ergibt sich der genaue Lieferzeitpunkt erst aus einer weiteren Berechnung und nicht aus der Parteiabrede selbst.

Für Schadensersatz muss Schuldnerverzug vorliegen

Während für die Ausübung des *Rücktrittsrechts* sowohl für § 323 II Nr.2 BGB als auch für § 376 HGB das schlichte Nichtleisten zum vereinbarten Zeitpunkt ausreicht, setzt der *Schadensersatz*anspruch nach § 376 BGB dagegen *Schuldnerverzug* voraus.

Das bedeutet, dass die Nichtleistung i.d.F. vom Schuldner zu vertreten sein muss (§ 286 IV BGB). § 376 HGB sieht also gegenüber § 281 BGB als Erleichterung nur die *Entbehrlichkeit der Nachfristsetzung* vor.

hemmer-Methode: Schuldnerverzug ist zwar keine Tatbestandsvoraussetzung des § 281 BGB. Der Fall, dass der Gläubiger Schadensersatz statt der Leistung nach §§ 280 I, III, 281 BGB leisten muss, ohne im Verzug zu sein, ist aber nicht möglich, da beim Vorliegen der Voraussetzungen des § 281 BGB stets Schuldnerverzug vorliegt[121].

---

120 Vgl. zu den Fixgeschäften schon oben, Rn. 559 ff.
121 PALANDT, § 281 Rn. 7.

SCHADENSERSATZRECHT II

Gestaltungswirkung des Rücktritts

Gemäß § 325 BGB sind Rücktritt und Schadensersatz grundsätzlich nebeneinander möglich. Der Gläubiger kann deshalb vom Vertrag zurücktreten und daneben Schadensersatz statt der Leistung nach der Surrogationsmethode verlangen. Gemäß den §§ 280 I, II, 286 BGB kann er auch Ersatz des Verzögerungsschadens fordern.

199

hemmer-Methode: Das Wörtchen „oder" in § 376 I S.1 HGB ist im Lichte des § 325 BGB als „und" zu lesen. Es handelt sich um ein redaktionelles Versehen.[122]

Schadensberechnung abstrakt oder konkret

Die Schadensberechnung erfolgt je nach Wahl des Gläubigers abstrakt *oder* konkret, wenn die Ware einen Marktpreis hat.[123] Zu beachten sind die besonderen Berechnungsmöglichkeiten nach § 376 II, III HGB.

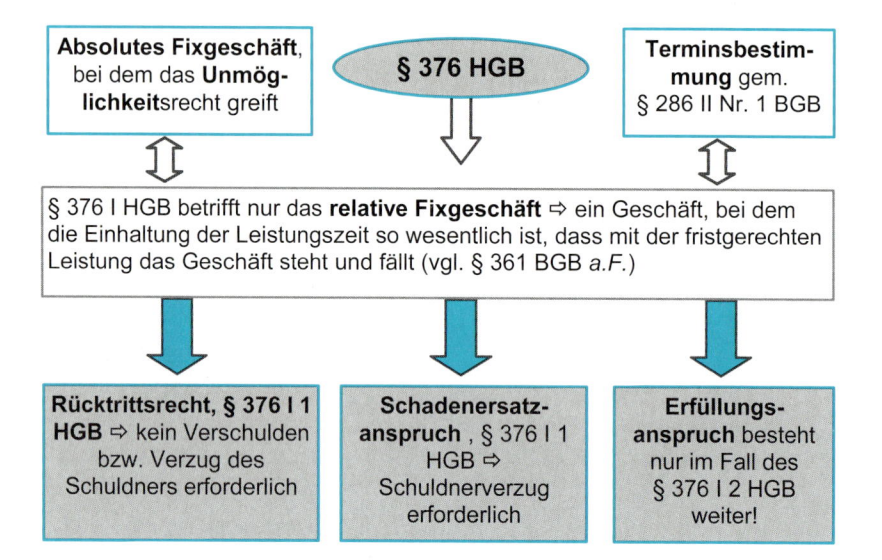

200

Absolutes Fixgeschäft, bei dem das **Unmöglichkeits**recht greift	**§ 376 HGB**	Terminsbestimmung gem. § 286 II Nr. 1 BGB
⇕	⇓	⇕
§ 376 I HGB betrifft nur das **relative Fixgeschäft** ⇨ ein Geschäft, bei dem die Einhaltung der Leistungszeit so wesentlich ist, dass mit der fristgerechten Leistung das Geschäft steht und fällt (vgl. § 361 BGB a.F.)		
⇓	⇓	⇓
Rücktrittsrecht, § 376 I 1 HGB ⇨ kein Verschulden bzw. Verzug des Schuldners erforderlich	**Schadenersatzanspruch**, § 376 I 1 HGB ⇨ Schuldnerverzug erforderlich	**Erfüllungsanspruch** besteht nur im Fall des § 376 I 2 HGB weiter!

hemmer-Methode: Auch im 1. Staatsexamen werden zumindest handelsrechtliche Grundkenntnisse von Ihnen erwartet. Sie sollten diesen Anspruch deshalb schon einmal gesehen haben. Wichtig ist dabei, dass Sie - auch in der Klausurlösung - die Unterschiede zu den Vorschriften des BGB hervorheben. Meistens erkennen Sie schon am Sachverhalt, dass nach § 376 HGB gefragt ist, weil der Wortlaut der Vereinbarung regelmäßig in Anführungszeichen gesetzt ist. Ihre Aufgabe ist es dann, zu bestimmen, ob eine für § 376 HGB ausreichende Formulierung gewählt wurde.

---

[122] BAUMBACH/HOPT, § 376 HGB, Rn. 11 a.E.; unklar HERRESTHAL, ZIP 2006, 882 [886].
[123] BAUMBACH, a.a.O., 2) B; zu den Berechnungsarten oben, Rn. 644 ff.

§ 8 ERSATZ VON VERZÖGERUNGSSCHÄDEN

Verzögerungsschäden sind Schäden, die dem Gläubiger dadurch entstehen, dass er die geschuldete Leistung verspätet erhält. Dem Gläubiger wird aber nicht generell ein Anspruch auf Schadensersatz eingeräumt, wenn er die Leistung nicht rechtzeitig erhält.

Gemäß § 280 II BGB wird der Verzögerungsschaden nur unter den Voraussetzungen des Schuldnerverzugs nach § 286 BGB ersetzt. Regelmäßig ist deshalb gemäß § 286 I BGB eine Mahnung erforderlich, sofern diese nicht ausnahmsweise nach den §§ 286 II, III BGB entbehrlich ist.

Anspruchsgrundlage= § 280 I BGB

Anspruchsgrundlage ist insoweit § 280 I BGB.

Durch § 280 II BGB wird nur eine zusätzliche Voraussetzung des Ersatzes aufgestellt: Die in der Nichtleistung liegende Pflichtverletzung berechtigt alleine noch nicht zum Ersatz des Verzögerungsschadens.

Es müssen zusätzlich die Voraussetzungen des § 286 BGB vorliegen. Als Anspruchsgrundlage für den Verzögerungsschaden sind deshalb die §§ 280 I, II, 286 BGB zu zitieren.

Ersatzfähiger Schaden bei §§ 280 I, II, 286

§ 280 II: „SE wegen (1) Verzögerung der Leistung", „unter den zusätzlichen Voraussetzungen des (2) § 286"

↓

= Verzugsschaden

↓

= adäquat kausal durch den Verzug verursachter Schaden; Zu vergleichen sind Vermögenslagen bei **rechtzeitiger** Erfüllung und Erfüllung **im ZP der Geltendmachung des Anspruches**; nur, solange Verzug vorlag, vgl. Erstmahnung (KK Nr. 12).

Definition Schuldnerverzug

Schuldnerverzug ist gemäß § 286 BGB die zu vertretende Nichtleistung trotz Mahnung.

Es muss ein fälliger, einredefreier Anspruch vorliegen. Der Gläubiger muss den Schuldner zur Leistung aufgefordert haben. Im Einzelfall kann diese Mahnung nach den §§ 286 II, III BGB entbehrlich sein. Der Schuldner darf auf die Mahnung nicht geleistet haben. Schließlich muss der Schuldner die Nichtleistung zu vertreten haben.

Voraussetzungen

Voraussetzungen für den Anspruch nach §§ 280 I, II, 286 BGB:
1. Schuldverhältnis, § 280 I 1
2. Nichtleistung als Pflichtverletzung, § 280 I
3. Keine Widerlegung des Vertretenmüssens, § 280 I 2
4. Zusätzliche Voraussetzung: Schuldnerverzug: §§ 280 II, 286
   a) Fälliger und einredefreier Anspruch auf die Leistung
   b) Mahnung oder Entbehrlichkeit der Mahnung
5. Rechtsfolge: Ersatz des Verzögerungsschadens

I. Schuldverhältnis

Schuldverhältnis

Als Schuldverhältnis kommen nicht nur vertragliche Schuldverhältnisse, sondern auch solche aus sachen-, familien- und erbrechtlichen Tatbeständen in Betracht, Umkehrschluss aus §§ 990 II, 1613 BGB[124].

Die Besonderheiten des jeweiligen Rechtsgebietes sind jedoch besonders zu prüfen. Insbesondere bei der Anwendung im Sachenrecht sind auf die Ansprüche aus §§ 985, 894 BGB die Verzugsvorschriften nur unter den Voraussetzungen des § 990 BGB (vgl. Wertung des § 990 II BGB) anwendbar

II. Nichtleistung als Pflichtverletzung, § 280 I 2 BGB

Ein Anspruch auf Ersatz des Verzögerungsschadens kann nur solange geltend gemacht werden, wie der Schuldner nicht geleistet hat.

Durch eine nachträgliche Leistungserbringung endet die Pflichtverletzung für die Zukunft. Maßgebend ist die Vornahme der Leistungshandlung, nicht der Zeitpunkt des Eintritts des Leistungserfolges. Welche Leistungshandlung geschuldet ist, bestimmt sich nach der Art der Schuld.

Bei einer **Holschuld** muss der Schuldner die Sache bereitstellen und den Gläubiger zur Abholung auffordern.

Bei einer **Schickschuld** muss die Sache an den Gläubiger abgesendet werden. Mit der Übergabe an die Transportperson endet der Schuldnerverzug.

Im Falle einer **Bringschuld** ist die Leistungshandlung des Schuldners der Transport der Sache zum Gläubiger und ein Angebot an den Gläubiger an dessen Sitz.

Annahmeverzug schließt Verzug aus

Der Leistungshandlung steht es gleich, wenn der Gläubiger in Annahmeverzug gerät. Wenn der Gläubiger die ihm angebotene Leistung nicht annimmt, so endet der Schuldnerverzug für die Zukunft. Gläubiger- und Schuldnerverzug können deshalb nicht gleichzeitig vorliegen.

hemmer-Methode: Im Übrigen kann hier auf die Ausführungen unter Rn. 26 ff. verwiesen werden!

III. Keine Widerlegung des Vertretenmüssens

Vertretenmüssen

Der Anspruch auf Ersatz des Verzögerungsschadens setzt gemäß § 280 I 2 BGB voraus, dass der Schuldner die Nichtleistung zu vertreten hat. Das gleiche Erfordernis wird auch durch § 286 IV BGB angeordnet.

**hemmer-Methode: Für den Anspruch auf Ersatz des Verzögerungsschadens ist § 286 IV BGB überflüssig, da sich das Erfordernis des Vertretenmüssens bereits aus § 280 I 2 BGB ergibt.
Die Bedeutung des § 286 IV BGB liegt aber darin, dass Verzug auch für andere Normen, wie z.B. §§ 287, 288 oder § 1613 I 1 BGB, von Bedeutung ist. Für diese weiteren Rechtsfolgen stellt § 286 IV BGB klar, dass Verzug nur bei einem Vertretenmüssen des Schuldners vorliegen kann.**

---

[124] PALANDT § 286 Rn. 7

§ 8 ERSATZ VON VERZÖGERUNGSSCHÄDEN

§§ 276 - 278 BGB

Was der Schuldner zu vertreten hat, bestimmt sich nach den §§ 276-278 BGB.

Der Schuldner hat danach regelmäßig eigenes Verschulden, also Vorsatz und Fahrlässigkeit zu vertreten. Das Verschulden von Erfüllungsgehilfen wird ihm nach § 278 BGB zugerechnet. Bei der Übernahme einer Garantie oder eines Beschaffungsrisikos hat der Schuldner die Nichtleistung auch ohne Verschulden zu vertreten.

Fehlendes Verschulden ist anzunehmen, wenn ein unverschuldetes Leistungshindernis vorübergehender Art vorliegt, beispielsweise bei schwerer Krankheit des Schuldners. Auch bei unverschuldeten rechtlichen Leistungshindernissen vorübergehender Art ist das Vertretenmüssen ausgeschlossen.

Vertretenmüssen bei Rechtsirrtümern

Problematisch ist das Vertretenmüssen des Schuldners bei Rechtsirrtümern des Schuldners.

An die Entlastung vom Vertretenmüssen durch Rechtsirrtümer sind strenge Anforderungen zu stellen. Der Schuldner muss bei Unklarheiten über seine Leistungsverpflichtung die Rechtslage sorgfältig prüfen und nötigenfalls Rechtsrat einholen.

Leistet er aufgrund des Rates eines Rechtskundigen nicht, so ist er grundsätzlich entschuldigt.[125] Wenn der Rechtskundige dem Schuldner aber als Erfüllungsgehilfe nach § 278 BGB zuzurechnen ist, entschuldigt der Rat nicht.

Beweislast beim Schuldner

Aus der negativen Formulierung der §§ 280 I 2, 286 IV BGB ergibt sich, dass die Darlegungs- und Beweislast für das Vertretenmüssen beim Schuldner liegt. Der Schuldner muss also darlegen und im Bestreitensfalle beweisen, warum er die Nichtleistung nicht zu vertreten hat.

IV. Zusätzliche Voraussetzung: Vorliegen von Schuldnerverzug

1. Fälliger, einredefreier Anspruch

Fälliger, einredefreier Anspruch

Schuldnerverzug setzt einen fälligen, einredefreien Anspruch voraus. Nur solange und soweit ein solcher Anspruch besteht, kommt Schuldnerverzug in Betracht.

hemmer-Methode: Im Wesentlichen gilt für diese Voraussetzung das zu § 281 BGB Gesagte. Vgl. dazu nochmals Rn. 26 ff.

Dem Gläubiger muss ein wirksamer Anspruch gegen den Schuldner zustehen. Voraussetzung ist weiterhin, dass die Forderung des Gläubigers fällig und einredefrei ist.

Die Einreden müssen grundsätzlich noch nicht erhoben sein. Bereits das Vorliegen der tatsächlichen Voraussetzungen der Einrede genügt, um den Verzug auszuschließen. Die spätere Erhebung der Einrede entfaltet Rückwirkung.

**Eine Ausnahme hiervon sind die Einreden der §§ 273, 1000 BGB. Dort ist erst ab der Erhebung der Einrede der Anspruch gehemmt und Verzug ausgeschlossen.
Bei § 320 BGB hindert bereits die bloße Gegenseitigkeit der Forderungen den Eintritt des Verzugs. Um den Schuldner in Verzug zu setzen, muss der Gläubiger dem Schuldner die Gegenleistung in Annahmeverzug begründender Weise anbieten
Lesen Sie dazu nochmals die Rn. 36 ff.**

---

125   Palandt § 286 Rn. 41.

Auswirkung des Bestehens von Einreden auf den Schuldnerverzug

Verzug setzt **Einredefreiheit** (= Durchsetzbarkeit) des fraglichen Anspruches voraus (Arg.: Wenn Schuldner nicht erfolgreich auf Leistung verklagt werden kann, kann auch die Nichtleistung nicht zu seinen Lasten gehen!)

Daher: Bloßes Bestehen der Einrede **schließt Verzug aus**!

Aber: Einrede muss vom Schuldner im Prozess **geltend gemacht** werden, da Einreden nicht von Amts wegen zu prüfen sind. D.h.: Schuldner muss Einrede irgendwann geltend machen!

§ 273 BGB

Gläubiger hat Möglichkeit, Einrede durch Sicherheitsleistung abzuwenden, § 273 III 1; dieses Recht würde ihm in Bezug auf den Verzug des Schuldners genommen, wenn § 273 schon ab dem Zeitpunkt seiner Entstehung verzugsausschließende Wirkung hätte (Gl. hat keine Kenntnis!)
Daher: § 273 schließt erst ab seiner **Erhebung** den Verzug aus!

§ 1000 BGB

Gleiches gilt für ZBR nach § 1000, da hierauf § 273 III anwendbar! Verzugsausschluss **erst mit Erhebung** des § 1000!

Bei Unmöglichkeit der Leistung ist nach § 275 BGB der Anspruch des Gläubigers ausgeschlossen. Verzug ist ab diesem Zeitpunkt nicht mehr möglich. Natürlich kann aber Verzug vor dem Eintritt der Unmöglichkeit vorliegen.

> **hemmer-Methode:** Der Merksatz „Unmöglichkeit und Verzug schließen sich aus." ist ungenau. Verzug und Unmöglichkeit können nacheinander vorliegen. Dies zeigt insbesondere auch die Vorschrift des § 281 IV BGB.
> Es ist gerade der typische Klausurfall, dass der Schuldner zunächst in Verzug gerät und erst später Unmöglichkeit der Leistung eintritt. In diesem Fall kann der Gläubiger für den Zeitraum bis zum Eintritt der Unmöglichkeit den Verzögerungsschaden gemäß den §§ 280 I, II, 286 BGB geltend machen.
> Wegen der Unmöglichkeit der Leistung kann Schadensersatz statt der Leistung nach den §§ 280 I, III, 283 BGB verlangt werden. Das Vertretenmüssen des Schuldners folgt hier aus § 287 S.2 BGB.
> Zur Abgrenzung § 281 / § 283 bei Eintritt der Unmöglichkeit nach Fristablauf, aber vor dem Schadensersatzverlangen lesen Sie nochmals die hemmer-Methode bei Rn. 168.

Problem: Fixgeschäfte

Besonders häufig stellen sich Abgrenzungsprobleme bei den Fixgeschäften[126]. Bei einem absoluten Fixgeschäft liegt Unmöglichkeit vor. Verzug scheidet ab diesem Zeitpunkt aus. Dagegen liegt bei einem relativen Fixgeschäft keine Unmöglichkeit vor. Mit dem Überschreiten der Leistungszeit kommt der Schuldner in Verzug. Die Abgrenzung erfolgt danach, ob sich eine verspätete Leistung noch als Erfüllung darstellt.

---

126 S. o. Rn. 559 ff.

2. Mahnung oder Entbehrlichkeit der Mahnung

Verzug setzt grundsätzlich voraus, dass der Gläubiger den Schuldner vorher gemahnt hat, § 286 I BGB. Dem Schuldner soll noch einmal vor Augen geführt werden, dass eine weitere Verzögerung der Leistung Folgen haben wird. In Ausnahmefällen kann aber die Mahnung gemäß den §§ 286 II, III BGB entbehrlich sein.

a) Mahnung

Definition: Mahnung

Gemäß § 286 I BGB beginnt der Verzug grundsätzlich mit dem Zugang der Mahnung. Die Mahnung ist eine einseitige und empfangsbedürftige Aufforderung des Gläubigers an den Schuldner, die Leistung zu erbringen. Sie dient dem Schutz des Schuldners, dem noch einmal verdeutlicht werden soll, dass er bei Nichtleistung seine Position verschlechtert.

Rechtsgeschäftsähnliche Handlung

Da die Rechtsfolgen der Mahnung unabhängig von einem entsprechenden Willen des Gläubigers eintreten, handelt es sich um keine Willenserklärung, sondern um eine rechtsgeschäftsähnliche Handlung. Die Vorschriften über Willenserklärungen gelten aber entsprechend.

hemmer-Methode: Im Rahmen der Prüfung der Mahnung stellen sich häufig Probleme des BGB-AT. Die Mahnung bedarf zu ihrer Wirksamkeit des Zugangs nach den §§ 130, 131 BGB. Ist die Mahnung nicht zugegangen, fehlt es an einer Anspruchsvoraussetzung und der Anspruch scheidet aus.
Die Mahnung eines Minderjährigen ist nach § 107 BGB ohne Einwilligung wirksam, sodass § 111 BGB nicht analog anwendbar ist.
Dagegen kann ein Minderjähriger wegen § 131 BGB nicht wirksam gemahnt werden. Ein Geschäftsunfähiger kann nach den §§ 105 I, 104 BGB nicht wirksam mahnen.

Mahnung erst nach Fälligkeit möglich

Gemäß § 286 I BGB kommt der Schuldner grundsätzlich nur durch eine Mahnung in Verzug, die *nach* Eintritt der Fälligkeit erfolgt. Eine vorherige Mahnung erlangt auch nach Fälligkeitseintritt keine Wirkung.[127] Jedoch kann die Mahnung mit der die Fälligkeit begründenden Handlung verbunden werden.[128]

Mahnung, § 286 I 1

(1)	**Auslegung als Mahnung: §§ 133, 157 analog** Eindeutige und bestimmte Leistungsaufforderung des Gl. an Schu.
(2)	**Allgemeine Voraussetzungen einseitiger WE'en:** Mahnung = einseitige, empfangsbedürftige rechtsgeschäftsähnliche Handlung; WE-Vorschriften analog anwendbar: **§§ 104ff.; § 130**; da Mahnung ledigl. rechtl. vorteilhaft: **beschränkte Geschäftsfähigkeit** ausreichend, § 107 analog
(3)	***Nach* Fälligkeit?** Entgegen Wortlaut d. § 286 I 1 können Mahnung und Fälligkeit *zusammenfallen*

Bestimmtheit notwendig

Wichtig ist, dass die Mahnung und die darin liegende Leistungsaufforderung *eindeutig* und *hinreichend bestimmt* sind. Aus der Mahnung muss sich eindeutig ergeben, welche Leistung der Gläubiger erwartet. Eine besondere Form ist dabei nicht vorgeschrieben.

---

127 Palandt § 286 Rn. 14.
128 MüKo § 286 Rn. 52.

Bedingte Mahnung grundsätzlich nicht ausreichend

Es genügt das unzweideutige Leistungsverlangen des Schuldners.

Keine Mahnung liegt nach herrschender Meinung aufgrund mangelnder Bestimmtheit vor, wenn diese unter einer Bedingung erfolgt.[129]

Eine bedingte Mahnung ist aber zulässig, wenn es sich um eine Potestativbedingung handelt, also eine Bedingung, deren Eintritt alleine vom Willen des Schuldners abhängt.

Stehen dem Gläubiger gegen den Schuldner mehrere Forderungen zu, so muss er klarstellen, welche Forderungen er anmahnt. Meint der Gläubiger trotz einer Falschbezeichnung erkennbar die richtige Leistung, so ist dies nach den Regeln der falsa demonstratio unschädlich.

Problem: Mahnung unter falscher Betragsangabe

Häufiges Problem ist die Frage, ob eine Mahnung mit falscher Betragsangabe wirksam ist.

Für den Fall, dass der Gläubiger einen zu geringen Betrag anmahnt, treten die Verzugsfolgen nur hinsichtlich dieses geringeren Betrages ein; mahnt der Gläubiger einen höheren als den geschuldeten Betrag, so ist dies zum Schutze des Gläubigers unschädlich, wenn der Schuldner diese Mahnung als Aufforderung zur Erbringung der tatsächlich geschuldeten Leistung verstehen musste.

hemmer-Methode: Dies gilt allerdings dann nicht, wenn der gemahnte den tatsächlich geschuldeten Betrag erheblich übersteigt.

Wirksame Mahnung bei Zuvielforderung?

Mahnung bzgl. des tatsächlich geschuldeten Betrages wirksam, wenn:

(1) Schuldner Mahnung als Aufforderung zur Leistung des tatsächlich geschuldeten Betrages verstehen musste
(§§ 133, 157; (-), wenn angemahnter Betrag den tatsächlichen Betrag *wesentlich* übersteigt)

und

(2) Gläubiger zur Annahme des tatsächlichen Betrages bereit ist (i.d.R. [+])

Bsp.: A klagt gegen B auf Zahlung von 25.000 €, zuzüglich 8 % Verzugszinsen ab dem 01.01.2002. An diesem Tag hat der A den B gemahnt, diesen Betrag zu zahlen.

Im Prozess stellt sich heraus, dass A nur Anspruch auf Zahlung von 1.250 € hat. Besteht ein Anspruch auf Ersatz der Verzugszinsen von 1.250 € ab dem 01.01.2002?

Ein Anspruch auf Ersatz der Zinsen gemäß den § 288 I BGB käme nur in Betracht, wenn sich B zu diesem Zeitpunkt in Verzug befunden hätte. Gemäß § 286 I BGB gerät der Schuldner durch die Mahnung in Verzug. Fraglich ist, ob A den fälligen Anspruch i.H.v. 1.250 € wirksam gemahnt hat.

---

[129] MüKo § 286 Rn. 48.

§ 8 ERSATZ VON VERZÖGERUNGSSCHÄDEN

Hier hat A einen Betrag von 25.000 € angemahnt. Eine derartige Mahnung konnte der B aber nicht auf den tatsächlich geschuldeten Betrag von 1.250 € beziehen, sondern musste sie als Mahnung einer nicht existierenden Verbindlichkeit gegenüber B verstehen. Somit liegt hinsichtlich der 1.250 € keine wirksame Mahnung vor. Folglich befand sich B auch nicht in Verzug.

Keine Fristsetzung nötig

Für eine Mahnung ist eine Fristsetzung nicht notwendig. In einer Fristsetzung nach § 281 BGB liegt regelmäßig eine Mahnung. Es ist durch Auslegung dieser Fristsetzung zu ermitteln, ab welchem Zeitpunkt Verzug eintreten soll, ab dem Zugang der Fristsetzung oder erst ab Fristablauf. Meist erfolgt die Fristsetzung nur im Hinblick darauf, weitergehende Rechte nach § 281 BGB zu erlangen. Aus der Fristsetzung ergibt sich meist, dass der Schuldner die Leistung möglichst sofort erbringen soll. Demnach gerät der Schuldner schon mit dem Zugang der Fristsetzung in Verzug. 227

Rechnung ist keine Mahnung

Eine Rechnung stellt grundsätzlich keine Mahnung dar. Es handelt sich nur um eine Mitteilung des Bestandes der Schuld. Eine darüber hinausgehende dringliche Leistungsaufforderung fehlt. Wenn aber die Rechnung mit einer Leistungsaufforderung verbunden ist, liegt eine Mahnung vor. Die Aufforderung kann sich auch erst durch Auslegung der Rechnung ergeben. 228

Leistungsklage/Mahnbescheid als Mahnung

Gemäß § 286 I 2 BGB steht der Mahnung die Erhebung der Leistungsklage oder die Zustellung eines Mahnbescheides gleich. Zu beachten ist in diesem Zusammenhang auch § 291 BGB, der hinsichtlich der Forderung von Prozesszinsen mit dem Eintritt der Rechtshängigkeit das Erfordernis des Vertretenmüssens des § 286 IV BGB entfallen lässt. 229

b) Entbehrlichkeit der Mahnung

Entbehrlichkeit der Mahnung nach § 286 II, III BGB

Unter den Voraussetzungen des § 286 II BGB ist die Mahnung ausnahmsweise entbehrlich, d.h. der Schuldner kommt ohne Mahnung in Verzug. Der Grund für den Verzicht auf das Erfordernis der Mahnung liegt darin, dass diese sinnlos ist oder der Schuldner hinreichend darüber informiert ist, dass der Gläubiger ein besonderes Interesse an der Leistung hat. 230

Entbehrlichkeit der Mahnung

§ 286 II Nr.1	Bestimmung der Leistungszeit nach dem Kalender
§ 286 II Nr.2	Leistungszeit anhand eines vorausgehenden Ereignisses und Kalender bestimm*bar*
§ 286 II Nr.3	Ernsthafte und endgültige Erfüllungsverweigerung
§ 286 II Nr.4	Besondere Gründe u. Abwägung der beiderseitigen Interessen; v.a.: Herausgabe delikt. erlangter Sache
§ 286 III 1	Bei Geldforderungen: 30 Tage nach Rechnungserhalt
Privatautonomie	Wenn die Parteien dies vereinbaren (§§ 133, 157)

aa) Kalendermäßige Bestimmung der Leistungszeit

Zeit nach dem Kalender bestimmt, § 286 II Nr.1 BGB

Gemäß § 286 II Nr.1 BGB ist die Mahnung entbehrlich, wenn „für die Leistung eine Zeit nach dem Kalender bestimmt ist". 231

Leistet der Schuldner zu dieser Zeit nicht, so kommt er ohne Mahnung in Verzug. Für die kalendermäßige Bestimmung ist erforderlich, dass ein bestimmter Kalendertag unmittelbar oder mittelbar festgelegt ist.

Es muss sich das Datum des Leistungstages direkt aus der Vereinbarung der Leistungszeit ergeben. An ungewisse, in der Zukunft liegende Ereignisse, deren Termin noch nicht feststeht, darf nicht angeknüpft werden. Es kann sich dann aber um einen Fall des § 286 II Nr.2 BGB handeln.

Unmittelbar: Zahlung am 07. März; Lieferung Pfingsten 2003 etc.

Mittelbar: Drei Wochen nach Pfingsten; Ende Juli etc.

Nicht ausreichend für § 286 II Nr.1: 3 Wochen nach Lieferung; 1 Jahr nach Baubeginn; 4 Tage nach Abruf etc. (dann aber § 286 II Nr.2)

bb) Berechenbarkeit der Leistungszeit

Berechenbarkeit der Leistungszeit reicht aus, § 286 II Nr.2 BGB

Gemäß § 286 II Nr.2 BGB genügt die Berechenbarkeit der Leistungszeit, sofern der Leistung ein Ereignis vorauszugehen hat. Notwendig ist eine vertragliche Vereinbarung, durch die ein Ereignis und eine von diesem Ereignis an zu berechnende Frist bestimmt werden.[130]

Bsp.: 2 Wochen nach Lieferung; 10 Tage nach Rechnungserteilung; 4 Tage nach Abruf

Anknüpfung an ein Ereignis erforderlich

Voraussetzung ist, dass an ein Ereignis angeknüpft wird. Ereignis ist eine Handlung oder ein sinnlich wahrnehmbarer Umstand.[131] Rein gedankliche oder juristisch konstruierte Geschehnisse genügen nicht. Der Schuldner muss auf den Eintritt des Ereignisses keinen Einfluss haben.

Bsp.: Abruf der Leistung, Lieferung, Kündigung, Beendigung eines Vertrages, Zugang einer Rechnung.

Fristbestimmung

§ 286 II Nr.2 BGB setzt ferner voraus, dass eine angemessene Frist zur Leistung bestimmt wurde. Fristbeginn ist das Ereignis. Wird eine sofortige Leistung nach dem Ereignis vereinbart, handelt es sich um keinen Fall des § 286 II Nr.2 BGB.

Angemessenheit der Frist

Die Frist muss angemessen sein. Die Angemessenheit der Fristsetzung bestimmt sich nach der Zeit, die der Schuldner zur Erbringung seiner Leistung benötigt. Maßgebend sind die Umstände des Einzelfalls. Es ist hier zu berücksichtigen, dass der Schuldner sich auf das Entstehen der Leistungspflicht schon vor Eintritt des Ereignisses einstellen kann. Unangemessen kurz ist eine Frist, in der ein grundsätzlich auf die Leistung eingestellter Schuldner diese nicht erbringen kann.[132]

Eine unangemessen kurze Frist entfaltet keine Wirkung. Es wird nicht eine angemessene Frist in Lauf gesetzt.[133] § 286 II Nr.2 BGB setzt die Berechenbarkeit der Leistungszeit voraus. Im Falle einer nachträglich vom Richter bestimmten Frist ist diese Berechenbarkeit aber nicht gegeben.

---

130 MüKo § 286 Rn. 57.
131 Palandt § 286 Rn. 23.
132 MüKo § 286 Rn. 60.
133 MüKo § 286 Rn. 61; a.A. Palandt § 286 Rn. 23.

§ 8 ERSATZ VON VERZÖGERUNGSSCHÄDEN

hemmer-Methode: Hierin liegt ein wesentlicher Unterschied zu § 281 BGB. Bei § 281 BGB wird durch die Setzung einer unangemessen kurzen Frist zumindest eine angemessene Frist in Lauf gesetzt, s. o. Rn. 503. Der Unterschied rechtfertigt sich aus den unterschiedlichen Zwecken. Bei § 286 II Nr.2 BGB soll die Leistungszeit bereits im Vertrag festgelegt werden. Die Frist des § 281 BGB soll dem Schuldner eine letzte Chance gewähren.

Beachten Sie auch, dass sich die Angemessenheit der Frist bei § 281 BGB und bei § 286 II Nr.2 BGB unterschiedlich beurteilt. Bei § 281 BGB kommt es auf die Zeit an, die der Schuldner benötigt, um eine angefangene Teilleistung zu beenden. Für § 286 II Nr.2 BGB ist die Zeit maßgebend, die der Schuldner für die vollständige Leistungserbringung benötigt.

cc) Ernsthafte und endgültige Erfüllungsverweigerung

Entbehrlichkeit bei ernsthafter und endgültiger Erfüllungsverweigerung, § 286 II Nr.3 BGB

Gemäß § 286 II Nr.3 BGB ist die Mahnung entbehrlich, wenn der Schuldner die Leistung ernsthaft und endgültig verweigert. Eine Mahnung wäre in diesem Fall sinnlos, da mit einer Leistungserbringung aufgrund der Mahnung nicht zu rechnen ist. Eine Mahnung würde sich als unnötige Förmelei darstellen.

237

hemmer-Methode: Für das Vorliegen einer ernsthaften und endgültigen Erfüllungsverweigerung kann auf die Ausführungen zu § 281 BGB verwiesen werden, vgl. Rn. 60 ff.

dd) Generalklausel nach § 286 II Nr.4 BGB

Generalklausel

In § 286 II Nr.4 BGB findet sich eine Generalklausel für die Entbehrlichkeit der Mahnung. Danach ist die Mahnung entbehrlich, wenn „aus besonderen Gründen unter Abwägung der beiderseitigen Interessen der sofortige Eintritt des Verzuges gerechtfertigt ist". Kennzeichnend für diese Fälle ist, dass eine Berufung auf das Fehlen der Mahnung gegen Treu und Glauben, § 242 BGB, verstoßen würde.

238

---

§ 286 II Nr.4 erfasst Fälle, die nach bisheriger Rspr. aus § 242 hergeleitet wurden:

⇨ **Selbstmahnung**: Schu. kündigt baldige Leistung an, leistet dann aber nicht
⇨ Schu. weiß, dass er falsche/ fehlerhafte Leistung erbracht hat, bewirkt geschuldete Leistung gleichwohl nicht
⇨ **Besondere Dringlichkeit** ergibt sich aus Vertragsinhalt
⇨ Schu. **verhindert** durch sein Verhalten den **Zugang einer Mahnung**
⇨ Schu. ist zur Herausgabe einer durch **Delikt entzogenen Sache** verpflichtet.

---

z.B. Selbstmahnung

Hierunter fallen einerseits Fälle, bei denen eine Mahnung des Gläubigers durch den Schuldner vereitelt wird. Wenn der Schuldner sich durch Untertauchen der Mahnung entzieht, kann diese Mahnung nach § 286 II Nr.4 BGB entbehrlich sein. Gleiches gilt, wenn der Schuldner eine Mahnung des Gläubigers dadurch verhindert, dass er eine Leistung zu einem bestimmten Termin ankündigt (sog. Selbstmahnung).

z.B. bei Ansprüchen aus unerlaubten Handlungen

Die Mahnung ist ferner entbehrlich, wenn es um die Herausgabe einer deliktisch erlangten Sache geht (*„fur semper in mora"*).[134] Denn dem Täter einer deliktischen Handlung kann nicht die gleiche Schutzwürdigkeit wie einem gewöhnlichen Schuldner zukommen, vgl. auch § 848 BGB.

z.B. bei besonders dringlichen Leistungen

Bei Leistungen, deren sofortige Erfüllung besonders dringend ist, kann die Mahnung nach § 286 II Nr.4 BGB entbehrlich sein. Wenn der Schuldner bei einem Wasserrohrbruch eine schnellstmögliche Reparatur verspricht, kommt er in Verzug, wenn er nicht unverzüglich erscheint und die Reparatur vornimmt.

ee) Verzicht auf Mahnung

Verzicht auf Mahnung möglich

Schließlich kann vertraglich vereinbart werden, dass eine Mahnung für den Verzugseintritt nicht erforderlich sein soll. § 286 BGB enthält dispositives Gesetzesrecht, sodass abweichende Regelungen zulässig sind. Bei einer Abbedingung durch AGB sind aber die Grenzen der §§ 307, 309 Nr.4 BGB zu beachten.

239

Auch einseitiger Verzicht

Der Schuldner kann auch einseitig auf die Mahnung verzichten. Das Erfordernis der Mahnung dient alleine dem Schutze des Schuldners. Dann muss er auf diesen Schutz verzichten können, wenn er ihn nicht benötigt.

c) Verzug 30 Tage nach Rechnungslegung nach § 286 III BGB

30-Tage-Regelung: § 286 III BGB

Gemäß § 286 III BGB kommt der Schuldner einer Entgeltforderung in Verzug, wenn er nicht innerhalb von 30 Tagen nach Fälligkeit und Zugang einer Rechnung oder Zahlungsaufforderung leistet.

240

Nur bei Entgeltforderungen

§ 286 III BGB gilt nur für Entgeltforderungen. Die Forderung des Gläubigers muss das Entgelt für eine an den Schuldner zu erbringende oder bereits erbrachte Leistung sein. Der Entgeltcharakter liegt vor, wenn zwischen der Leistung des Schuldners und der Leistung des Gläubigers ein Gegenseitigkeitsverhältnis besteht. Dies ist beispielsweise beim Kaufvertrag zwischen Lieferung der verkauften Sache und Zahlung des Kaufpreises, beim Werkvertrag zwischen der Herstellung des Werkes und der Zahlung des Werklohnes und beim Mietvertrag zwischen der Überlassung der Mietsache und der Miete gegeben.

hemmer-Methode: Nach Ansicht des BGH ist z.B. eine zu zahlende Vertragsstrafe keine Entgeltforderung i.S.d. § 286 III 1 BGB.

Forderung muss auf Geldleistung gerichtet sein

Es werden nur Forderungen, die auf *Geldleistung* gerichtet sind, erfasst. Bei Sachleistungen findet § 286 III BGB keine Anwendung. Diese Beschränkung ergibt sich zwar nicht aus dem Gesetzeswortlaut. Mit der Änderung durch die Schuldrechtsreform sollte aber keine Veränderung der Reichweite des § 286 III BGB erfolgen. Insbesondere wäre eine Ausweitung auf Sachleistungen nicht gewollt.

Definition: Rechnung

§ 286 III BGB setzt den Zugang einer Rechnung oder einer gleichwertigen Zahlungsaufstellung voraus. Rechnung ist eine gegliederte Aufstellung über eine Entgeltforderung für eine Warenlieferung oder sonstige Leistung.[135]

241

---

134 „Der Dieb ist immer in Verzug."
135 PALANDT § 286 Rn. 29.

Von der Mahnung unterscheidet sich die Rechnung dadurch, dass sie keine dringliche Zahlungsaufforderung, sondern nur eine Mitteilung über den Bestand der Schuld enthält.[136]

242 Inhaltlich muss aus der Rechnung hervorgehen, welchen Umfang die Leistungspflicht nach Auffassung des Gläubigers hat. Der Schuldner muss durch eine derartige Rechnung in die Lage versetzt werden, die Berechtigung der Forderung nach Grund und Höhe zu überprüfen.[137]

Besonderheiten bei Verbrauchern

243 Gegenüber einem Verbraucher nach § 13 BGB muss die Rechnung gemäß § 286 III 1, 2.Hs. BGB einen Hinweis auf die Rechtsfolgen der Rechnung, also den Verzugseintritt nach 30 Tagen, enthalten.

Bei einer Rechnung vor Eintritt der Fälligkeit der Forderung muss der Gläubiger ferner deutlich machen, ab welchem Zeitpunkt die 30-Tages-Frist zu laufen beginnt. Für die Anwendung dieser Vorschrift ist nicht erforderlich, dass der Rechnungssteller Unternehmer im Sinne des § 14 BGB ist. § 286 III 1, 2.Hs. BGB gilt auch für Rechnungen eines Verbrauchers: Die einschneidenden Folgen des Verzugs sollen nur dann eintreten, wenn der Schuldner von ihr in Kenntnis gesetzt wurde.

> **Beispiel für eine Formulierung:**
> *„Hinweis zur Gesetzeslage: Die Rechnungsforderung ist bereits fällig. Wird eine Rechnung über eine fällige Forderung nicht innerhalb von 30 Tagen nach Rechnungserhalt beglichen, tritt gem. § 286 III 1 des Bürgerlichen Gesetzbuches automatisch Schuldnerverzug ein, was u.a. die Pflicht zur Zahlung von Verzugszinsen und zum Ersatz etwaiger Schäden nach sich zieht. Diese Regelung lässt das Recht des Gläubigers unberührt, den Schuldner bereits vor Fristablauf mittels Mahnung in Verzug zu setzen".*

Fristbeginn

244 Fristbeginn ist nach § 286 III BGB der Tag, an dem Fälligkeit und Rechnung kumulativ vorliegen. Regelmäßig erfolgt die Rechnungsstellung erst nach dem Eintritt der Fälligkeit, sodass grundsätzlich der Tag des Zugangs der Rechnung maßgebend ist. Wenn ausnahmsweise die Rechnung schon vor der Fälligkeit gestellt wird, kommt es auf den Zeitpunkt des Eintritts der Fälligkeit an.

245 Wenn der Zeitpunkt der Rechnungsstellung nicht mehr festgestellt werden kann, greift § 286 III 2 BGB ein. Die Frist beginnt in diesem Fall mit der Fälligkeit und dem Empfang der Gegenleistung. § 286 III 2 BGB findet nur dann Anwendung, wenn der Zeitpunkt des Zugangs der Rechnung streitig ist. Bestreitet der Schuldner, dass er überhaupt eine Rechnung erhalten hat, gilt § 286 III 2 BGB nicht. Zu beachten ist auch, dass § 286 III 2 BGB gegenüber Verbrauchern nach § 13 BGB keine Wirkung hat.

Fristberechnung

246 Die Fristberechnung richtet sich nach den §§ 187 I, 188 I, 193 BGB. Es handelt sich bei der Frist des § 286 III BGB um eine Ereignisfrist. Ereignis ist das kumulative Vorliegen von Fälligkeit und Rechnung. Gemäß § 187 I BGB wird der Ereignistag nicht mitgerechnet. Das Fristende richtet sich nach den §§ 188 I, 193 BGB. Fällt das Fristende auf einen Samstag, Sonntag oder Feiertag, so verschiebt sich das Fristende auf den nächsten Werktag.

---

136 MüKo § 286 Rn. 78.
137 MüKo § 286 Rn. 80.

> **hemmer-Methode:** § 286 III BGB sollte nur subsidiär zu den Tatbeständen der §§ 286 I, II BGB geprüft werden. Aus dem Wortlaut des § 286 III BGB „spätestens" ergibt sich nämlich, dass Verzug schon vor Ablauf der 30-Tage-Frist nach den §§ 286 I, II BGB eintreten kann. Oftmals ist aber Zeitpunkt des Eintritts des Verzugs ein Problem des Falles. Beispielsweise kann in der Rechnung bereits eine Mahnung liegen. Auch bei einer Zeitbestimmung nach den §§ 286 II Nr.1, 2 BGB kommt der Schuldner früher in Verzug. Wegen der verschiedenen Zeitpunkte des Verzugsbeginns kann auch nicht offen bleiben, ob § 286 I, II BGB eingreifen.

V. Rechtsfolge: Ersatz des Verzögerungsschadens

Verzögerungsschaden

Über die §§ 280 I, II, 286 BGB wird der Verzögerungsschaden erfasst. Verzögerungsschäden sind Schäden, die dem Gläubiger durch eine nicht rechtzeitige Leistung des Schuldners entstehen. Diese Schadensposten entfallen durch eine nachträgliche ordnungsgemäße Leistung nicht mehr. Schadensposten, die als Schadensersatz statt der Leistung zu qualifizieren sind, fallen nicht unter die §§ 280 I, II, 286 BGB.

247

Kausalität zwischen Schuldnerverzug und Schaden

Die Schadensposten müssen zunächst kausal auf dem Verzug beruhen. Wenn der Schaden auch bei rechtzeitiger Leistung entstanden wäre, ist er nicht als Verzögerungsschaden ersatzfähig. Es muss auch die Adäquanz vorliegen und der Schadensposten muss in den Schutzzweck der §§ 280 I, II, 286 BGB fallen.

Typische Schadensposten

Typische Schadensposten für die §§ 280 I, II, 286 BGB sind beispielsweise:

248

⇨ Wert und Kursverluste

⇨ die Kosten der Rechtsverfolgung (insbesondere Mahnkosten)

⇨ Aufwendungen für die Anmietung einer Ersatzsache

⇨ der durch die Verzögerung entgangene Gewinn

> **hemmer-Methode:** Im Mängelrecht stellt sich eine absolut umstrittene Frage: Sind Nutzungsausfallschäden, die durch die Lieferung einer mangelhaften Sache entstanden sind, nach (z.B. im Kaufrecht) §§ 437 Nr.3, 280 I BGB oder nur unter den Voraussetzungen der §§ 437 Nr.3, 280 I, II, 286 BGB zu ersetzen?
> Lesen Sie dazu <u>unbedingt</u> HEMMER/WÜST, Schuldrecht II, Rn. 287 sowie zur Vertiefung EBERT, „Das Recht zur zweiten Andienung und seine Risiken für den Käufer", in NJW 2004, 1761 [1762] bzw. CANARIS in ZIP 2003, 321 [326 f.].

Deckungsgeschäfte stellen keinen Verzugsschaden dar

Die Kosten eines Deckungskaufes stellen dagegen Schadensersatz statt der Leistung dar. Sie sind deshalb nicht als Verzögerungsschaden ersatzfähig, sondern nur über die §§ 280 I, III, 281-283 BGB.

249

§ 8 ERSATZ VON VERZÖGERUNGSSCHÄDEN

> Beide Normenketten gewähren SE wenn der Schuldner zum vereinbarten Zeitpunkt nicht leistet

§§ 280 I, II, 286

Grds. Mahnung erforderlich

Rechtsfolge: SE neben der Leistung
z.B. erforderliche Aufwendungen, ggf. aber auch entgangener Gewinn

§§ 280 I, III, 281 I 1

Keine Mahnung, statt dessen Fristsetzung; Vertretenmüssen bzgl. Nichtleistung i R d Frist

Rechtsfolge: SE statt der Leistung
z.B. Mehrkosten wg. Deckungskauf

hemmer-Methode: Zur Abgrenzung Schadensersatz statt / neben der Leistung insbesondere beim entgangenen Gewinn lesen Sie nochmals Rn. 7 ff.
Zur Abgrenzung § 281 / § 283 bei Eintritt der Unmöglichkeit nach Fristablauf, aber vor dem Schadensersatzverlangen lesen Sie nochmals die hemmer-Methode bei Rn. 168.

Problem: Nutzungsersatz

Besondere Probleme wirft die Ersatzfähigkeit von entgangenen Nutzungsmöglichkeiten selbstgenutzter Sachen auf. Bei den entgangenen Nutzungsmöglichkeiten handelt es sich um Verzögerungsschäden, die kausal auf dem Verzug beruhen. — 250

Nutzungen einer Geldforderung

Ist der Schuldner zur Zahlung eines Geldbetrages verpflichtet und leistet er verspätet, so kann der Gläubiger unproblematisch Ersatz des durch die Verzögerung entstandenen Zinsverlustes verlangen, vgl. §§ 288, 286 BGB. — 251

Sonstige Nutzung

Bei der Ersatzfähigkeit der entgangenen Nutzungsmöglichkeit anderer Sachen ist der Schutzzweck der Norm problematisch. Die Ersatzpflicht des Schuldners droht zu weit auszuufern, wenn jede entgangene Nutzungsmöglichkeit einen Schadensersatzanspruch begründet. — 252

Oft entstehen durch die entgangene Nutzungsmöglichkeit auch nur immaterielle Schäden. Ein ersatzfähiger Vermögensschaden wird hier dann angenommen, wenn dem Gläubiger die Sachnutzung von Lebensgütern vorenthalten wird, deren ständige Verfügbarkeit für eine eigenwirtschaftliche Lebensführung von zentraler Bedeutung ist.[138] Die Ersatzfähigkeit ist daher bei der entgangenen Nutzungsmöglichkeit eines Kfz oder einer selbstgenutzten Wohnung gegeben. Bei der entgangenen Nutzung eines Pelzmantels fehlt sie aber.

Bei materiellem Vermögensschaden (+)

Entgangene Nutzungsmöglichkeiten sind aber stets ersatzfähig, wenn ein materieller Vermögensschaden in Form von entgangenem Gewinn entstanden ist. — 253

Kosten der Erstmahnung sind nicht ersatzfähig

Nicht ersatzfähig i.R.d. §§ 280 I, II, 286 BGB sind die Kosten der verzugsbegründenden Erstmahnung, da der Anspruch Schuldnerverzug voraussetzt. Durch die Erstmahnung wird der Verzug aber erst begründet. Es fehlt also an der Kausalität zwischen Verzug und Schaden.

---

138 BGHZ 98, 222.

> **hemmer-Methode:** Kommt es jedoch zum Prozess und obsiegt der Gläubiger, so erhält er im Ergebnis die Kosten der Erstmahnung doch, da der Schuldner dem Gläubiger dann nach § 91 ZPO auch die Anwaltskosten zu erstatten hat. Dieser prozessuale Kostenerstattungsanspruch hat aber nichts mit den §§ 280 I, II, 286 BGB zu tun.

Ist der Verzug begründet, so sind weitere Mahnkosten als Verzugsschaden ersatzfähig. Nach ganz h.M. können die Kosten für ein vorprozessuales Mahnschreiben auch pauschal angesetzt werden, wenn deren Höhe i.S.d. § 287 ZPO noch angemessen ist.

Pauschale bis 2,50 € zulässig

Eine berechtigte Pauschale wurde von der Rechtsprechung bislang immer dann angenommen, wenn diese nicht mehr als 5,- DM[139] bzw. 2,50 € betrug.[140]

Bei Zession ist grundsätzlich auf den Zedenten abzustellen

Besondere Probleme stellen sich im Falle der Zession. Hier ist fraglich, ob hinsichtlich des Verzögerungsschadens auf die Person des Zedenten oder des Zessionars abzustellen ist.

Vollabtretung ⇨ Anspruch und Schaden sind beim Zessionar!

Handelt es sich um eine **Vollabtretung**, stehen Ansprüche auf Ersatz eines Verzugsschadens und der Verzugszinsen wegen des Wechsels der Rechtszuständigkeit (§ 398 S. 1 BGB) dem neuen Gläubiger zu. Dabei kommt es nicht darauf an, ob sich der Schuldner zum Zeitpunkt der Abtretung bereits in Verzug befunden hat oder Verzug erst nach der Zession eingetreten ist.[141]

Sicherungsabtretung

Im Falle einer **Sicherungsabtretung** gilt dies nicht uneingeschränkt.

Erfüllt der Sicherungsgeber trotz des Verzugs des Schuldners der Sicherungsforderung nach wie vor rechtzeitig seine Zahlungsverpflichtung gegenüber dem (Kredit-)Gläubiger und jetzigem Inhaber der Sicherungsforderung (= Sicherungsnehmer bzw. Zessionar), so besteht aus dessen Sicht kein Bedürfnis und - aufgrund der in der Sicherungsabrede getroffenen Vereinbarungen - regelmäßig mangels „Verwertungsreife" auch keine Befugnis, auf die Sicherungsforderung zuzugreifen.

In solchen Fällen ist wirtschaftlich gesehen allein der Sicherungsgeber (= Zedent) der durch den Verzug des Schuldners der Sicherungsforderung Geschädigte.[142]

Würde man bei dieser Fallgestaltung nur auf die Person des Zessionars abstellen, würde dies dazu führen, dass der Schuldner in Genuss einer um drei Prozentpunkte geringeren Verzinsungspflicht käme, obwohl der wirtschaftlich Geschädigte der leistungstreue Sicherungsgeber ist.

Eine derartige Konsequenz ist nicht sachgerecht. Die Interessenlage bei einer Sicherungszession gebietet es vielmehr, die Verzugsschadensberechnung nach der Person des Sicherungszedenten vorzunehmen.

Belange des Schuldnerschutzes stehen dieser Beurteilung schon deshalb nicht entgegen, weil sich der Schuldner der Sicherungsforderung keiner anderen Verzugsschadensersatzforderung ausgesetzt sieht, als dies bei einer unterbliebenen Abtretung der Fall gewesen wäre.

> **hemmer-Methode:** Die Sicherungszession darf sich nicht als „Geschenk des Himmels" für den Schuldner erweisen!

---

139 BGH, NJW-RR 2000. 719; BGH, NJW 1985, 320 ff.
140 AG Brandenburg, NJW 2007, 2268 f.
141 BGH, NJW-RR 1992, 219 ff.
142 BGHZ 128, 371, 376 f.

§ 8 ERSATZ VON VERZÖGERUNGSSCHÄDEN

Für Bemessung des Schadens kommt es auf den Zendenten an

Für die Bemessung des Verzugsschadens ist bei der Sicherungszession jedenfalls vor Eintritt der Verwertungsreife die Person des Zedenten maßgeblich.

Problematisch ist allerdings weiter, dass dem Zedenten nach der Abtretung die Forderung nicht mehr zusteht. Mit der Abtretung des Anspruches ist aber auch der Anspruch auf den Verzugsschaden mit übergegangen, da dieser mit dem Anspruch auf die Leistung untrennbar verbunden ist. Aus diesem Grund kann der Zedent den Verzugsschaden auch nicht mehr gegenüber dem Schuldner geltend machen. Wer nicht mehr Forderungsinhaber ist, dem kann auch kein Anspruch auf den Verzugsschaden zustehen. Dieser Anspruch ist mit vielmehr mit abgetreten worden.

hemmer-Methode: Bei der Sicherungszession fallen *vor Eintritt der Verwertungsreife* Anspruch (Zessionar) und Schaden (Zedent) auseinander!
Ab Eintritt der *Verwertungsreife* ist der Zessionar nicht nur (formal) Anspruchsinhaber, sondern auch (materiell) der Geschädigte. Denn mit Eintritt der Verwertungsreife steht dem Sicherungsnehmer (= Zessionar) das Recht zu, sich aus der Forderung zu befriedigen. Hierzu gehört auch die Geltendmachung der Verzugszinsen.
Ob sich auch in diesem Fall der Zinssatz nach der Person des Zedenten bestimmt, lässt sich der BGH- Entscheidung nicht mit Gewissheit entnehmen.
Dagegen spricht, dass der Geschädigte nun der Zessionar ist.
Dafür spricht, dass es auch in diesem Fall ein „Geschenk des Himmels" wäre, auf den Zessionar abzustellen, wenn dadurch der Schuldner in den Genuss eines niedrigeren Zinssatzes käme.

Für die Geltendmachung des Anspruchs wird auf die Grds. der Drittschadensliquidation zurückgegriffen

Dem Umstand, dass der zu ersetzende Schaden nicht in der Person des Inhabers der Sicherungsforderung eingetreten ist, wird durch eine Anwendung der **Grundsätze der Drittschadensliquidation** Rechnung getragen. Die **Drittschadensliquidation** ist ein Grenzfall, bei dem ausnahmsweise auch ohne eigenen Schaden ein Anspruch geltend gemacht werden kann. Liegen die Voraussetzungen der Drittschadensliquidation vor, so ergibt sich als Rechtsfolge, dass „der Schaden zum Anspruch gezogen wird".[143]

Ein allgemein anerkannter Fall der Drittschadensliquidation ist die mittelbare Stellvertretung. Wer als mittelbarer Stellvertreter (im eigenen Namen, aber für fremde Rechnung) einen Vertrag geschlossen hat, kann den Schaden des Geschäftsherrn gegen den zum Schadensersatz verpflichteten Vertragsgegner geltend machen.[144]

Die Anwendung der Drittschadensliquidation in anderen Konstellationen ist möglich, sofern die Wertung dies gebietet und das Ergebnis entsprechend begründet werden kann. Bei der Sicherungszession ist dies nach ständiger Rechtsprechung des BGH zu bejahen. Ähnlich wie bei den Fällen der mittelbaren Stellvertretung handelt es sich bei der Sicherungszession um ein Treuhandverhältnis. Im Rahmen von Treuhandverhältnissen ist auch sonst allgemein anerkannt, dass der Treuhänder zur Liquidation des (Dritt)Schadens des Geschäftsherrn befugt ist.[145]

hemmer-Methode: Merken Sie sich als Zusammenfassung folgenden Sound:
Bei einer Sicherungsabtretung ist hier alleine auf die Person des Zedenten abzustellen, da dieser wirtschaftlicher Inhaber der Forderung bleibt. Der Zessionar kann diesen Verzögerungsschaden im Wege der Drittschadensliquidation geltend machen.
Lesen Sie hierzu unbedingt die absolut examensrelevante Entscheidung des BGH in Life and Law 2006, Heft 7, 433 ff. = NJW 2006, 1662 f. = LNRB 2006, 12115 nach!

---

143 Ausführlich hierzu **Hemmer/Wüst** Schadensersatzrecht III, Rn. 221 ff.
144 BGHZ 25, 258 st. Rspr.
145 BGHZ, NJW 1995, 1283 ff.; Palandt, Rn. 115 vor § 249 BGB; Peters, JZ 1977, 119 [120]; Seetzen, AcP 169, 352 [354 f.]; Schwenzer, AcP 189, 214 [237 ff.]; Hoffmann, WM 1994, 1464 [1466].

## VI. Verjährung

Verjährung des Anspruchs auf den Verzögerungsschaden

Die Verjährung des Anspruchs auf Ersatz des Verzögerungsschadens beginnt mit der Entstehung des Schadens. Der Anspruch verjährt analog § 217 BGB aber spätestens in der Zeit, in der auch der Hauptanspruch verjährt.[146]

255

Exkurs: Gläubigerverzug, §§ 293 ff. BGB

⇨ *Obliegenheitsverletzung; deshalb kein Schadensersatz*

Vom Schuldnerverzug ist der Gläubigerverzug (§§ 293 ff. BGB) zu unterscheiden. Dabei macht schon der Begriff des Gläubigerverzuges deutlich, dass nicht die Leistungserbringung verzögert erfolgt, sondern die *Mitwirkung des Gläubigers* bei der Erfüllung, insbesondere die Annahme der Leistung.

256

Diese Art des Verzuges wird folglich auch *Annahmeverzug* genannt. Anders als beim Schuldnerverzug, der die schuldhafte *Verletzung einer Leistungspflicht* darstellt, ist der Annahmeverzug eine *verschuldensunabhängige Obliegenheitsverletzung;* er begründet deshalb für den Schuldner *keinen Anspruch auf Schadensersatz*.[147]

wichtig: Untergang bei Gläubigerverzug ⇨ § 300 I BGB

Examensrelevant ist v.a. der Fall, dass die geschuldete Sache im Annahmeverzug untergegangen ist. Gem. § 300 I BGB hat der Schuldner dann nämlich nur noch Vorsatz und grobe Fahrlässigkeit zu vertreten.[148]

257

Ein weiteres Problemfeld ist die Frage der Abgrenzung von Annahmeverzug und Unmöglichkeit.[149]

Voraussetzungen

a) Voraussetzungen

Die wichtigsten Voraussetzungen im Überblick:

258

a) Tatsächliches Angebot (Ausnahmen möglich)

b) Keine Unmöglichkeit der Leistung

c) Nichtannahme der Leistung durch Gläubiger

b) Die Voraussetzungen im Einzelnen:

tatsächliches Angebot

aa) Der Schuldner muss die Leistung am rechten Ort (§§ 269, 270 BGB), zur rechten Zeit (§ 271 BGB) und i.d.R. *tatsächlich anbieten*. Dies ergibt sich aus § 294 BGB. Richtige Leistungszeit meint dabei *Erfüllbarkeit* der Verpflichtung durch den Schuldner, *Fälligkeit* ist dagegen nicht erforderlich (vgl. § 271 II BGB). Erfolgt das Angebot der Leistung aber unerwartet früh, tritt kein Annahmeverzug ein.[150]

259

---

146 Vgl. hierzu Palandt, § 217, Rn. 1.

147 Beachten Sie aber, dass die Abnahmeverpflichtung im Einzelfall kraft Vertragsvereinbarung auch eine Hauptleistungspflicht sein kann. Dann kann sich ein Schadensersatzanspruch aus § 326 BGB ergeben, da der Gläubiger seinerseits Abnahme „schuldet". Der Gläubiger hat in sofern eine Doppelrolle, als er gleichzeitig auch Schuldner seiner Leistungsverpflichtung ist, vgl. auch unten Rn. 691.

148 Insbesondere im Rahmen eines Anspruch aus § 283 BGB; vgl. dazu Rn. 517 ff.

149 Dazu ausführlich oben, Rn. 466 ff.

150 BROX, SchuldR/AT, Rn. 309.

§ 8 ERSATZ VON VERZÖGERUNGSSCHÄDEN

vollständig u. von rechter Beschaffenheit

260 Der Gläubiger soll also zur richtigen Zeit am richtigen Ort *nur zugreifen* müssen, um die Leistung anzunehmen. Deshalb muss der Schuldner die Leistung so anbieten, wie sie geschuldet wird. Ein Annahmeverzug scheidet demnach aus, wenn eine Gattungssache angeboten wird, die nicht mittlerer Art und Güte ist (§ 243 I BGB).

261 Ist für die Leistung ein *bestimmter Zeitpunkt* vereinbart, und trifft der Schuldner den Gläubiger am Leistungsort nicht an, ist Annahmeverzug gegeben, auch wenn der Gläubiger von dem tatsächlichen Angebot keine Kenntnis nimmt.[151]

Ausnahme § 295 BGB

262 Gem. § 295 BGB genügt bereits ein *wörtliches Angebot* der Leistung, sofern der Gläubiger gegenüber dem Schuldner bereits die Verweigerung der Annahme erklärt oder eine erforderliche Mitwirkungshandlung[152] unterlassen hat. Widerruft der Gläubiger jedoch seine Ablehnungserklärung, so muss der Schuldner die Leistung nunmehr tatsächlich anbieten.[153]

263 Sofern jedoch der Zeitpunkt für die Mitwirkungshandlung des Gläubigers kalendermäßig bestimmt ist und der Gläubiger diese unterlässt, so bedarf es gem. § 296 BGB nicht einmal eines wörtlichen Angebots seitens des Schuldners.

keine Unmöglichkeit

264 **bb)** Die Leistung darf aber nicht unmöglich sein. Bei *dauernder* Unmöglichkeit gilt Unmöglichkeitsrecht. Bei *zeitweiligem* Leistungsunvermögen *des Schuldners* scheidet Annahmeverzug ebenfalls aus (§ 297 BGB).

Wichtig ist dies im Hinblick auf die Gegenleistungsgefahr, da § 326 II BGB eine Modifizierung der Grundregel des § 326 I 1, 1.Hs. BGB enthält.

265 *Bsp.:* B nimmt bei Pianist A regelmäßig Klavierunterricht. A ist an dem besagten Tag krank. B versäumt ohnedies den Unterricht, weil er ins Kino gegangen ist. A fordert von B Bezahlung?

auch (-) bei § 297 BGB

266 B ist hier nicht in Annahmeverzug geraten, da die Leistung, also der Unterricht, selbst dann nicht hätte vollbracht werden können, wenn B nicht ins Kino gegangen wäre (§ 297 BGB). Eine Haftung auf die Gegenleistung nach § 615 BGB kommt mithin nicht in Betracht.[154]

Nichtannahme der Leistung notwendig

cc) Schließlich muss der Gläubiger die Leistung nicht angenommen haben (§ 293 BGB). Dem steht es gleich, wenn der Gläubiger bei *Zug-um-Zug-Leistung* nicht bereit ist, die Gegenleistung zu erbringen (§ 298 BGB); dies gilt auch für Nebenpflichten (§§ 368, 371 BGB). Eine *entsprechende* Anwendung des § 298 BGB kommt bei einer *unterlassenen Vorleistungspflicht* in Betracht.[155]

Ausnahme: Vorübergehende Annahmeverhinderung, § 299 BGB

267 Als Ausprägung des Grundsatzes von Treu und Glauben[156] führt schließlich eine bloß vorübergehende Annahmeverhinderung unter den Voraussetzungen von § 299 BGB nicht zum Gläubigerverzug.

hemmer-Methode: Richtige Einordnung; richtige Schwerpunktsetzung in der Klausur! Wichtig muss für Sie vor allem die Kenntnis der Problemsituationen sein, in denen Gläubigerverzug eine Rolle spielt. Dies ist insbesondere (was Schadensersatzprobleme betrifft) der Verschuldensmaßstab des § 300 I BGB zugunsten des Schuldners bei Untergang der Sache im Annahmeverzug.[157]

---

151 BROX, SchuldR/AT, Rn. 306.
152 Z.B. Abholung der Ware bei Holschuld, nähere Bestimmung bei Spezifikationskauf gem. § 375 HGB.
153 PALANDT, § 295, Rn. 4.
154 Beachten Sie, dass § 615 BGB für den Dienstvertrag lex specialis zu § 326 II BGB ist.
155 MüKo, § 298 Rn. 1.
156 MüKo, § 299 Rn. 1.
157 Dazu später unten, Rn. 695 ff.

> Diesbezüglich ist das Vorliegen aller vorher benannten Voraussetzungen genau zu untersuchen.
>
> Des Weiteren modifiziert § 326 II BGB die Befreiung von der Gegenleistung nach § 326 I BGB. Diese Variante muss bekannt sein. Auch hier sind alle Voraussetzungen des Annahmeverzugs zu prüfen.
>
> Schließlich ist weiterer Schwerpunkt die Abgrenzung Unmöglichkeit/ Annahmeverzug. Bedenken Sie dabei aber, dass dann nur in ganz seltenen Ausnahmefällen Annahmeverzug vorliegt. D.h., dass Sie die weiteren Voraussetzungen (außer der Möglichkeit der Leistung) gar nicht mehr zu prüfen brauchen. Es fehlt schon an der Nachholbarkeit der Leistung. Wichtiger ist vielmehr, dass Sie genau begründen, warum Annahmeverzug ausscheidet.

Bei Klagen: Feststellung des Annahmeverzugs sinnvoll

In der Praxis ist es i.R. einer Herausgabeklage, die nur Zug-um-Zug (z.B. gegen Verwendungsersatz bzw. gegen Herausgabe einer anderen Sache) Aussicht auf Erfolg hat, unbedingt ratsam, den Annahmeverzug des Herausgabeschuldners mit der Zug-um-Zug zu erbringenden Leistung feststellen zu lassen.

268

Das gemäß § 256 I ZPO erforderliche Feststellungsinteresse für diesen Antrag ergibt sich aus den Voraussetzungen, unter denen dem Kläger die Zwangsvollstreckung aus dem Zug-um-Zug-Herausgabetitel möglich ist.

269

Der gem. §§ 756, 765 ZPO erforderliche Beweis, dass der Schuldner sich im Annahmeverzug befindet, muss dem Gerichtsvollzieher über öffentliche oder öffentlich beglaubigte Urkunden dokumentiert werden. Das Urteil, das den Annahmeverzug feststellt, ist eine öffentliche Urkunde i.S.d. § 415 I ZPO und eine Feststellung des Annahmeverzuges im Tenor ist insoweit der beste Weg für einen derartigen Beleg gegenüber dem Vollstreckungsorgan.[158]

Exkurs Ende

---

158 Vgl. THOMAS/PUTZO, ZPO Rn. 9 zu § 756.

§ 9 ERSATZ SONSTIGER SCHÄDEN

Sonstige Schäden

Der Ersatz sonstiger Schäden, d.h. von Schäden, die weder Schadensersatz statt der Leistung noch Verzögerungsschäden darstellen, richtet sich nach § 280 I BGB.

270

Voraussetzungen der §§ 280 II, 286 bzw. §§ 280 III, 281-283 BGB nicht erforderlich

Für den Ersatz sonstiger Schäden müssen die zusätzlichen Voraussetzungen der §§ 280 III, 281-283; § 311a II 1 BGB bzw. §§ 280 II, 286 BGB nicht erfüllt sein. Ein Verlangen nach weiteren Voraussetzungen wäre auch sinnlos, da der Schaden durch eine nachträgliche ordnungsgemäße Leistung nicht mehr entfallen würde und das Leistungsinteresse des Gläubigers gar nicht betroffen ist.

Der Anspruch auf Ersatz sonstiger Schäden tritt neben den Erfüllungsanspruch. Sonstige Schäden sind Begleitschäden, die dem Gläubiger durch eine Pflichtverletzung entstehen.

Voraussetzung: Zu vertretende Pflichtverletzung

Ein Schadensersatzanspruch nach § 280 I BGB setzt eine vom Schuldner zu vertretende Pflichtverletzung voraus. Bezüglich der Arten von Pflichtverletzungen ist zwischen der Verletzung von leistungsbezogenen Pflichten und der Verletzung nichtleistungsbezogener Nebenpflichten zu differenzieren. Diese Unterscheidung liegt auch den Normpaaren der §§ 281, 282 BGB und §§ 323, 324 BGB zugrunde.

271

Übersicht:

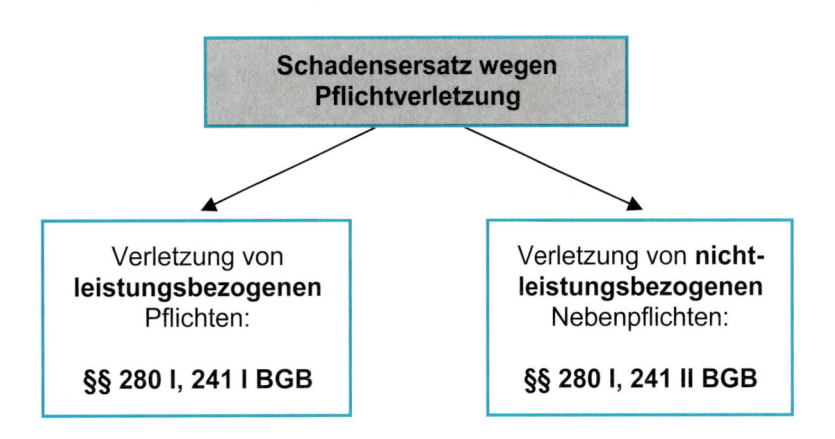

```
                    Schadensersatz wegen
                      Pflichtverletzung
                      /              \
       Verletzung von              Verletzung von nicht-
       leistungsbezogenen          leistungsbezogenen
       Pflichten:                  Nebenpflichten:

       §§ 280 I, 241 I BGB         §§ 280 I, 241 II BGB
```

I. § 280 I BGB bei Verletzung leistungsbezogener Pflichten

Leistungsbezogene Pflichten

Bei der Verletzung von leistungsbezogenen Pflichten kommt ein Schadensersatzanspruch nach den §§ 280 I, 241 I BGB auf Ersatz sonstiger Schäden in Betracht. Pflichtverletzung ist hier eine Schlechtleistung. Gemeint sind die Fälle der Leistung nicht wie geschuldet. Die geschuldete Leistung wird zwar erbracht, jedoch entspricht die Leistung nicht der vertraglich geschuldeten Qualität. Durch die fehlerhafte Leistung wird dann der Gläubiger geschädigt.

272

Die §§ 280 I, 241 I BGB sind aber nur dann die richtige Anspruchsgrundlage, wenn nicht Schadensersatz statt der Leistung oder Ersatz von Verzögerungsschäden begehrt wird.

Die Voraussetzungen dieses Anspruchs sind:

> 1. Anwendbarkeit, insbesondere im Hinblick auf das speziellere Gewährleistungsrecht
> 2. Bestehen eines Schuldverhältnisses
> 3. Pflichtverletzung: Leistung nicht wie geschuldet
> 4. Vertretenmüssen
> 5. Rechtsfolge: Schadensersatz

1. Anwendbarkeit

Die Konkurrenzprobleme zum Gewährleistungsrecht stellen sich vor allem bei dem Anspruch aus § 280 I BGB wegen der Verletzung leistungsbezogener Pflichten. Es werden nur einige typische Problemkomplexe dargestellt:

Bsp.: Pflichtverletzung des Dienstvertrages

Häufiger und in der Praxis immer mehr an Bedeutung gewinnender Fall ist die Haftung auf Schadensersatz wegen Schlechtleistung gemäß § 280 I BGB beim Dienstvertrag bei Behandlungs-(Kunst-) Fehlern des *Arztes* sowie bei *Geschäftsbesorgungsvertrags* (§ 675 BGB) beim schuldhaften Fehlverhalten des *Rechtsanwalts*.

> *Bsp.:* B geht am 01.10. zu RA Wurst, um einen Anspruch aus Delikt in Höhe von 20.500 € gegen den X einzuklagen. Der Anspruch verjährt am 05.10. W weiß dies. Er erhebt am 04.10. Klage für den B. Er wirft dabei die Klageschrift in den Nachtbriefkasten des zuständigen LG Würzburg. W hat allerdings vergessen, seine Unterschrift auf die Klageschrift zu setzen. B verlangt von W Schadensersatz.
>
> Normalerweise hätte W durch Klageerhebung den Eintritt der Verjährung des Anspruchs hemmen können (§ 204 Nr.1 BGB). Dadurch, dass aufgrund des Streitwertes von über 5.000 € das LG zuständig ist (§§ 23 Nr.1, 71 GVG), bedarf es zur ordnungsgemäßen Klageerhebung der Unterschrift eines Rechtsanwalts (§§ 78, 253 IV, 130 Nr.6 ZPO). W hätte dies als Anwalt auch wissen müssen. Es besteht deshalb ein Anspruch aus § 280 I BGB.

hemmer-Methode: Der Anspruch aus § 280 I BGB wegen Schlechterfüllung des Anwaltsvertrags muss in jedem Fall bekannt sein. Hier erwartet der Klausurersteller von Ihnen auch schon im 1. Staatsexamen, dass Sie dieses Problem kennen; schließlich wollen Sie vielleicht selber einmal Anwalt werden. Da dieser Anspruch gegenwärtig immer mehr an Gewicht gewinnt und diesbezüglich immer mehr Prozesse geführt werden, steigt auch die Wahrscheinlichkeit dieses Anspruchs als Klausurproblem. Dabei gilt es aber auch weitere Problemfelder speziell dieses Anspruchs zu kennen.[159]

Pflichtverletzung der berechtigten GoA

Auf den ersten Blick nur schwer zu erkennende Schwierigkeiten bereitet der Fall der GoA als gesetzliches Schuldverhältnis:

> *Bsp.:* Landarzt A findet die bewusstlose B auf einer abgelegenen Straße. Per Autotelefon ruft er seine Ehefrau E - die gleichzeitig seine Arzthelferin ist - an, diese soll ihm ein bestimmtes Medikament bringen. E bringt das falsche Medikament. Dadurch wird ein ansonsten vermeidbarer Krankenhausaufenthalt notwendig. B verlangt von A Schadensersatz über die zusätzlich angefallenen Krankenhauskosten.

---

159 Vgl. Sie deshalb dazu den kurzen Überblick in MüKo, vor § 280, Rn. 150 ff.

§ 9 ERSATZ SONSTIGER SCHÄDEN

B könnte gegen A einen Anspruch auf Schadensersatz wegen Pflichtverletzung im Rahmen der GoA gemäß § 280 I BGB haben, da diese ein gesetzliches Schuldverhältnis ist.

Die Voraussetzungen der berechtigten GoA (§§ 677, 683 BGB) sind gegeben.[160] Durch dieses Schuldverhältnis wird auch gemäß dem Wortlaut die Pflicht begründet, die Interessen (also auch die Rechtsgüter) des anderen mit Rücksicht zu behandeln.

A verletzte hier zwar nicht selbst die Pflicht, lege artis zu behandeln, doch ist ihm das Verschulden seiner Frau als *Erfüllungsgehilfin* gemäß § 278 BGB zuzurechnen. Sie hat zumindest fahrlässig gehandelt, da sie als Arzthelferin hätte erkennen können und müssen, dass sie das falsche Medikament gebracht hat. Dies führte zu einer vermeidbaren Steigerung des pathologischen Zustands.

Haftungsmilderung § 680 BGB

Möglicherweise greift aber der Haftungsmaßstab des § 680 BGB zugunsten des A (bzw. der E) ein. Dieser findet nicht nur beim Übernahme-, sondern auch beim Ausführungsverschulden Anwendung.[161]

bei professionellem Nothelfer § 680 BGB (-)

Die Haftungsmilderung zugunsten des professionellen Nothelfers ist aber nicht so ohne weiteres anzunehmen. Dieser kann in Analogie zu § 1835 III i.V.m. §§ 683, 670 BGB nämlich entgegen sonstigen Nothelfern Ersatz seiner Aufwendungen i.H. des üblichen Entgelts verlangen.[162]

Außerdem ist der A als Arzt versichert, sodass eine Haftung auch für leichte Fahrlässigkeit ihn nicht unbillig hart trifft. Schließlich besitzt der Arzt gegenüber dem sonstigen Nothelfer ein wesentliches Mehr an Erfahrung. Die Haftungsmilderung nach § 680 BGB ist deshalb im Fall nicht gerechtfertigt.[163] Der Umstand, dass das Verschulden bei der E lag, kann daran nichts ändern. Ein Anspruch aus § 280 I BGB ist damit gegeben.

hemmer-Methode: Hauptaugenmerk sollten Sie im Beispiel auf den Umstand legen, dass die GoA *überhaupt* als Schuldverhältnis i.S.d. § 280 I BGB in Betracht kommt. Für die GoA fehlt, ebenso wie für das Auftragsrecht, eine gesetzliche Regelung für die Folgen der Schlechtleistung. Der § 280 I BGB findet also folglich uneingeschränkt Anwendung.
Die weiteren Probleme sind damit aber ebenfalls häufig verbunden. Beachten Sie weiterhin, dass dieser Fall dann, wenn ein normaler Bürger der B zu Hilfe kommt, anders zu lösen ist. Dann gilt natürlich die Haftungserleichterung des § 680 BGB.

Sonderfall: § 280 I auch bei der unberechtigten GoA ?

Einen Sonderfall bildet die Anwendbarkeit des § 280 I BGB bei der *unberechtigten GoA*. Sofern der Geschäftsführer den entgegenstehenden (mutmaßlichen) Willen des Geschäftsherrn schuldhaft nicht erkannte, haftet der Geschäftsführer auch für (Zufalls-)Schäden, die in Ausführung der GoA entstanden sind, nach § 678 BGB. Der § 280 I BGB ist dazu subsidiär.

Übernahmeverschulden (-), Ausführungsverschulden(+)

Anders liegt der Fall jedoch, wenn dem Geschäftsführer zwar *kein Übernahme-*, dafür aber ein *Ausführungsverschulden* trifft. Dann kommt eine Haftung aus Schadensersatz wegen Verletzung von Pflichten der unberechtigten GoA gemäß § 280 I BGB in Betracht.

Bsp.: Aus dem Haus seines Nachbarn N, einem renommierten Laienschauspieler, hört G bei der Gartenarbeit laute Hilfeschreie, denen G entnimmt, dass sich N in Todesgefahr befindet.

---

160 Dies müsste in einer Klausur natürlich ausführlicher dargestellt werden.
161 Vgl. PALANDT, § 680, Rn. 1.
162 MEDICUS, BR, Rn. 430.
163 Lesen Sie hierzu **OLG München, Life and Law 2006, Heft 9, 579 ff.** = NJW 2006, 1883 ff.; LNRO 2006, 12894.

G nimmt sich nicht nur ein Herz, sondern auch seine Axt und stürmt zur Terrasse des N. Um N zu Hilfe zu eilen, zerschlägt er die Glasfront des Wohnzimmers mit der Axt, obwohl die Terrassentür nur angelehnt war, was G hätte erkennen können. Im Inneren des Hauses angekommen, muss G feststellen, dass sich N und seine Tochter T nur bei den Proben für ihr neues Kriminalstück befinden. N verlangt von G Schadensersatz für die Zerstörung der Glasfront.

§ 678 BGB (-)

aa) N könnte gegen G einen Anspruch aus § 678 BGB geltend machen. Da G dem N zu Hilfe eilen wollte, liegt die Führung eines fremden Geschäftes vor. Die Hilfeleistung durch G widersprach auch dem (mutmaßlichen) Willen des N. Jedoch war der entgegenstehende Wille des N dem G nicht erkennbar, sodass es an dem nötigen Übernahmeverschulden fehlt und ein Anspruch aus § 678 BGB daher ausscheidet.[164]

bb) In Betracht kommt aber ein Anspruch des N gegen G aus § 280 I BGB auf Schadensersatz wegen Pflichtverletzung. Die Voraussetzungen der unberechtigten GoA liegen aufgrund des entgegenstehenden Willens des N vor.

Ausführungspflichten wie bei berechtigter GoA

Ein Anspruch aus § 280 I BGB scheitert auch nicht an der Subsidiarität zu § 678 BGB (s.o.). Bei der unberechtigten GoA treffen den Geschäftsführer die gleichen Ausführungspflichten wie bei der berechtigten GoA (§§ 677, 681 BGB).[165]

Nach einer wenig überzeugenden Gegenansicht[166] trifft den unberechtigten Geschäftsführer keine Durchführungshaftung, weil kein quasivertragliches Schuldverhältnis bestehe. Demnach musste G bei seiner Hilfeleistung darauf achten, die Rechtsgüter des N so wenig wie möglich zu beeinträchtigen. Da G schuldhaft nicht erkannte, dass er sich Zutritt zum Haus auch über die Terrassentür verschaffen konnte, liegt ein Ausführungsverschulden des G vor. Folglich hat G seine Pflichten i.R.d. unberechtigten GoA schuldhaft verletzt.

Möglicherweise kommt aber für G der gemilderte Haftungsmaßstab des § 680 BGB in Betracht. § 680 BGB ist sowohl bei unberechtigter Übernahme als auch bei fehlerhafter Ausführung der (unberechtigten) GoA anwendbar.[167] Zwar liegt ein Handeln des G zur Gefahrenabwehr vor. Dass tatsächlich keine Gefahr vorlag, schließt die Anwendbarkeit des § 680 BGB nicht aus, da es nur auf die Vorstellung des Geschäftsführers ankommt („bezweckt"). Jedoch handelte G grob fahrlässig, als er die Zutrittsmöglichkeit über die Terrassentür nicht erkannte.

hemmer-Methode: Im Ergebnis kann dieser Streit offen bleiben, da spätestens in der Geltendmachung eines Anspruchs auf Schadensersatz wegen Schlechtleistung gemäß § 280 I BGB eine konkludente Genehmigung i.S.d. § 684 S.2 BGB zu sehen ist und damit die GoA rückwirkend zur berechtigten GoA wird, § 184 I BGB.

Somit kann N von G Ersatz für die Glasfront aus § 280 I BGB wegen Schlechterfüllung der unberechtigten GoA verlangen.

hemmer-Methode: Die Anwendbarkeit des § 280 I BGB bei der unberechtigten GoA ist ein Ausnahmefall. Regelmäßig werden Sie es mit Ansprüchen aus § 280 I BGB bei der berechtigten GoA zu tun haben. Dennoch gilt es, die Regelungslücke bei fehlendem Übernahme-, aber gegebenem Ausführungsverschulden i.R.d. unberechtigten GoA zu erkennen.
Insoweit wird von Ihnen etwas „juristische Phantasie" erwartet, mit deren Hilfe Sie sich auch in weniger vertrauter Umgebung zurecht finden können, sofern Sie das juristische Handwerkszeug beherrschen.
Letztlich spricht für die Anwendung des § 280 I BGB bei der unberechtigten GoA auch ein Wertungsargument: Wenn schon der berechtigte Geschäftsführer für ein Ausführungsverschulden aus § 280 I BGB haftet, dann muss erst recht der unberechtigte Geschäftsführer für schuldhafte Pflichtverletzungen bei der Ausführung haften.

---

164 Vgl. Medicus, BR, Rn. 424.
165 Palandt, vor § 677, Rn. 4.
166 Vgl. Martinek in JuS 2000, Lernbogen S. 37 ff.
167 Palandt, § 680, Rn. 1.

§ 9 ERSATZ SONSTIGER SCHÄDEN

§ 280 I BGB und innerbetrieblicher Schadensausgleich

Bei der Schlechterfüllung von Arbeitsverträgen gilt es noch zusätzlich das Sonderproblem des sog. **innerbetrieblichen Schadensausgleichs** zu kennen.[168]

> *Bsp.: A ist Lastwagenfahrer im Unternehmen des X. Aufgrund leichtester Fahrlässigkeit kommt es bei Glatteis zum Unfall, bei dem Kollege B einen Sachschaden erleidet.*
>
> *1. B verlangt von A und X Schadensersatz.*
>
> *2. X verlangt seinerseits von A wegen des kaputten Lastwagens Schadensersatz. Ansprüche aus StVG sind nicht zu prüfen.*

1. A haftet hier dem B aus Delikt, § 823 I, II BGB i.V.m. § 3 StVO. Der Ausschluss gem. §§ 105 I, 104 I SGB VII greift hier nicht ein, weil der einen Sachschaden erlitten hat. X haftet aus Pflichtverletzung des Arbeitsvertrags gem. §§ 280 I, 611 i.V.m. § 278 BGB. A und X haften als Gesamtschuldner gemäß § 840 BGB.

Da aber eine betrieblich veranlasste Tätigkeit vorliegt und A nur mit leichtester Fahrlässigkeit den Unfall verursacht hat, besteht ein Freistellungsanspruch des A gegen den X in voller Höhe, sodass im Innenverhältnis der X den gesamten Schaden tragen muss (sog. innerbetrieblicher Schadensausgleich).

2. Ansprüche des X gegen A aus § 280 I BGB wegen Verletzung des Arbeitsvertrags wegen Schlechterfüllung bestehen aus gleichem Grunde nicht, da A auch gegenüber X einen Freistellungsanspruch besitzt.

hemmer-Methode: Beachten Sie, dass bei Ansprüchen des Arbeitgebers gegen den Arbeitnehmer die Beweislastumkehr des § 280 I S.2 BGB nicht gilt, vgl. § 619a BGB.

§ 280 I des Gesellschaftsvertrages

Für den Anspruch auf Schadensersatz wegen Schlechterfüllung des *Gesellschaftsvertrags* gilt es, ebenfalls einige examenswichtige Sonderprobleme zu kennen: Zum einen ist dies die *Haftungserleichterung* des § 708 BGB auf die Sorgfalt in eigenen Angelegenheiten, vgl. § 277 BGB, zum anderen die Frage, ob *§ 31 BGB analog* als Zurechnungsnorm in Betracht kommt.[169]

hemmer-Methode: Denken in Zusammenhängen! Wichtig ist, dass Sie die verschiedenen Beispiele unter den Rn. 270 ff. abschließend noch einmal im Zusammenhang betrachten: Diesen Beispielen ist gemeinsam, dass das Gesetz keine konkurrierenden Vorschriften enthält. Es kommt deshalb auch nicht darauf an, den Anwendungsbereich zu anderen Vorschriften abzugrenzen. Die Frage der Subsidiarität stellt sich dann i.d.R. gar nicht. Wichtiger ist in diesem Anwendungsbereich des § 280 I BGB vielmehr, dass Sie überhaupt wissen, dass sie Anwendung findet, und dass Sie darüber hinaus ein paar der häufig mit diesen Anwendungsfällen kombinierten Folgeprobleme kennen.

§ 280 I bei Nebenpflichtverletzung des Vermieters

Im Rahmen des Mietrechts kommt dem § 280 I BGB nur eine sehr untergeordnete Rolle zu, da der Anwendungsbereich der gesetzlichen Regelungen §§ 536, 536a BGB zumindest für Ansprüche des Mieters kaum Regelungslücken enthält.

So ist nach h.M. von § 536a BGB auch der Mangelfolgeschaden umfasst, da ansonsten das Nebeneinander mit der Minderungsmöglichkeit gem. § 536 BGB, welche den Mangelschaden bereits abdeckt, keinen Sinn ergeben würde.[170]

---

168 Vgl. dazu PALANDT, § 611, Rn. 158 ff.; HEMMER/WÜST, ArbeitsR, Rn. 634 ff., 641.
169 Mittlerweile ganz h.M. und gefestigte Rechtsprechung seit **BGH Life & Law 2003, 385 ff.** = NJW 2003, 1445 ff.
170 Dazu schon ausführlich oben Teil I, Rn. 209 ff.

Ein Anwendungsbereich bleibt aber insoweit, als Nebenpflichtverletzungen vorliegen, die *keinen Mangel* der Mietsache zur Folge haben. Dies wird insbesondere bei der Verletzung von *Auskunfts- oder Beratungspflichten* bei der Vermietung *gefährlicher* Gegenstände der Fall sein.

Bsp.: Pferdenarr P mietet sich in den Ferien von Gutsbesitzer G ein Pferd. Da gerade Hochsaison ist, kann ihm der G nur noch den Wallach „Hektor" geben. Dieses Pferd ist aber häufig unberechenbar. Um sich das gute Geschäft nicht entgehen zu lassen, weist G den P nicht darauf hin. Als P schließlich eine Weile problemlos reitet, dreht das Pferd durch und P kommt zu Fall. Er verlangt von G Schadensersatz.

Das Pferd konnte gemäß § 90a BGB entsprechend § 535 BGB vermietet werden. Ein Anspruch des P aus § 538 BGB ist im Fall aber nur schwer zu begründen, da ein Fehler des Pferdes kaum vertretbar ist. G ist aber insoweit aus § 280 I BGB haftbar, da er es schuldhaft unterlassen hat, den P auf die Gefährlichkeit des Tieres hinzuweisen.

hemmer-Methode: Die Frage, ob nicht eventuell ein Mitverschulden des P oder gar ein konkludenter Haftungsausschluss vorliegt, ist von der Frage, ob § 280 I BGB tatbestandlich vorliegt, streng zu trennen! Auch wenn P im Ergebnis keinen Anspruch zugesprochen bekommt, liegen dennoch die Grundvoraussetzungen des Schadensersatzes wegen Pflichtverletzung vor.

§ 280 I BGB bei Nebenpflichtverletzungen des Mieters (Bsp. Beschädigung der Mietsache)

Der Vermieter hat gegen den Mieter insbesondere dann Ansprüche aus § 280 I BGB, wenn dieser seinerseits Nebenpflichten verletzt. Insbesondere für den Fall der schuldhaften Beschädigung der Mietsache bzw. bei Verletzung von Schutzpflichten gegenüber dem Vermieter.

hemmer-Methode: Hier muss § 280 I BGB zur Teilunmöglichkeit der Rückgabepflicht, §§ 546, 280 I, III, 283 BGB abgegrenzt werden.

Zu beachten ist dabei, dass die Ansprüche des Vermieters aus § 280 I BGB wie alle anderen Ansprüche des Vermieters gegen den Mieter nach § 548 BGB verjähren.[171]

Häufiges klausurrelevantes Problem ist darüber hinaus die Frage, ob Ansprüche *weiterer* Mieter aus § 280 I BGB in Verbindung mit den Grundsätzen über den Vertrag mit Schutzwirkung zugunsten Dritter bestehen.

Dabei hängt die Beantwortung dieser Frage vom Einzelfall ab. Grundsätzlich ist ein Vertrag mit Schutzwirkung zumindest gegenüber Menschen, die mit dem Mieter in Hausgemeinschaft wohnen, anerkannt.[172] Nicht geschützt sind dagegen der Untermieter, da ihm eigene Ansprüche zustehen, sowie andere Mieter.[173]

Bsp.: B wohnt in einem Mietshaus, in dem alle Wohnungen dem Vermieter Hecht gehören. Sein Nachbar, der Rocker R, bringt häufig nachts „Gäste" mit in seine Wohnung, mit denen er dann ausgiebig bis in den Morgen hinein feiert. B meint, er könne nun von R Schadensersatz verlangen, da er Nächte lang nicht geschlafen habe.

Haben vertragliche Unterlassungsansprüche des B bestanden?

§ 280 I BGB i.V.m. Vertrag mit Schutzwirkung

Ansprüche könnten sich hier aus § 280 I BGB wegen Schlechtleistung des Mietvertrages in Verbindung mit den Grundsätzen über den Vertrag mit Schutzwirkung zugunsten Dritter ergeben.

---

171 PALANDT, § 548, Rn. 6, allerdings gilt dies nicht bei völliger Zerstörung der Mietsache (vgl. PALANDT, § 548, Rn. 9), dann gilt allerdings auch nicht § 280 I, sondern §§ 280 I, III, 283 BGB.
172 MüKo, § 328, Rn. 168.
173 MüKo, a.a.O.

Ein Schuldverhältnis besteht in Form des Mietvertrags. Die Mietsache wurde auch von R schuldhaft vertragswidrig gebraucht. Die Mitwirkung der Gäste muss sich der R nach § 278 BGB zurechnen lassen.[174] Für den Anspruch fehlt es jedoch am personenrechtlichen Einschlag, der Vermieter ist nicht für das Wohl und Wehe der übrigen Mieter verantwortlich. Deshalb kommt es auf die Frage, ob dem B überhaupt ein Schaden zugefügt wurde, gar nicht mehr an.

Ein Anspruch könnte sich aus einem Mietvertrag zugunsten Dritter (§ 328 BGB) ergeben. Dem Vermieter selbst steht ein Unterlassungsanspruch auch zu (§ 541 BGB). Rechtsgrundlage des Unterlassungsanspruchs ist also nicht § 280 I BGB! Doch liegen ohnehin nicht die Voraussetzungen des Vertrags zugunsten Dritter vor, da keine Indizien für einen dahingehenden Parteiwillen bestehen. Auch aus Vertrag mit Schutzwirkung zugunsten Dritter können keine Ansprüche hergeleitet werden.[175]

hemmer-Methode: Denken in Zusammenhängen! Es reicht nicht, bloß zu wissen, dass es die Möglichkeit der Anwendung des § 280 I BGB beim Mietvertrag gibt. Mindestens genauso wichtig ist die gleichzeitige Kenntnis typischer Examensprobleme, die regelmäßig in Zusammenhang mit den einzelnen Ansprüchen auftauchen. Notwendig ist deshalb die Kenntnis von Problemen des Vertrags zugunsten oder mit Schutzwirkung zugunsten Dritter, weil sie regelmäßig bei Ansprüchen aus Mietvertrag gefragt sind.[176]
Ein pauschales Lernen ist dabei weniger sinnvoll, da es sowohl Mietverträge mit als auch ohne Schutzwirkung zugunsten Dritter gibt. Dann müssen Sie zeigen, dass Sie den konkreten Fall lösen können. Wichtig ist dann auch, dass Sie Ihr Ergebnis begründen und anhand der Kriterien für den Vertrag mit Schutzwirkung herleiten:
- **Leistungsnähe**
- **Gläubigernähe**
- **Erkennbarkeit**
- **Schutzbedürftigkeit des Dritten**

Wer bloß hinschreibt, dass er weiß, dass der Vertrag ein solcher mit Schutzwirkung ist, ohne dies näher herzuleiten, lässt sich wertvolle Punkte in der Klausur entgehen!

2. Bestehen eines Schuldverhältnisses

Schuldverhältnis

Die Haftung aus § 280 I BGB geht über die Haftung des Deliktsrechts, also der bloßen Jedermannhaftung, hinaus. Dies offenbart sich zum einen durch die Anwendbarkeit des § 278 BGB beim Verschulden.[177]

Eine solche Besserstellung des Geschädigten gegenüber dem deliktischen Schädiger ist aber nur *im Rahmen eines Schuldverhältnisses* berechtigt. Hier obliegen den Parteien zusätzliche Verpflichtungen. Gleichgültig ist für § 280 I BGB aber, ob sich das Schuldverhältnis auf Vertrag oder Gesetz gründet.

Schuldverhältnis i.d.S. sind deshalb zunächst *alle* Verträge, also z.B. Kauf, Miete, Werkvertrag, Reisevertrag, Auftrag, Schenkung, Tausch etc., gleich, ob diese nur einseitig,[178] zweiseitig oder nur unvollkommen zweiseitig sind.

---

174 PALANDT, § 548, Rn. 7, danach sind Gäste Erfüllungsgehilfen des Vermieters.
175 Beachten Sie aber die Möglichkeiten nach § 862 I 2 BGB und den quasinegatorischen Unterlassungsanspruch nach §§ 12, 823 I, 862 I 2, 1004 I BGB analog; im Fall war aber nur nach vertraglichen Ansprüchen gefragt.
176 Vgl. HEMMER/WÜST, Basics ZivilR, Rn. 513 ff.
177 Vgl. dazu und zu den Ausnahmen unten Rn. 807 ff.
178 Z.B. auch bei der *Auslobung*, §§ 657 ff. BGB, wegen unberechtigten Ausschlusses eines Teilnehmers vom Architektenwettbewerb.

> **hemmer-Methode:** Achten Sie darauf, dass die Frage nach dem Bestehen eines Schuldverhältnisses von der Frage der Subsidiarität getrennt wird. Auch wenn z.B. der § 280 I BGB i.R.d. Reisevertragsrechts letztendlich kaum einen Anwendungsbereich hat, so besteht gleichwohl ein Schuldverhältnis; der § 280 I BGB ist deshalb *grundsätzlich* anwendbar. Er entfällt dann nur aus Subsidiaritätsgründen.

294

auch gesetzliche Schuldverhältnisse

Der Anwendungsbereich des § 280 I BGB ist aber auch bei *gesetzlichen* Schuldverhältnissen eröffnet, z.B. bei der GoA, bei der Abwicklung von Deliktsansprüchen,[179] bei öffentlichrechtlichen Sonderverbindungen[180] und auch bei der Grunddienstbarkeit.[181]

295

> **Bsp.:** Auf dem Grundstück des X ist eine Grunddienstbarkeit in Form eines Wegerechts zugunsten des F eingetragen. Durch ein Verschulden des Architekten A, den X mit dem Bau eines Hauses auf dem Grundstück beauftragt hat, wird das Haus so gebaut, dass eine Ausübung des Wegerechts nicht mehr möglich ist. F verlangt von X Schadensersatz.

296

> Ansprüche gegen X kommen hier aus § 280 I BGB wegen Verletzung der Grunddienstbarkeit[182] in Betracht. Diese ist ein gesetzliches Schuldverhältnis.[183]

> Der X ist auch gemäß § 1027 BGB[184] angehalten, die Grunddienstbarkeit nicht zu beeinträchtigen. Ein Verschulden des A ist dem X über § 278 BGB zuzurechnen. Der Anspruch aus § 280 I BGB besteht mithin dem Grunde nach.

Gefälligkeitsvertrag

Darüber hinaus wird die Haftung entsprechend den Grundsätzen des § 280 I BGB in solchen Fällen diskutiert, in denen es aufgrund (zumindest aus subjektiver Sicht) mangelnden Rechtsbindungswillens eigentlich an einem Schuldverhältnis *fehlt*, so z.B. beim Gefälligkeitsvertrag.

297

Dabei wird der Begriff des unentgeltlichen „Gefälligkeitsvertrags" (z.B. Schenkung, Leihe, Auftrag und Verwahrung) herangezogen, um zu begründen, dass auch ohne Entgelt Vertragspflichten begründet werden können.

> **Bsp.:**[185] Transportunternehmer A bittet Kollegen B, ihm einen seiner Fahrer auszuleihen, da sein eigener Fahrer ausgefallen ist. B überlässt ihm den ganz unerfahrenen F, der bei B noch nie selbst einen Laster gefahren hat. Der F verursacht mit dem Lkw des A einen Unfall. Da F mittellos ist, verlangt A nun von B Schadensersatz.

298

Rechtsbindungswille bei Gefälligkeitsvertrag

Ansprüche aus § 280 I BGB wegen Schlechterfüllung des Werkvertrags wegen Führung des Lkw entfallen, da diese nicht geschuldet war. Ein Anspruch des A gegen B könnte sich aber aus § 280 I BGB wegen Pflichtverletzung im Rahmen eines Gefälligkeitsvertrags (in Form des Dienstverschaffungsvertrags) ergeben. Dann müsste der B einen entsprechenden Rechtsbindungswillen gehabt haben. Wegen der Unentgeltlichkeit könnte man daran aber zweifeln.

---

179 Vgl. oben, Rn. 28.
180 PALANDT, § 280, Rn. 10.
181 Vgl. PALANDT, § 1027, Rn. 2.
182 Ansprüche aus § 280 I BGB wegen Verletzung des nachbarschaftlichen Gemeinschaftsverhältnis entfallen ohnehin, siehe unten, Rn. 301; ein Anspruch aus § 823 I,II BGB scheitert am eigenen Verschulden des X, der Anspruch aus § 831 BGB entfällt, da A kein Verrichtungsgehilfe ist. Allenfalls kommen noch Ansprüche aus § 1027 BGB i.V.m. § 1004 BGB in Betracht, dann aber zumindest nicht auf Naturalrestitution i.S. einer Beseitigung des Bauwerks, sondern entsprechend dem Rechtsgedanken des § 251 BGB auf Geldersatz.
183 PALANDT, § 1018, Rn. 1; § 1027, Rn. 2; sich selbst einschränkend aber bei § 1020, Rn. 1.
184 § 1020 BGB statuiert dagegen Rechte des Eigentümers, auch dieser kann aus § 280 I BGB Schadensersatz verlangen.
185 Angelehnt an BGHZ 21, 102 ff.

Doch soll nach der Rechtsprechung der Rechtsbindungswille anhand von objektiven Indizien gefolgert werden können, wie Art, Grund, Zweck, wirtschaftliche und rechtliche Bedeutung der Gefälligkeit sowie die weiteren Umstände des Einzelfalls. In Anbetracht der Bedeutung, die der Fahrt mit dem Lkw für A zukommt, soll B deshalb Rechtsbindungswillen besessen haben und folglich aus § 280 I BGB haftbar sein.[186]

Haftung nach Beendigung des Schuldverhältnisses

Nach Beendigung des Schuldverhältnisses wird ebenfalls eine Haftung aus § 280 I BGB in Einzelfällen anzunehmen sein.[187]

Bsp.: *A wohnt bei B zur Miete. A wird zum 01.06. wegen Eigenbedarfs gekündigt. Beim Auszug vergisst er eine kostbare Vase, die er im Keller untergebracht hat. Diese wird von einem zur Reparatur des Hauses beauftragten Handwerker am 05.06. grob fahrlässig zerstört. A verlangt von B Schadensersatz.*

Der Unterschied zur Haftung aus Delikt wird klar: H ist kein Verrichtungsgehilfe des B, sodass selbst bei rechtzeitiger Geltendmachung kein Anspruch gegen B aus § 831 BGB bestünde.

Nach h.M. besteht aber in diesem Fall ein Anspruch aus § 280 I BGB, weil eine über die Dauer des Vertrages hinausreichende nachvertragliche Schutzpflicht und damit notgedrungen auch ein nachvertragliches Schuldverhältnis besteht.[188] Eine Zurechnung des Verschuldens des H erfolgt dabei nach § 278 BGB. Da H grob fahrlässig handelte, kann die Frage, ob § 690 BGB analog auf diesen Fall anzuwenden ist, dahingestellt bleiben.

hemmer-Methode: Gefälligkeitsvertrag und nachvertragliche Pflichtverletzung sind Fälle, in denen das Bestehen eines Schuldverhältnisses und damit eine Haftung aus § 280 I BGB erst schwierig begründet werden muss. Sie bieten sich deshalb als Examensstoff geradezu an. Gleiches gilt auch für den Anspruch aus § 280 I BGB wegen Verletzung der Grunddienstbarkeit, der in Examensklausuren auch schon gefragt wurde.

nachbarschaftliches Gemeinschaftsverhältnis

Sonderproblem in diesem Zusammenhang ist deshalb das häufig in Klausuren diskutierte Problem der Anwendbarkeit des § 280 I BGB beim *Gemeinschaftsverhältnis* (§ 741 ff. BGB) bzw. beim *nachbarschaftlichen Gemeinschaftsverhältnis*.

Dabei gilt es zu beachten, dass die bloße Gemeinschaft selbst *kein* Schuldverhältnis ist.[189] Dementsprechend kommt auch keine Haftung aus § 280 I BGB in Betracht. Für ein Schuldverhältnis fehlt es an einer, wenn auch nur unvollkommenen, vertraglichen oder gesetzlichen Regelung gegenseitiger Verhaltenspflichten, wie z.B. bei der Gesellschaft.[190]

Die Rechtsgemeinschaft ist jedoch Grundlage gesetzlicher Schuldverhältnisse, die sich aus §§ 742 ff. BGB ergeben und deren Verletzung Schadensersatzansprüche begründen kann.[191]

Auch das nachbarschaftliche Gemeinschaftsverhältnis ist kein Schuldverhältnis i.d.S.[192]

---

186 Zum Ganzen m.w.Bsp. MEDICUS, BR, Rn. 365, der aber Haftung für jede Art der Fahrlässigkeit kritisiert (Rechtsgedanke des § 599 BGB).
187 Vgl. PALANDT, § 280, Rn. 7.
188 Vgl. MEDICUS, BR, Rn. 308; zu den Schutzpflichten allgemein vgl. PALANDT, § 280, Rn. 28; ebenso bei der Taxifahrt, bei der Bebauung eines Restgrundstücks durch den Verkäufer, Ausübung des Vermieterpfandrechts an unpfändbaren Sachen nach Vertragsbeendigung.
189 Vgl. PALANDT, § 741, Rn. 8.
190 Vgl. PALANDT, a.a.O.
191 PALANDT, § 741, Rn. 9.
192 Str., vgl. PALANDT, § 903, Rn. 13, a.A. WIELING, SachenR, § 23 II 1 m. N.

Bsp.: X lässt durch den Architekten A direkt an der Grenze zum Nachbarn N ein Schwimmbad bauen. Aufgrund falscher Berechnungen des A kommt es dabei zum Abrutschen von Grundstücksteilen des N. Dieser fordert von X Schadensersatz.

Nach e.A. bilden Nachbarn eine Gefahrengemeinschaft.[193] Dies solle zu einem vertragsähnlichen Schuldverhältnis mit gegenseitigen Schutzpflichten führen. Nach Meinung insbesondere der Rechtsprechung soll aber nur die Deliktshaftung (§§ 823 II, 907 BGB) greifen. Eine schuldrechtliche Verpflichtung, Beschädigungen zu unterlassen, bestehe nicht.[194] Eine Haftung aus § 280 BGB wegen Verletzung des nachbarschaftlichen Gemeinschaftsverhältnisses i.V.m. § 278 BGB kommt mithin nicht in Betracht, da es bereits an einem Schuldverhältnis fehlt.[195]

hemmer-Methode: Die Frage, ob im Fall ein Schuldverhältnis besteht, zielt vor allem auf die Frage ab, ob der N den X haftbar machen kann. Da § 280 I BGB ein Schuldverhältnis voraussetzt und dieses eine rechtliche Sonderverbindung i.S.v. § 278 BGB ist, käme es, je nachdem, welcher Ansicht man folgt, zu Ansprüchen des N gegen X.
Dasselbe Problem stellt sich auch im Rahmen der Frage nach der Verschuldenszurechnung bei § 912 BGB. Aufgrund dieser weit reichenden Konsequenzen besitzt das Problem des nachbarschaftlichen Gemeinschaftsverhältnisses besondere Klausurrelevanz. Entscheiden Sie sich aber immer konservativ mit dem BGH und lehnen Sie deshalb den Anspruch aus § 280 I BGB ab, denn eine ausufernde Haftung aus § 280 I BGB über das Deliktsrecht hinaus ist nicht gerechtfertigt. Außerdem ist der N nicht rechtlos gestellt, da ihm gegen A selbst Ansprüche aus Delikt zustehen.

Sonderfall: vermeintlicher/ unwirksamer Vertrag

Einen Sonderfall bildet die Geltung des § 280 I BGB beim unwirksamen bzw. nicht zustande gekommenen Vertrag, so wenn z.B. der zunächst wirksame Vertrag infolge Anfechtung wieder entfallen ist. Auch in den Fällen des unwirksamen Vertrages ist der Betroffene schutzwürdig.

Dies zumindest dann, wenn er seine Rechtsgüter aufgrund des vermeintlich wirksamen Vertrages einer gesteigerten Einwirkungsmöglichkeit durch den vermeintlichen Vertragspartner ausgesetzt hat. Dann ist auch ein die Anwendung des § 280 I BGB rechtfertigendes Vertrauensverhältnis gegeben, welches unabhängig von der Wirksamkeit eines Vertrages besteht.

Was im Rahmen der §§ 311 II, 241 II, 280 I BGB für das vorvertragliche Stadium gilt, muss aufgrund der intensiveren Einwirkungsmöglichkeit erst recht für das Erfüllungsstadium gelten.[196] Somit genügt für § 280 I BGB schon ein vermeintlicher Vertrag. Es darf aber der Schutzzweck der Unwirksamkeitsnorm nicht entgegenstehen.

3. Pflichtverletzung

Die Pflichtverletzung liegt in der mangelhaften Leistung des Schuldners. Der Schuldner hat zwar eine Leistung erbracht. Jedoch genügte die Leistung nicht der vertraglich geschuldeten Qualität.

---

193 Vgl. zum ganzen Brox, JA 1984, S.182 ff.(185).
194 Vgl. Brox, a.a.O.; danach sollen diese Grundsätze auch für die gemeinsame Benutzung einer Grenzmauer gelten.
195 Als weiterer Anspruch aus § 280 I könnte hier der Werkvertrag zwischen A und X mit Schutzwirkung zugunsten Dritter geprüft werden, doch fehlt es dafür am gesteigerten Gläubigerinteresse am Schutz des Dritten.
196 Schwerdtner, Jura 1980, S.213, 216; Medicus, BR, Rn. 201.

§ 9 ERSATZ SONSTIGER SCHÄDEN

4. Keine Widerlegung des vermuteten Vertretenmüssens, § 280 I 2 BGB

Verschulden als Anspruchsvoraussetzung

Eine Schlechtleistung führt nur dann zu einer Schadensersatzverpflichtung, wenn der Schuldner sie zu vertreten hat, § 280 I 2 BGB. Was der Schuldner zu vertreten hat, bestimmen die §§ 276 ff. BGB. Das Vertretenmüssen muss sich dabei auf die Pflichtverletzung und nicht auf den entstandenen Schaden beziehen.[197]

gemilderter Haftungsmaßstab

Zu beachten gilt es an diesem Prüfungspunkt zuletzt auch noch, dass sich aus dem jeweiligen Schuldverhältnis, in dessen Rahmen § 280 I BGB gegeben ist, *Milderungen des Verschuldensmaßstabs* ergeben können.

> *Bsp.: Passant A hilft dem B, der auf der Straße ausgerutscht ist und sich das Bein gebrochen hat. Dabei beschädigt er leicht fahrlässig dessen Kleidung.*
>
> Soweit der B den A nicht mit der Hilfe beauftragt hat, kommt hier als maßgebliches Schuldverhältnis nur eine berechtigte GoA in Betracht (§§ 677, 683 BGB). Ein Ersatzanspruch des B bezüglich seiner Kleidung könnte sich daher zunächst aus § 280 I BGB wegen Pflichtverletzung bei der berechtigten GoA ergeben.[198]
>
> Zu berücksichtigen ist aber die Haftungsmilderung des § 680 BGB, nach der bei einer GoA zur Gefahrenabwehr nur für grobe Fahrlässigkeit gehaftet wird. Da aber A nur leicht fahrlässig gehandelt hat, scheidet der Anspruch aus § 280 I BGB aus.
>
> Weiter könnten aber Ansprüche aus den §§ 823 ff. BGB in Betracht kommen. Würde man diese hier freilich durchgehen lassen, so liefe die Haftungsprivilegierung des § 680 BGB leer. § 680 BGB muss daher auch im Rahmen des Deliktsrechts angewendet werden.[199]

Da § 280 I BGB stets nur im Rahmen einer bestehenden Sonderverbindung anwendbar ist, muss der Schuldner regelmäßig auch für das Verschulden seiner Erfüllungsgehilfen gem. § 278 BGB einstehen. Für die Besonderheiten im Zusammenhang mit der Beweislast für das Verschulden hinsichtlich der Pflichtverletzung sei auf die Ausführungen weiter unten verwiesen.

Die Darlegungs- und Beweislast für das Vertretenmüssen trifft nach § 280 I 2 BGB den Schuldner. Der Schuldner muss also beweisen, dass ihn hinsichtlich der Pflichtverletzung kein Verschulden trifft.

hemmer-Methode: Eine Sonderregel für das Arbeitsrecht findet sich in § 619a BGB. Durch diese Vorschrift wird die Beweislast für das Vertretenmüssen verändert: Der Arbeitgeber hat zu beweisen, dass den Arbeitnehmer an der Pflichtverletzung ein Verschulden trifft.

5. Rechtsfolge: Schadensersatz

Schaden ⇨ Differenzhypothese

Weitere Voraussetzung für einen Anspruch aus § 280 I BGB ist das Vorliegen eines *Schadens*. Der ersatzfähige Schaden berechnet sich mittels der i.R.d. §§ 249 ff. BGB anzustellenden Differenzhypothese. Insoweit stellen sich keine besonderen Probleme.

Kausalität zw. Pflichtverletzung u. Schaden

Dieser Schaden muss auch durch die Pflichtverletzung kausal verursacht worden sein (sog. *haftungsausfüllende Kausalität*). Somit ist auch hier das Vorliegen von Äquivalenz, Adäquanz und Schutzzweck der Norm zu untersuchen.

---

197   BROX, SchuldR/AT, Rn. 299.
198   Vgl. Rn. 751.
199   PALANDT, § 680, Rn. 1.

> **hemmer-Methode:** Beachten Sie, dass bei § 280 I BGB nur die haftungsausfüllende Kausalität zu prüfen ist. Der Tatbestand des § 280 I BGB ist nämlich bloß eingliedrig, er setzt nur das Vorliegen einer Pflichtverletzung voraus. Eine haftungsbegründende Kausalität zwischen Verletzungshandlung und Rechtsgutverletzung wie bei § 823 I BGB scheidet daher schon denknotwendig aus!

II. Schadensersatz wegen der Verletzung nicht leistungsbezogener Pflichten

§ 280 I BGB wegen Verletzung nicht leistungsbezogener Pflichten

§ 280 I BGB gewährt einen Schadensersatzanspruch nicht nur bei der Verletzung einer Leistungspflicht, sondern auch bei der Verletzung von nicht leistungsbezogenen (Neben)Pflichten im Sinne von § 241 II BGB.

Der Gläubiger kann zwar die Beachtung dieser Nebenpflichten nicht einklagen. Verletzt der Schuldner sie aber in zu vertretender Weise, so macht er sich schadensersatzpflichtig.

Der Schadensersatzanspruch nach den §§ 280 I, 241 II BGB hat folgende Voraussetzungen:

> 1. Anwendbarkeit
> 2. Bestehen eines Schuldverhältnisses
> 3. Pflichtverletzung
> 4. Keine Widerlegung des vermuteten Vertretenmüssens, § 280 I 2 BGB
> 5. RF: Schadensersatz

1. Anwendbarkeit

Die Anwendbarkeit des § 280 I BGB bereitet bei den Nebenpflichtverletzungen weniger Probleme. Im besonderen Schuldrecht sind nämlich keine Sonderregeln für Schutzpflichtverletzungen enthalten.

2. Bestehen eines Schuldverhältnisses

Wie oben ausgeführt setzt § 280 I BGB das Bestehen eines Schuldverhältnisses voraus. Es reichen alle Arten von Schuldverhältnissen aus.

> **hemmer-Methode:** Die Ausführungen zu Rn. 291 ff. gelten entsprechend.

3. Pflichtverletzung

Es muss eine Nebenpflicht im Sinne des § 241 II BGB verletzt worden sein. Nach § 241 II BGB verpflichtet das Schuldverhältnis auch zur Rücksicht auf die Rechte, Rechtsgüter und Interessen der anderen Seite, sog. nicht leistungsbezogene Pflichten.

Im Unterschied zur Schlechtleistung betrifft die *Verletzung der nicht leistungsbezogenen Pflichten* all die Fälle, in denen der Schuldner eine über die Erbringung der vertraglich vereinbarten Leistung hinausgehende Pflicht verletzt.[200]

---

200 Vgl. SCHÜNEMANN, JuS 1987, S. 6.

§ 9 ERSATZ SONSTIGER SCHÄDEN

Angesichts der Vielfalt möglicher Nebenpflichten bietet sich eine Einteilung in *Fallgruppen* an.

a) Schutzpflichtverletzung

Schutzpflichtverletzung

Bei der Abwicklung des Schuldverhältnisses trifft den Schuldner weiter die (Neben-)Pflicht, sich so zu verhalten, dass Person, Eigentum und sonstige Rechtsgüter des anderen Teils nicht verletzt werden.[201]

Dies hat zur Folge, dass im Rahmen von Verträgen die allgemeinen Verkehrssicherungspflichten zu vertraglichen Nebenpflichten werden.[202] Demnach haftet der Schuldner auch für schuldhafte Schutzpflichtverletzungen seines Erfüllungsgehilfen aus § 280 I i.V.m. § 278 BGB.

> **Bsp.:** Beim Verlegen eines neuen Teppichbodens stößt A, der Angestellte des W, fahrlässig gegen eine Vitrine des B mit Meißener Porzellan. B verlangt von W Schadensersatz.
>
> B könnte von W Schadensersatz aus den §§ 280 I, 241 II BGB wegen Verletzung des Werkvertrages verlangen. Die Zerstörung des Porzellans stellt eine Verletzung der Schutzpflicht als vertraglicher Nebenpflicht des W dar. Jedoch trifft W selber kein Verschulden an der Zerstörung, da er selbst nicht gehandelt hat. Im Rahmen vertraglicher Schadensersatzansprüche muss sich W jedoch das Verschulden seines Erfüllungsgehilfen A gem. § 278 BGB zurechnen lassen. Somit ist der Anspruch des B gegen W aus den §§ 280 I, 241 II BGB begründet.
>
> Als deliktischer Schadensersatzanspruch kommt hier nur § 831 BGB in Betracht, der jedoch ausscheidet, sofern sich W für A gem. § 831 I 2 BGB exkulpieren kann.

hemmer-Methode: Lernen in Zusammenhängen! Die Fallgruppe der Schutzpflichtverletzung findet sich identisch auch i.R.d. §§ 311 II, 241 II, 280 I BGB und beim Vertrag mit Schutzwirkung zugunsten Dritter wieder.

b) Verletzung von Aufklärungs- und Auskunftspflichten

Aufklärungs-/Auskunftspflichten

Sofern den Schuldner eine Aufklärungs- bzw. Auskunftspflicht trifft, begründet die schuldhafte Verletzung dieser Nebenpflicht einen Anspruch aus § 280 I BGB.

Exkurs: Leistungsbezogene Aufklärungs- und Auskunftspflichten

Es gibt *Aufklärungs- und Auskunftspflichten*, auf deren Erfüllung geklagt werden kann, sog. leistungsbezogene Pflichten.

aus Gesetz

Da dem BGB eine allgemeine Auskunftspflicht des Schuldners fremd ist, bedarf es zu deren Annahme stets eines speziellen Entstehungsgrundes. Dabei kann sich die Auskunfts- oder Aufklärungspflicht entweder aus dem *Gesetz* selbst (z.B. §§ 666, 681 S. 2, 713, 1379, 2027, 2314 BGB), einer *vertraglichen Vereinbarung* oder aus *Treu und Glauben* (§ 242 BGB) ergeben.

aus Vertrag

Auskunftspflichten aus Vertrag erwachsen regelmäßig i.R. eines *Auskunftsvertrages*, vgl. § 675 II BGB, dessen Abschluss auch stillschweigend möglich ist.

---

201 PALANDT, § 280, Rn. 28.
202 BGH, DB 1976, 1282.

Dann handelt es sich allerdings um Hauptleistungspflichten. Bei Vertragsverhandlungen, in denen die Parteien regelmäßig entgegengesetzte Interessen verfolgen, muss dagegen nicht jeder Umstand, der für die andere Partei nachteilig sein könnte, offenbart werden.

Exkurs Ende

Macht eine Vertragspartei jedoch tatsächliche Angaben, die für den Vertragsschluss der anderen Partei von Bedeutung sind, so müssen diese richtig sein, und zwar *auch* dann, *wenn eine Offenbarungspflicht nicht besteht*, sog. nicht leistungsbezogene Aufklärungs- und Auskunftspflichten.[203]

Eine Aufklärungspflicht als nicht leistungsbezogene (Neben)Pflicht eines Vertrages kommt dann in Betracht, wenn einer der Vertragsparteien Umstände bekannt sind, die für die andere Partei bei der Vertragsabwicklung wesentlich sind und dies auch der aufklärungspflichtigen Partei erkennbar war.[204] Dabei ist die Grenze zur Auskunftspflicht aus *Treu und Glauben* fließend.

316

aus Treu und Glauben

Eine aus § 241 II (i.V.m. § 242 BGB) hergeleitete Auskunftspflicht besteht, wenn

317

⇨ zwischen den Vertragsparteien eine Sonderverbindung i.S. eines (zumindest dem Grunde nach bestehenden) Leistungsanspruchs besteht,[205]

⇨ der die Auskunft verlangende Teil ohne Mitwirkung des anderen Teils nicht in der Lage ist, sich die entsprechende Information selbst zu verschaffen

⇨ und wenn dem Verpflichteten die Erteilung der Auskunft zumutbar ist.[206]

Bsp.: Handelsvertreter V ist als sog. Vermittlungsvertreter für den Unternehmer U unterwegs, um dessen Baumaschinen „an den Mann zu bringen". Eines Tages gelingt es ihm, mit dem Bauunternehmer B über den Kauf diverser Maschinen im Wert von 175.000 € handelseinig zu werden.

318

Obwohl dem V aus sicherer Quelle die zweifelhafte Solvenz des B bekannt ist, informiert er den U von dem Kaufinteresse des B, ohne seine ernsthaften Zweifel hinsichtlich der Bonität des B mitzuteilen, da er sich die lukrative Vermittlungsprovision nicht entgehen lassen will. Es kommt zum Vertragsschluss zwischen U und B. Wozu es nicht mehr kommt, ist die Bezahlung des Kaufpreises, da B vorher zahlungsunfähig wird und ein Insolvenzverfahren mangels Masse nicht eröffnet wird, vgl. § 26 I InsO. U verlangt nun von V Schadensersatz.

Der Anspruch des U könnte aus den §§ 280 I, 241 II BGB wegen Verletzung des Handelsvertretervertrages mit V begründet sein. Zwar ist V seinen vertraglichen Hauptpflichten gem. §§ 86, 90 HGB ordnungsgemäß nachgekommen. Möglicherweise hat er jedoch eine ihm obliegende Aufklärungspflicht über die Solvenz des B als Nebenpflicht seines Vertrages verletzt. U hat dem V die Vertragsanbahnung mit potentiellen Kunden des U überlassen und es war dem V auch erkennbar, dass die Solvenz der möglichen Vertragspartner für U einen wesentlichen Umstand darstellt.

---

203 BGH NJW-RR 1997, 144.
204 Z.B. Aufklärungspflicht der Bank bei Verleitung eines Kunden, in Aktien auf Kredit zu spekulieren, BGH NJW 1997, 1361; Aufklärungspflicht des Verkäufers einer Eigentumswohnung, dass Wohnungsgemeinschaft tiefgreifend zerstritten, OLG Düsseldorf, NJW 1997, 1079.
205 BGH NJW-RR 1989, 450.
206 BGHZ 81, 25.

Deshalb oblag dem V die vertragliche Nebenpflicht, den U über begründete Zweifel an der Zahlungsfähigkeit möglicher Vertragspartner aufzuklären. Dies hat V hier schuldhaft unterlassen, obwohl ihm eine derartige Unterrichtung zumutbar war. Auf die Übernahme des sog. Delkredererisikos durch V (vgl. § 86 b HGB) kommt es in diesem Fall gar nicht mehr an.

Somit ist der Anspruch des U auf Schadensersatz aus § 280 I BGB begründet. V hat den U deshalb gem. § 249 S. 1 BGB so zu stellen, wie U ohne die Pflichtverletzung des V stehen würde, d.h. er hat den Ausfall der Kaufpreisforderung gegen B zu ersetzen.

c) Verletzung von Mitwirkungspflichten

Mitwirkungspflichten

Als weitere Fallgruppe der Nebenpflichtverletzung kommt schließlich die Verletzung einer sog. *Mitwirkungspflicht* in Betracht.

Darunter wird die Pflicht verstanden, im Zusammenwirken mit dem anderen Vertragsteil die Voraussetzungen für die Durchführung des Vertrages zu schaffen und evtl. Erfüllungshindernisse zu beseitigen.[207]

hemmer-Methode: Insoweit ist die Mitwirkungspflicht von der Mitwirkungshandlung des Gläubigers, deren Unterlassung gem. § 293 BGB Gläubigerverzug begründet,[208] zu unterscheiden.
Während i.R.d. § 280 I BGB die Mitwirkungspflicht sich auf das wirksame Zustandekommen des Vertrages bezieht, ist die Mitwirkungshandlung des Gläubigers i.S.d. § 293 BGB für die Erfüllung einer bereits wirksam begründeten Leistungspflicht des Schuldners Voraussetzung.
Rechtsfolge der Verletzung einer Mitwirkungspflicht ist Schadensersatz aus § 280 I BGB.
Die Mitwirkungshandlung bei der Erfüllung stellt lediglich eine Obliegenheit des Gläubigers dar, deren Verletzung über §§ 300, 326 II 1, 2.Alt. BGB allenfalls zu einem Verlust von Rechten des Gläubigers, nicht aber zu einer Schadensersatzverpflichtung führt.

u.a. bei Genehmigungsbedürftigkeit

Hauptsächlicher Anwendungsbereich der Mitwirkungspflichten sind die Fälle der *Genehmigungsbedürftigkeit* bestimmter Handlungen. Danach sind die Vertragsparteien verpflichtet, alles für die Erteilung der Genehmigung Erforderliche zu tun bzw. die Schaffung von Genehmigungshindernissen zu unterlassen.[209]

Es muss jedoch unterschieden werden, ob die Genehmigung für die Wirksamkeit oder für die ordnungsgemäße Durchführung des Vertrages erforderlich ist.

⇨ Im ersten Fall kommt dann wegen des Fehlens einer Sonderverbindung allenfalls ein Anspruch aus den §§ 311 II, 241 II, 280 I BGB in Betracht.[210]

⇨ Lediglich im zweiten Fall ist Raum für eine Haftung aus §§ 280 I, 241 II BGB.

Bsp.: A will für seine Familie ein repräsentatives Domizil schaffen. Deshalb schließt er mit B einen Vertrag über die Errichtung einer dreigeschossigen Villa. Die erforderliche Baugenehmigung liegt noch nicht vor. Als seine Familie beschließt, in die Toskana umzusiedeln, denkt A gar nicht mehr daran, die Baugenehmigung zu beantragen. Vielmehr hofft er, um die vereinbarte Vergütung des B herumzukommen, da dieser infolge fehlender Baugenehmigung überhaupt nicht mit der Errichtung des Hauses beginnen kann (vgl. § 641 BGB).

---

207 PALANDT, § 280, Rn. 29.
208 Siehe oben Rn. 541.
209 BGHZ 67, 35.
210 PALANDT, § 280, Rn. 30.

B, der in Erwartung des baldigen Baubeginns einige lukrative Angebote ausgeschlagen hat, verlangt von A kurz vor dessen Abreise in die Toskana Schadensersatz.

B könnte von A aus § 280 I BGB Schadensersatz verlangen, wenn in der unterlassenen Beantragung der Baugenehmigung eine Verletzung der Mitwirkungspflicht des A i.R. des Werkvertrages zu sehen ist.

Zwischen A und B ist ein wirksamer Werkvertrag zustande gekommen. Da ohne Erteilung der Baugenehmigung nicht mit der Errichtung der Villa begonnen werden konnte, war die Beantragung der Baugenehmigung aber Voraussetzung dafür, dass der wirksam zustande gekommene Werkvertrag ordnungsgemäß von B erfüllt werden kann.

Indem A den Bauantrag nicht stellte, vereitelte er die Durchführung des Vertrages. A ist somit seiner Mitwirkungspflicht aus dem Werkvertrag nicht nachgekommen. Da dies auch schuldhaft geschah, kann B aus § 280 I BGB Ersatz des ihm entstandenen Schadens (nach § 252 BGB den ihm entgangenen Gewinn aus den anderen Verträgen) verlangen.[211]

4. Keine Widerlegung des vermuteten Vertretenmüssens, § 280 I 2 BGB

Vertretenmüssen als Anspruchsvoraussetzung

Eine Schlechtleistung oder Nebenpflichtverletzung führt nur dann zu einer Schadensersatzverpflichtung, wenn sie zu vertreten ist, wobei dieses gem. § 280 I 2 BGB vermutet wird. Für das Vertretenmüssen gelten die §§ 276 ff. BGB.

hemmer-Methode: Die Ausführungen zu Rn. 305 ff. gelten entsprechend.

5. Schaden

Schaden ⇨ Differenzhypothese

Weitere Voraussetzung für einen Anspruch aus § 280 I BGB ist das Vorliegen eines *Schadens*. Der ersatzfähige Schaden berechnet sich mittels der i.R.d. §§ 249 ff. BGB anzustellenden Differenzhypothese.[212] Insoweit stellen sich keine besonderen Probleme.

Kausalität zw. Pflichtverletzung u. Schaden

Dieser Schaden muss auch durch die Pflichtverletzung kausal verursacht worden sein (sog. *haftungsausfüllende Kausalität*). Somit ist auch hier das Vorliegen von Äquivalenz, Adäquanz und Schutzzweck der Norm zu untersuchen.

hemmer-Methode: Beachten Sie, dass bei § 280 I BGB nur die haftungsausfüllende Kausalität zu prüfen ist. Der Tatbestand des § 280 I BGB ist nämlich bloß eingliedrig, er setzt nur das Vorliegen einer Pflichtverletzung voraus. Eine haftungsbegründende Kausalität zwischen Verletzungshandlung und Rechtsgutverletzung wie bei § 823 I BGB scheidet daher schon denknotwendig aus, da für diesen Anspruch keine Rechtsgutsverletzung vorausgesetzt wird!
Die mit der Schadensersatzreform erfolgte „Generalisierung des Anspruches auf Schmerzensgeld"[213] hat aber zur Folge, dass unter den Voraussetzungen des § 253 II BGB auch bei nicht deliktischen Schadensersatzansprüchen (Vertrag, Gefährdungshaftung) Schmerzensgeld gewährt wird.
Dies hat für den Aufbau im Gutachten zur Folge, dass man (bei einem Anspruch aus § 823 I BGB i.R.d. Rechtsgutsverletzung) bei der „Haftungsausfüllung" (d.h. auf der Rechtsfolgenseite) die Verletzung des Körpers bzw. der Gesundheit prüfen muss.

---

211 Vgl. RGZ 122, 251.
212 Siehe Teil I, Rn. 34 ff.
213 Vgl. dazu WAGNER in NJW 2002, 2049, [2053 ff.].

§ 9 ERSATZ SONSTIGER SCHÄDEN

Kausalität

Der Gläubiger muss auch die *Kausalität* zwischen Pflichtverletzung und Schaden beweisen. Diesbezüglich gelten aber folgende Ausnahmen: 325

⇨ Im Arzthaftungsrecht tritt bei einem groben Behandlungsfehler eine Umkehr der Beweislast ein[214].

⇨ Dasselbe gilt entsprechend für die grobe Verletzung sonstiger Berufspflichten.[215]

⇨ Bei der Verletzung von Aufklärungspflichten ist der Schuldner beweispflichtig dafür, dass der Schaden auch bei pflichtgemäßem Verhalten entstanden wäre.[216]

6. Verjährung

grds. § 195 BGB

Ansprüche aus § 280 I BGB unterliegen grundsätzlich der regelmäßigen Verjährung gem. den §§ 195, 199 I BGB. Unabhängig von der Kenntnis verjährt der Anspruch in 10 bzw. 30 Jahren, vgl. § 199 II, III BGB. 326

Eine davon abweichende Verjährungsfrist kann sich allerdings im Zusammenhang mit einer im Gesetz vorgesehenen kürzeren Verjährungsfrist für bestimmte vertragliche Ansprüche ergeben.

im Kaufrecht § 438 BGB mögl.

Bezieht sich die Pflichtverletzung auf einen Mangel der verkauften Sache, so ist umstritten, welcher Verjährung der Anspruch auf Ersatz der dadurch entstandenen Mangelfolgeschäden unterliegt. 327

M.M. Verjährung nach §§ 195, 199 BGB

Nach teilweise vertretener Ansicht handelt es sich bei der Verursachung eines Mangelfolgeschadens auch um eine Schutzpflichtverletzung i.S.d. § 241 II BGB, sodass sich der Ersatzanspruch nach §§ 280 I, 241 II BGB bestimmt und der Regelverjährung der §§ 195, 199 BGB unterliegt[217].

h.M.: Verjährung nach § 438 BGB

Diese Ansicht ist nicht überzeugend. Nach § 433 I 2 BGB ist der Verkäufer zur mangelfreien Lieferung verpflichtet.

Gleichzeitig hat der Gesetzgeber mit § 437 Nr.3, 280 ff. BGB anerkannt, dass die Verletzung dieser Pflicht zu einer Haftung des Verkäufers sowohl für Mangel- als auch Mangelfolgeschäden führen kann.

Der Anspruch auf Ersatz der Mangelfolgeschäden beruht daher nach h.M. auf §§ 437 Nr. 3, 280 I BGB und unterliegt der Verjährung des § 438 BGB. Diese Entscheidung des Gesetzgebers darf aber nicht dadurch unterlaufen werden, indem man im Hinblick auf Mangelfolgeschäden allein mit der Verletzung von Schutzpflichten argumentiert und so zu einer Anwendung der §§ 195, 199 BGB gelangen will.

Auch wenn man neben der Verletzung der Pflicht zur mangelfreien Leistung eine Schutzpflicht bejaht (ebenfalls strittig), so muss es bei der Verjährung nach § 438 BGB als Spezialnorm bleiben[218].

---

214 Vgl. zuletzt **BGH NJW 2004, 2011 ff.**
215 Vgl. BGHZ 85, 212.
216 BGH NJW-RR, 1997, 144.
217 So tatsächlich CANARIS; Schuldrechtsmodernisierung, 2002, XXVIII, EHRMANN/SUTSCHET, Modernisiertes Schuldrecht, 2002, Seite 210; REISCHL, Grundfälle zum neuen Schuldrecht, JuS 2003, 40 [46 f.].
218 Mankowski, Die Anspruchsgrundlage für den Ersatz von Mangelfolgeschäden, in JuS 2006, 481 [485]; ARNOLD, Der neue § 438 BGB – eine Zwischenbilanz, ZGS 2002, 438 [439]; HUBER/FAUST, Schuldrechtsmodernisierung, 2002, Rn. 14 und Rn. 20 f.; DAUNER-LIEB/ARNOLD/DÖTSCH/KITZ, Fälle zum neuen Schuldrecht, 2002, Seite 306; PALANDT, § 438, Rn. 3.

im Mietrecht § 548 BGB mögl.	Ansprüche des Vermieters gegen den Mieter wegen schuldhafter Verschlechterung der Mietsache unterliegen ebenfalls der kurzen Verjährungsfrist des § 548 BGB.[219]	328
bei Werkvertrag § 634a BGB mögl.	Im Rahmen eines Werkvertrages unterliegen die Ansprüche des Bestellers auf Ersatz der Mangelfolgeschäden (wie im Kaufrecht) der kurzen Verjährung nach § 634a BGB.[220]	329
	Soweit der Anspruch aus § 280 I BGB den Erfüllungsanspruch ergänzt (z.B. bei Verletzung einer Mitwirkungs- oder Aufklärungspflicht), richtet sich die Verjährung danach, in welcher Frist der Erfüllungsanspruch verjährt wäre.[221]	330
	hemmer-Methode: Achten Sie auf die Fallkonstellation! Regelmäßig werden Sie auf die Verjährungsfragen bei § 280 I BGB gar nicht eingehen müssen. Insbesondere bei „Kaufrechtsklausuren" sollten Sie aber, sofern Ansprüche aus § 280 I BGB in Betracht kommen, besonderes Augenmerk auf die Verjährungsproblematik legen. Dann gilt es zu beachten, dass die Regelung des § 438 BGB nur auf Nebenpflichtverletzungen anzuwenden ist, die mit einem Sachmangel in Zusammenhang stehen. Übrige Nebenpflichtverletzungen (z.B. die Hilfspersonen des Verkäufers zerkratzen bei der Anlieferung die Eingangstür des Käufers) verjähren regelmäßig nach § 195 BGB. Gleiches gilt für das Werkvertragsrecht.	331

---

[219] PALANDT, § 548, Rn. 7.
[220] PALANDT, § 634a, Rn. 5.
[221] BGHZ 50, 29; 73, 269.

§ 10 SCHADENSERSATZ WEGEN VORVERTRAGLICHER PFLICHTVERLETZUNG

culpa in contrahendo, §§ 280 I, 311 II BGB

In Rechtsprechung und Praxis hat sich der quasivertragliche Anspruch aus c.i.c. (§§ 280 I, 311 II BGB) zu einem sehr „flexiblen Allzweckinstrument"[222] entwickelt, das daher auch in vielen Klausuren eine wichtige Rolle spielt. Dieses gesetzliche Schuldverhältnis wurde durch die Schuldrechtsreform in § 311 II BGB verankert.

A. Einleitung

I. Entstehungsgeschichte

Schwäche des Deliktsrechts als Grund für c.i.c.

Grund für die Ausgestaltung der Lehre von der c.i.c. ist die **Schwäche des Deliktsrechts**:

⇨ Das Vermögen als solches wird durch § 823 I BGB überhaupt nicht und von § 826 BGB nur unter strengen Voraussetzungen im subjektiven Bereich, nämlich bei vorsätzlicher, sittenwidriger Schädigung geschützt.

⇨ Das Deliktsrecht sieht bei der Haftung für Hilfspersonen nur § 831 BGB vor, der zum einen nur für weisungsabhängige Verrichtungsgehilfen gilt und im Übrigen einen Entlastungsbeweis vorsieht, § 831 I 2 BGB.

⇨ Das Verschulden muss i.R.d. §§ 823 ff. dem Schädiger nachgewiesen werden (*Ausnahme: Arzt- und Produzentenhaftung*), wohingegen bei § 280 I 2 BGB eine Beweislastumkehr geregelt ist.

Um diese Schwächen des Deliktsrechts zu vermeiden, lässt man gemäß § 311 II BGB schon den Eintritt in Vertragsverhandlungen genügen, um eine Sonderrechtsbeziehung zu begründen, in der die Vorschriften über Schuldverhältnisse anwendbar sind, insbesondere also die §§ 278, und 280 I 2 BGB: Der bloße geschäftliche Kontakt führt dazu, dass die Partner schon zu Sorgfaltspflichten verpflichtet sind.[223]

Vorteile der c.i.c.:

⇨ **umfassender Vermögensschutz**; §§ 823 ff. setzen i.d.R. Verletzung bestimmter Rechtsgüter voraus

⇨ **Verschuldenszurechnung** bei Hilfspersonen über § 278; dagegen gibt § 831 (eigene Anspruchsgrundlage!) dem Schädiger in § 831 I 2 eine Entlastungsmöglichkeit („Exkulpation")

⇨ **Beweislastumkehr**, § 280 I 2: bzgl. des Vertretenmüssens muss sich der Schädiger entlasten

---

222 EMMERICH, Jura 87, 567.
223 RG 95, 58; BGH 6, 333.

II. Rechtsgrundlage

Rechtsgrundlage: §§ 311 II, 241 II, 280 I BGB

Das gesetzliche Schuldverhältnis ist in § 311 II BGB geregelt. Danach kann sich ein Schuldverhältnis mit Pflichten nach § 241 II BGB bereits durch die Aufnahme von Vertragsverhandlungen ergeben. Bei Verletzung dieser vorvertraglichen Pflichten kommt dann ein Anspruch auf Schadensersatz nach § 280 I BGB in Betracht.

Spezialregeln in den §§ 122, 179 BGB

Im allgemeinen Teil finden sich Spezialregeln für bestimmte vorvertragliche Pflichtverletzungen. Durch diese Sondertatbestände wird aber die Anwendung der §§ 311 II, 241 II, 280 I BGB nicht ausgeschlossen.

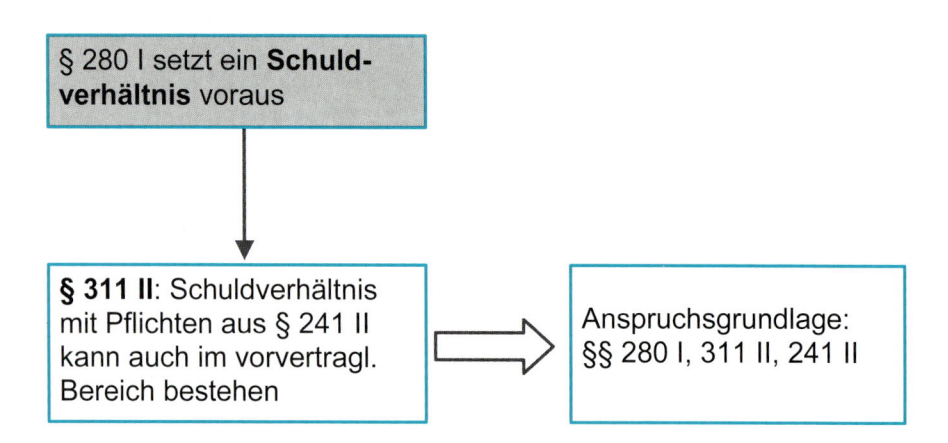

```
┌─────────────────────────────┐
│ § 280 I setzt ein Schuld-   │
│ verhältnis voraus           │
└─────────────┬───────────────┘
              │
              ▼
┌─────────────────────────┐       ┌─────────────────────────┐
│ § 311 II: Schuldverhältnis│       │                         │
│ mit Pflichten aus § 241 II│  ══▶  │ Anspruchsgrundlage:     │
│ kann auch im vorvertragl. │       │ §§ 280 I, 311 II, 241 II│
│ Bereich bestehen          │       │                         │
└─────────────────────────┘       └─────────────────────────┘
```

B. Die Voraussetzungen der §§ 311 II, 241 II, 280 I BGB

Prüfungsschema

Im Überblick ergibt sich für die Voraussetzungen der §§ 311 II, 241 II, 280 I BGB folgendes Prüfungsschema:

> I. Anwendbarkeit im Hinblick auf vorrangige gesetzliche Regelungen
>
> II. Schuldverhältnis, §§ 280 I, 311 II BGB
>
> III. Pflichtverletzung, § 241 II BGB
>
> IV. Keine Widerlegung des vermuteten Vertretenmüssens, § 280 I 2 BGB
>
> V. Schaden
>
> VI. Kausalität
>
> VII. Evtl.: Anspruchskürzendes Mitverschulden (§ 254 BGB), Verjährung (§ 195 BGB) u.ä.

hemmer-Methode: Auch hier gilt wie bei allen Überblicken: Lernen Sie das Schema nicht stur auswendig, sondern versuchen Sie es dem konkreten Fall anzupassen. Wichtig ist, dass es Ihnen Ihre Prüfungsreihenfolge ermöglicht, alle im Sachverhalt angelegten Probleme in Ihrer Lösung unterzubringen: Probleme schaffen, nicht wegschaffen!

I. Die Anwendbarkeit der §§ 311 II, 241 II, 280 I BGB

Subsidiarität der c.i.c.

Die generalklauselartige Haftung der §§ 311 II, 241 II, 280 I BGB dient der Lückenschließung; sie ist daher nicht anwendbar, soweit abschließende gesetzliche Sonderregeln bestehen.

1. Abgrenzung der c.i.c. zum Sachmängelrecht

Mängelrechte

Der Anwendungsbereich der §§ 311 II, 241 II, 280 I BGB ist sehr weit. So genügt für sie im Rahmen des Verschuldens bereits jede einfache Fahrlässigkeit und eine Verjährung tritt nach den §§ 195, 199 BGB erst in drei Jahren ab Kenntnis oder grob fahrlässiger Unkenntnis ein.

Probleme ergeben sich allerdings weiterhin, wenn der Verkäufer vor Vertragsschluss schuldhaft einen Irrtum des Käufers über einen Mangel durch Falschangaben oder durch Nichtaufklärung bei bestehender Aufklärungspflicht erweckt oder erhalten hat.

Hierin ist sicher eine Pflichtverletzung i.S.v. §§ 241 II, 280 I 1 BGB zu sehen, der Verkäufer müsste dem Käufer den hieraus entstehenden Schaden nach §§ 311 II, 280 I BGB (c.i.c.[224]) ersetzen.

Konkurrenzproblem wg. unterschiedlicher Verjährungsfristen

Dieser Anspruch verjährt in drei Jahren, es gilt die regelmäßige Verjährungsfrist des § 195 BGB (Beginn gemäß § 199 I BGB). Demgegenüber kann der Käufer Ansprüche aufgrund der mangelhaften Lieferung im Regelfall gem. § 438 I Nr.3, II BGB nur innerhalb von *zwei* Jahren geltend machen.

Es besteht die Gefahr, dass bei Ablauf dieser zwei Jahre der Käufer sich darauf beruft, der Verkäufer habe ihn vor Vertragsschluss über den Mangel nicht aufgeklärt und hafte daher aus c.i.c.

Außerdem bestünde gem. §§ 280 I, 311 II, 249 I BGB ein Anspruch auf Vertragsaufhebung, ohne dass dem Verkäufer eine Frist zur Nacherfüllung gesetzt wurde bzw. es sich um eine erhebliche Pflichtverletzung gehandelt hat.

Grds. c.i.c.-Anspruch (-)

Um diese Sonderregeln des Mängelrechts nicht auszuhebeln, scheidet ein Anspruch aus c.i.c. gemäß §§ 280 I, 311 II BGB wegen schuldhaften Falschangaben bzw. einer Nichtaufklärung des Verkäufers bzgl. eines Mangels i.S.v. §§ 434, 435 BGB *nach* erfolgtem *Gefahrübergang* generell aus[225].

Anders nur bei Arglist des Verkäufers

Beim arglistigem Verschweigen eines Mangels bzw. arglistigem Vorspiegeln einer nicht vorhandenen Eigenschaft durch den Verkäufer stellt sich obiges Konkurrenzproblem nicht.

⇨ es gilt Regelverjährung, § 438 III BGB

Auch für die Mängelrechte gilt die regelmäßige Verjährungsfrist nach § 195 BGB gem. § 438 III BGB.

⇨ Pflichtverletzung bei Arglist erheblich

Ferner stellt ein arglistiges Verschweigen eines Mangels eine erhebliche Pflichtverletzung dar. Nach Ansicht des BGH kann auch bei einer objektiv geringfügigen Pflichtverletzung die Erheblichkeit i.d.R. bejaht werden, wenn der Verkäufer einen Mangel arglistig verschwiegen hat.[226] Das Abstellen auf die Pflichtverletzung des Verkäufers lässt auch Raum für die Berücksichtigung arglistigen Verhaltens, selbst wenn sich die Täuschung auf einen - objektiv betrachtet - kleinen Mangel bezieht. Das arglistige Verschweigen eines Mangels modifiziert auch in anderen Bereichen die Haftung stark zu Lasten des Verkäufers. So behält beispielsweise der Käufer seine Mängelrechte trotz grob fahrlässiger Nichtkenntnis vom Mangel, wenn der Verkäufer den Mangel arglistig verschwiegen hat (§ 442 I S. 2 BGB) bzw. wenn der Verkäufer die Mängelhaftung ausgeschlossen hat (§ 442 BGB).[227]

---

[224] Zur culpa in contrahendo (c.i.c.) ausführlich HEMMER/WÜST, Schuldrecht I, Rn. 194 ff., 233 ff.

[225] Ebenso Dauner-Lieb, Das neue Schuldrecht, S. 111.

[226] **BGH, BGH, Life & Law 2006, Heft 7, 439 ff.** = ZGS 2006, 236 ff.

[227] Der BGH wurde für diese Entscheidung bereits kritisiert. § 323 V S. 2 bzw. § 281 I S. 3 BGB würden die Erheblichkeit der **Pflichtverletzung** erfordern. Das sei die Schlechtleistung selbst. Also müsse der Mangel erheblich sein, weshalb die Täuschung als nicht leistungsbezogene Rücksicht-

⇨ Fristsetzung entbehrlich

Außerdem ist im Falle der Arglist eine Fristsetzung zur Nacherfüllung wegen Unzumutbarkeit für den Käufer gem. §§ 281 II, Alt. 2, 323 II Nr. 2 BGB bzw. § 440 S.1, Var.3 BGB entbehrlich.[228]

Aus diesem Grund ist nach überzeugender Ansicht der Anspruch aus c.i.c. neben den Mängelrechten anwendbar[229].

Bedeutung hat die c.i.c. in diesem Zusammenhang nur dann, wenn die §§ 280 I, 311 II, 241 II BGB ausnahmsweise Schadenspositionen erfassen, die von §§ 437 Nr.3, 280 I, 281, 283, 311a II BGB nicht erfasst werden bzw. wenn die Mängelrechte verjährt sind.

C.i.c.-Haftung aber anwendbar bei sonstigen Pflichtverletzungen

Uneingeschränkt anwendbar ist der Anspruch aus c.i.c. gemäß §§ 280 I, 311 II BGB wegen Pflichtverletzung im vorvertraglichen Bereich bei Verletzung *sonstiger* Pflichten i.S.d. § 241 II BGB, die sich nicht – wie oben – auf die Mangelhaftigkeit der Kaufsache beziehen. Hier besteht kein Konkurrenzproblem, das die Anwendbarkeit dieses Anspruches ausschließen könnte.

Konkurrenz zwischen c.i.c. und §§ 434 ff.

Problem: Gefahr der Umgehung der kurzen Verjährung des § 438 I Nr. 3 (2 Jahre) durch §§ 195, 199 (3 Jahre)

⇨ c.i.c. **(+)** bei Pflichtverletzungen, die sich **nicht** auf Sach- oder Rechtsmänge i.S.d. §§ 434, 435 beziehen

⇨ c.i.c. **(-)** bei Falschangaben bzgl. **Sach- oder Rechtsmängeln**, da Gefahr der Umgehung von § 438 I Nr. 3, 442 I 2, 439

⇨ c.i.c. aber **(+)** bei **vorsätzlichen** Falschangaben bzw. vorsätzlichem Verschweigen, da: wg. § 438 III 1 keine Gefahr dch §195, 442 I 2 a.E., 440 S.1

2. Abgrenzung zur Anfechtung

Anfechtung

Unter bestimmten Voraussetzungen[230] führen die §§ 311 II, 241 II, 280 I BGB i.V.m. der Naturalrestitution nach § 249 I BGB zu einem Anspruch auf Vertragsaufhebung. Der Sache nach wird dadurch das Ergebnis einer Anfechtung erreicht.

Die c.i.c. tritt in diesen Fällen in eine Konkurrenz zu den Regeln der Anfechtung und droht deren strenge Voraussetzungen zu umgehen: Mit der c.i.c. könnte nämlich schon bei jeder fahrlässigen Täuschung 3 Jahre lang (§ 195 BGB) Vertragsaufhebung verlangt werden.

Das Arglisterfordernis und die Ausschlussfrist des § 124 BGB wären damit weitgehend gegenstandslos.

340

---

nahmepflichtverletzung für diese Frage irrelevant sei (Lorenz, NJW 2006, 1925 ff.) Diese Ansicht ist jedoch nicht überzeugend. Zum einen bezieht sich die Täuschung auf die Pflichtverletzung (Mangel). Zum anderen entspricht es der h.L., dass auch die Umstände des Einzelfalls für die Beurteilung der Erheblichkeit maßgeblich sein können, so z.B., wenn die Parteien eine gesonderte Beschaffenheitsvereinbarung hinsichtlich des Mangels vorgenommen hatten.

228 **BGH, Life and Law 2007, Heft 3, 214** = ZGS 2007, 109 ff.

229 So wie hier HUBER/FAUST, Schuldrechtsmodernisierung 2002, Fn. 41, Seite 390 sowie PALANDT/PUTZO in § 437 Rn. 51b; a.A. mit kaum überzeugender und nicht mehr nachvollziehbaren Begründung WEILER in ZGS 2002, 249 [254] sowie PALANDT/HEINRICHS mit falschen Zitaten in § 311, Rn. 26.

230 Siehe dazu unten unter Rechtsfolgen Rn. 897.

§ 10 SCHADENSERSATZ WEGEN VORVERTRAGLICHER PFLICHTVERLETZUNG

Um dieses Spannungsverhältnis aufzulösen, wird zum einen der Anwendungsbereich des § 123 BGB auf alle Fälle von Behauptungen „ins Blaue hinein" (= dolus eventualis) erweitert.[231]

Darüber hinaus wird aber teilweise auch der Anwendungsbereich der c.i.c. dahin gehend beschränkt, dass sie nur bei der Verletzung von besonderen Auskunftspflichten eingreift, die aber nicht bereits durch die bloße Aufnahme von Vertragsverhandlungen entstehen. Erforderlich ist vielmehr eine Art Garantenstellung.[232]

Nach e.A. wird angenommen, dass die c.i.c gar nicht anwendbar ist.

unterschiedliche Schutzrichtung der c.i.c. u. flexiblere Handhabung der Opfergrenze

Andererseits gilt es aber zu berücksichtigen, dass zwischen der c.i.c. und dem Anfechtungsrecht auch gewichtige Unterschiede bestehen:

⇨ Anders als § 123 BGB verlangt nämlich die c.i.c. das Entstehen eines Schadens.

hemmer-Methode: Dieser formalen Argumentation lässt sich freilich entgegenhalten, dass der Anfechtungsberechtigte nur dann anfechten wird, wenn die fragliche Willenserklärung für ihn nachteilig ist. Dies ist zwar nicht Voraussetzung der Anfechtung, in der Praxis aber ihr wesentlicher Anwendungsfall.

⇨ Überdies haben beide Institute eine völlig unterschiedliche *Schutzrichtung*. Während die §§ 119 ff. BGB die Willensfreiheit schützen, schützt die c.i.c. das Vermögen.

Daher wenden die Rechtsprechung und die h.L. die c.i.c. beim Vorliegen eines Verschuldens neben den §§ 119 ff. BGB grundsätzlich uneingeschränkt an.[233]

neue BGH-Rechtsprechung:

Der BGH hat inzwischen jedoch klargestellt, dass die dargestellten unterschiedlichen Voraussetzungen entscheidend für das Nebeneinander von Anfechtung und Schadensersatz aus c.i.c. sind.

Um diese Unterschiede nicht zu verwischen und um die für Schadensersatzansprüche anerkannten Voraussetzungen nicht aufgeben zu müssen, ist daher an folgender Voraussetzung festzuhalten:

Vermögensschaden Voraussetzung für Anspruch aus c.i.c. neben § 123 BGB

Dass die Rückgängigmachung des Vertrages über c.i.c. i.V.m. § 249 I BGB von einem, durch die Sorgfaltspflichtverletzung entstandenen *Vermögensschaden* abhängt.

Ein Anspruch auf Vertragsaufhebung wegen c.i.c. i.V.m. § 249 I BGB neben § 123 BGB setzt daher voraus, dass der durch die Sorgfaltspflichtverletzung veranlasste Vertragsschluss wirtschaftlich nachteilig gewesen ist und damit zu einem Vermögensschaden geführt hat.[234]

---

231 Vgl. PALANDT, § 123, Rn. 11.
232 MEDICUS, BR, Rn. 150.
233 PALANDT, § 311, Rn. 16.
234 BGH NJW 1998, 302.

> **Konkurrenz zwischen c.i.c. und §§ 119 ff.**
>
> **Problem:** Vertragsaufhebung durch c.i.c. i.V.m. § 249 I 1 wg § 195 i.d.R. auch nach **Ablauf d. Anfechtungsfristen** möglich; § 123 sieht Vertragsaufhebung nur bei **arglistiger** Täuschung vor, nicht schon bei Fahrlässigkeit (§ 276)

Dennoch wendet die **h.M.** die c.i.c. neben den §§ 119 ff. uneingeschränkt an:
⇨ c.i.c. dient dem Vermögensschutz, die §§ 119 ff. dem Schutz der freien Willensbetätigung; daher unterschiedliche Stoßrichtung, keine Konkurrenz
⇨ Nach a.A. dient auch c.i.c. dem Schutz der freien Willensbildung (vgl. §241 II a.E.); daher sei c.i.c. gesperrt

hemmer-Methode: Klausurtaktisch gilt: Vergeben Sie nicht die Chance, auf diese Diskussion einzugehen, indem Sie zu früh aus der c.i.c. aussteigen. Zeigen Sie, dass Sie die Standardargumente zu diesem Streit kennen.
Lesen Sie hierzu ausführlich TYROLLER, „Die Loslösung vom Vertrag", Life and Law 2007, Heft 8, 562 [566 f.].

3. Abgrenzung zum allgemeinen Schuldrecht

Vorrang der Erfüllung darf nicht ausgehöhlt werden

Das allgemeine Schuldrecht wird durch den Grundsatz des Vorrangs des Erfüllungsanspruchs beherrscht.

Schadensersatz statt der Leistung kann nur unter den Voraussetzungen der §§ 281-283; 311a II 1 BGB verlangt werden.

Würde man eine Haftung aus den §§ 311 II, 241 II, 280 I BGB annehmen, könnte dieser Vorrang des Erfüllungsanspruchs unterlaufen werden. Auch das Erfordernis einer Fristsetzung beim Rücktrittsrecht nach § 323 BGB könnte durch einen Anspruch auf Vertragsaufhebung aus den §§ 311 II, 241 II, 280 I BGB umgangen werden.

Deshalb können die §§ 311 II, 241 II, 280 I BGB insoweit nicht anwendbar sein, als sich die Pflichtverletzung auf die Gründe bezieht, die zum Ausbleiben der Leistung führen.

4. Abgrenzung zum Vertretungsrecht

a) Abgrenzung zur Rechtsscheinsvollmacht

Rechtsscheinsvollmacht als Unterfall der c.i.c.?

Heftig umstritten ist die Frage, ob in den Fällen, in denen jemand das Auftreten eines Dritten als sein Vertreter zwar nicht kennt, aber bei sorgfaltsgemäßem Handeln hätte erkennen können, die Rechtsfigur der *Anscheinsvollmacht* greift oder bloß c.i.c. anwendbar ist.[235] Im Vordergrund steht hier an sich das Verschulden.

Da aber Verschulden und Willenserklärung zwei verschiedene Kategorien sind, könnte lediglich eine Haftung aus den §§ 311 II, 241 II, 280 I BGB in Betracht kommen, weil beim Vertretenen nur Verschulden, jedoch gerade keine auf Bevollmächtigung gerichtete Willenserklärung vorliegt.[236]

---

[235] MEDICUS, BR Rn. 98.
[236] MEDICUS, BR, Rn. 101.

§ 10 SCHADENSERSATZ WEGEN VORVERTRAGLICHER PFLICHTVERLETZUNG 107

wegen unzureichenden Verkehrsschutzes (-)

Diese Ansicht ist aber abzulehnen: Da die Haftung aus c.i.c. bloß auf das negative Interesse geht, wäre der Vertragspartner nur ungenügend geschützt.

Wer im Rechtsverkehr zurechenbar einen Rechtsschein setzt, muss sich so behandeln lassen, als träfe der Rechtsschein in Wirklichkeit zu. Wer also den Rechtsschein einer wirksamen Vertretungsmacht setzt, der muss so behandelt werden, als habe er tatsächlich Vertretungsmacht erteilt. Es besteht daher kein Grund, von dem anerkannten Rechtsinstitut der Anscheinsvollmacht abzuweichen.[237]

hemmer-Methode: Auch wenn für die Gegenansicht gute Gründe sprechen, muss in der Klausur in aller Regel mit der Anscheinsvollmacht gearbeitet werden. Nur so verliert der Bearbeiter nicht den roten Faden der Aufgabenstellung und findet zu einer sauber strukturierten Lösung!

b) Anwendbarkeit der c.i.c. bei fehlender bzw. beschränkter Vertretungsmacht

fehlende Vertretungsmacht

Das Fehlen von Vertretungsmacht führt zum Scheitern des Erfüllungsanspruchs gegen den Vertretenen und zur Regelung über den falsus procurator (§§ 177 ff. BGB). Inwieweit daneben ein c.i.c.-Anspruch gegen den Vertretenen in Betracht kommt, ist umstritten.

Bsp.: Der Verein A e.V. wird durch seine Vorstände B, C und D vertreten, wobei die Vereinssatzung nach § 26 II BGB Gesamtvertretung anordnet. Der B, dem diese Beschränkung seiner rechtlichen Handlungsfreiheit schon lange ein Dorn im Auge ist, beschließt eines Tages, die Geschicke des Vereins endgültig selbst in die eigene Hand zu nehmen.

Er fälscht daher die Unterschriften von C und D auf einem Formular, mit dem er bei einer Bank einen Kredit für die seiner Meinung nach schon lange erforderliche Errichtung einer neuen Sporthalle aufnimmt. Die Bank zahlt diesen Kredit an B aus, der das Geld entgegen seiner ursprünglichen Pläne doch lieber zu eigenen Zwecken verwendet und sich für immer in wärmere Gefilde verabschiedet. Kann die Bank nun vom A e.V. Rückzahlung der Darlehensvaluta verlangen?

aa) Da der B allein den Verein nicht wirksam vertreten konnte, ist ein wirksamer Darlehensvertrag zwischen der Bank und dem Verein nicht zustande gekommen. § 488 I 2 BGB scheidet daher als Anspruchsgrundlage aus (§ 177 BGB).

bb) Fraglich ist aber, ob Rückzahlung des Darlehens vom Verein aus den §§ 311 II, 241 II, 280 I BGB i.V.m. § 249 I BGB verlangt werden kann:

vorvertragliches Schuldverhältnis

(1) Durch die Aufnahme von Kreditverhandlungen ist zwischen der Bank und dem A e.V. das für ein Eingreifen der c.i.c. erforderliche vorvertragliche Schuldverhältnis entstanden, § 311 II Nr.1 BGB. Zu seiner Entstehung ist nämlich keine wirksame Bevollmächtigung der B erforderlich, es genügt vielmehr, dass er generell verhandlungsbefugt ist.

Pflichtverletzung

(2) Es müsste nunmehr eine Pflichtverletzung des A e.V. gegeben sein: Eine eigene Pflichtverletzung wäre dem Verein beispielsweise dann vorzuwerfen, wenn seine verantwortlichen Organe (§ 31 BGB) den B nicht ausreichend kontrolliert hätten. Im konkreten Fall kommt eine solche eigene Kontroll- oder Überwachungspflichtverletzung durch den Verein nicht in Betracht.

Alleiniger Anknüpfungspunkt für die Frage der Pflichtverletzung ist daher das Verhalten des B. Da aber der B Teil des Organs „Vorstand" ist, wird sein Handeln und sein Verschulden dem A e.V. nach § 31 BGB[238] zugerechnet.

---

237 PALANDT, § 173, Rn. 9, 13.
238 So jedenfalls die als ganz herrschend zu bezeichnende Organtheorie, nach der Vertretertheorie käme nur eine Zurechnung über § 278 BGB in Betracht; vgl. dazu schon HEMMER/WÜST, Schadensersatzrecht I, Rn. 302.

Über diese Zurechnung liegt also eine für die Anwendung der c.i.c. beachtliche Pflichtverletzung des A e.V. vor. Fraglich ist allein, ob die c.i.c. in diesem Fall überhaupt Anwendung finden darf oder ob sie neben den §§ 177 ff. BGB ausgeschlossen ist.

Vertrauensschäden: c.i.c. (+)

(3) Soweit der Bank bloß typische Vertrauensschäden entstanden wären, wie z.B. Mahngebühren oder Rechtsanwaltskosten, würde die Anwendung der c.i.c. nicht zu einem Konflikt mit der Regelung des § 177 BGB führen, nach dem bloß ein Erfüllungsanspruch gegen den Vertretenen ausgeschlossen sein soll.

keine „Quasi-Erfüllung" aus c.i.c.

(4) Im konkreten Fall beinhaltet aber die Naturalrestitution aus c.i.c. i.V.m. § 249 I BGB die Wiederherstellung des hypothetischen Zustandes, wie er ohne das pflichtwidrige Verhalten des B bestünde.

Das wäre aber gerade die Rückzahlung der Darlehenssumme, sodass der c.i.c. „Quasierfüllungswirkung" zukäme. Dadurch entsteht ein Konflikt zu § 177 BGB. Ließe man nämlich den A e.V. haften, so bestünde die Gefahr, dass die vom Verein in der Satzung vorgenommene Einschränkung der Vertretungsmacht auf Gesamtvertretung jede Bedeutung verlöre.

Andererseits gilt es zu berücksichtigen, dass die c.i.c. grundsätzlich nur das Vertrauensinteresse schützen will, die §§ 164 ff. BGB hingegen das Erfüllungsinteresse. In der Anwendung der c.i.c. läge demnach keine Umgehung der Vertretungsregeln, die eben einem völlig anderen Zweck dienen.

vermittelnde Ansicht:

(5) Aus diesem Konflikt führt als beste Lösung eine *vermittelnde Ansicht*:

grds. c.i.c. neben § 177 BGB (+), aber Einschränkung

Grundsätzlich ist die c.i.c. neben der Regelung der §§ 177 ff. BGB anwendbar.[239] Liegt aber kein eigenes Verschulden des Vertretenen vor, sondern wird ihm nur das Vertreterhandeln nach § 278 bzw. § 31 BGB zugerechnet, so sind allerdings Einschränkungen zu machen.

§ 278 BGB: konkretes Einschalten in Verhandlungen notwendig

Zum einen müssen natürlich die Voraussetzungen der Zurechnungsnormen erfüllt sein. Insbesondere bei § 278 BGB ist es aber nicht allein ausreichend, dass sich der in Anspruch Genommene grundsätzlich des angeblichen Vertreters als Erfüllungsgehilfen bedient. Vielmehr muss der angebliche Vertreter in die fraglichen Vertragsverhandlungen konkret eingeschaltet worden sein.[240]

§ 31 BGB: Pflichtverletzung des Vertreters über § 177 BGB hinaus

Im Rahmen einer Zurechnung über § 31 BGB ist aber die Einschaltung kein geeignetes Einschränkungskriterium. Es könnte daher die c.i.c. uneingeschränkt anwendbar sein. Richtigerweise ist noch eine weitere Eingrenzung vorzunehmen.

Die Pflichtverletzung darf nach dieser Ansicht nicht allein damit begründet werden, dass der Vertreter seine Vertretungsmacht überschritten hat. Die Vorschriften der §§ 177 ff. BGB sind insoweit abschließend, als über die Vertretungsmacht getäuscht wird. Insoweit bezwecken sie nämlich einen Schutz des Vertretenen vor rechtsgeschäftlicher Bindung, der nicht durch die c.i.c. unterlaufen werden darf. Nur wenn neben die Täuschung über die Vertretungsmacht noch weitere, eine Pflichtverletzung begründende Umstände treten, kann die c.i.c. i.V.m. § 278 BGB oder § 31 BGB angewendet werden.

Im gegebenen Fall scheidet folglich eine Haftung des A e.V. aus c.i.c. i.V.m. § 31 BGB in jedem Fall aus, soweit man die Verletzungshandlung des B allein in seiner Täuschung über die Vertretungsmacht sieht.

---

239 MEDICUS, BR, Rn. 121, 797.
240 PALANDT, § 311, Rn. 14; BGH 92, 175.

§ 10 SCHADENSERSATZ WEGEN VORVERTRAGLICHER PFLICHTVERLETZUNG 109

§ 488	(-), da Vertretungsmacht (-), § 177 I
§§ 179, 31	Organ haftet als falsus procurator nach § 179 I; denkbar, Haftung des Vereins über §§ 179 I, 31 zu begründen. **Aber:** Vertretener Verein würde entgegen den §§ 177 ff. wie bei Wirksamkeit des Vertrages haften, wg. Schutz des Vertretenen (-)
c.i.c. i.V.m. § 31	Verschuldenszurechnung über § 31; aber wieder Gefahr der quasivertragl. Haftung wg. § 249 I 1 (Rückzahlung des Darlehens?!), daher: c.i.c. allenfalls dann, wenn Verschulden des Vertreters **über das bloße Handeln ohne VMacht hinausgeht**, z.B. Täuschung des Vertragspartners über Bestehen der Vertretungsmacht etc.

hemmer-Methode: Auch dieser zu den schwierigsten Problemen der c.i.c. zählende Problemkreis lässt sich mit der hemmer-Methode „in den Griff kriegen".
Sie müssen keine Musterlösung und keine Meinungen auswendig lernen. Haben Sie sich einmal das zugrunde liegende Problem klar gemacht, so können Sie mit einer Rechts (immer anwendbar) -Links (nie anwendbar) -Mitte (mit Einschränkungen anwendbar) -Argumentation immer zu einer vertretbaren Lösung finden. Der Wert Ihrer Arbeit hängt dann nur von der Qualität Ihrer Argumente ab!

352

cc) Bereicherungsansprüche der Bank gegen den Verein scheiden aus, weil der Verein selbst nichts erlangt hat.

dd) § 823 I BGB greift nicht durch, weil nur das Vermögen der Bank als solches verletzt worden ist, das kein von § 823 I BGB geschütztes Rechtsgut ist.

ee) Gegeben ist allerdings ein Anspruch aus §§ 823 II, 31 BGB i.V.m. § 263 StGB, §§ 826, 31 BGB im Hinblick auf die betrügerische Absicht des B.

5. Die Anwendbarkeit der c.i.c. im Hinblick auf entgegenstehende gesetzliche Wertungen

a) c.i.c. und Minderjährigenrecht

Umgehungsgefahr

Da es sich bei der c.i.c. um eine Verschuldenshaftung handelt, sind an sich die §§ 104 ff. BGB nicht anwendbar. Zu berücksichtigen blieben allein §§ 276 I 2, 828 III BGB.

353

Ließe man aber die c.i.c. bei Minderjährigen in dieser Weise Anwendung finden, so würde der Minderjährigenschutz weitgehend umgangen. Der Minderjährige würde nämlich für alle von ihm im Rahmen von Vertragsverhandlungen begangenen Pflichtverletzungen aus c.i.c. haften, selbst wenn die Aufnahme dieser Vertragsverhandlungen ohne Zustimmung der Eltern erfolgt ist.

Bsp.: Ein Minderjähriger meldet sich zum Flugschein an, womit seine Eltern aber überhaupt nicht einverstanden sind. Dabei täuscht er den Fluglehrer über seine Minderjährigkeit.

354

Vertragliche Zahlungsansprüche scheiden nach § 107 BGB aus. Die Vertragsunwirksamkeit darf aber nicht über einen Anspruch aus den §§ 311 II, 241 II, 280 I BGB auf Schadensersatz ausgehebelt werden. Der Minderjährige darf vielmehr nicht einmal mit dem bloßen negativen Interesse wie den Kosten für den Ausbilder belastet werden. Insoweit hat der Minderjährigenschutz Vorrang.

bei Einwilligung der Eltern c.i.c. (+)

Eine Haftung des Minderjährigen aus c.i.c. kommt daher nur dann in Betracht, wenn die Eltern in die Aufnahme der Vertragsverhandlungen eingewilligt oder deren Aufnahme später genehmigt haben. Dies wird aus einer Analogie zu § 179 III 2 BGB gefolgert.[241]

Haftung des Minderjährigen aus c.i.c.

Denkbar: Haftung (+), dem Minderjährigenschutz wird durch das Erfordernis der Einsichtsfähigkeit beim Verschulden, §§ 276 I 2, 828 III, ausreichend Genüge getan

Aber: c.i.c. ist **vertragsähnlich**, da anders als DeliktsR allgemeiner Vermögensschutz; vertragl. Haftung aber wg. §§ 104 ff. (-); daher c.i.c.-Haftung ebenfalls nur bei Zustimmung der Eltern zur Aufnahme der Vertragsverhandlungen, **§§ 107 f. analog**

hemmer-Methode: Insbesondere in den Fällen, in denen Minderjährige eine Rolle spielen, muss jeder gedanklich gefundene Anspruch daraufhin untersucht werden, inwieweit sich seine Annahme mit der Gesamtwertung des Minderjährigenschutzes vereinbaren lässt.
Das gilt nicht nur für die c.i.c., sondern auch für die GoA! In der hier gewählten Fallgestaltung liegt der Schwerpunkt dann im Bereicherungsrecht. Dogmatisch begründen lässt sich die Ablehnung der c.i.c. in diesem Fall mit dem Rechtsgedanken der §§ 179 III 2, 109 II BGB: Der Minderjährige soll aus c.i.c. nur haften, wenn er auch durch den intendierten Vertrag gebunden worden wäre. Das ist i.d.R. dann der Fall, wenn die gesetzlichen Vertreter der Aufnahme von Vertragsverhandlung zugestimmt hatten (§§ 107, 108 BGB).

b) c.i.c. und Verstoß gegen ein Verbotsgesetz i.S.v. § 134 BGB

bei § 134 BGB c.i.c. (-)

Schlägt ein Verbotsgesetz auf die zivilrechtliche Ebene durch und ist deswegen ein Vertrag unwirksam, so muss diese Wertung auch im Rahmen der c.i.c. berücksichtigt werden: Die Vertragsunwirksamkeit nach § 134 BGB darf nicht durch einen Anspruch aus c.i.c. umgangen werden.

Die c.i.c. kommt in diesen Fällen nur in Betracht, wenn über den Verstoß gegen die Verbotsnorm hinaus noch weitere Pflichtverletzungen im vorvertraglichen Bereich gegeben sind. Die Anwendbarkeit der §§ 311 II, 241 II, 280 I BGB muss aber mit dem Schutzzweck des Verbotsgesetzes vereinbar sein.

hemmer-Methode: In derartigen Fällen muss die c.i.c. aus klausurtaktischen Fällen entfallen. Nur so erschließen Sie sich Probleme, die erst bei §§ 812, 817, 818 III BGB zu erörtern sind.

II. Vorliegen eines Schuldverhältnisses

vorvertragliche Sonderverbindung

Die c.i.c. als über die allgemeine Deliktshaftung hinausgehende quasivertragliche Haftung setzt ein besonderes vorvertragliches Vertrauensverhältnis, eine Sonderverbindung voraus.

---

241 Lesen Sie hierzu ausführlich TYROLLER, *„Ausgewählte Probleme des Minderjährigenrechts"*, LL 2007, Heft 3, 213 [217 f.].; CANARIS, NJW 1964, 1987 ff., MEDICUS, BR, Rn. 177.

Die Voraussetzungen für die Entstehung eines vorvertraglichen Schuldverhältnisses ergeben sich aus § 311 II BGB. Es ist die Aufnahme von Vertragsverhandlungen (Nr.1), die Anbahnung eines Vertrages (Nr.2) oder ein ähnlicher geschäftlicher Kontakt (Nr.3) erforderlich. Ein bloßer gesteigerter sozialer Kontakt genügt nicht.

hemmer-Methode: Lesen Sie hierzu ausführlicher Hemmer/Wüst, Schuldrecht I, Rn. 197 ff.

1. Aufnahme von Vertragsverhandlungen, § 311 II Nr.1 BGB

Aufnahme von Vertragsverhandlungen

Gemäß § 311 II Nr.1 BGB entsteht ein vorvertragliches Schuldverhältnis mit der Aufnahme von Vertragsverhandlungen. Es kommt nicht darauf an, ob später ein entsprechender Vertrag tatsächlich geschlossen wird. Gerade in den Fällen, in denen es nicht mehr zu einem Vertragsschluss kommt, liegt die klassische Bedeutung der §§ 311 II, 241 II, 280 I BGB.

§ 311 II Nr.1 BGB beschreibt einen bereits stark konkretisierten vorvertraglichen Kontakt.[242] Die Parteien müssen in der Absicht miteinander verhandeln, möglicherweise einen Vertrag miteinander abzuschließen.

359

2. Anbahnung eines Vertrages, § 311 II Nr.2 BGB

Anbahnung eines Vertrages

§ 311 II Nr.2 BGB verlagert den Zeitpunkt der Entstehung des vorvertraglichen Schuldverhältnisses auf die Anbahnung eines Vertrages vor. Voraussetzung für die Anbahnung eines Vertrages ist, dass sich jemand in den räumlichen Bereich eines anderen begibt, um mit diesem möglicherweise zu verhandeln oder gar einen Vertrag zu schließen.[243]

Eine feste Absicht zur Aufnahme von Vertragsverhandlungen oder Abschluss eines Vertrages ist nicht notwendig. So reicht das Betreten eines Kaufhauses mit Kaufabsicht aus, auch wenn sich der Kunde nur allgemein umsehen will, da ein späterer Kaufvertrag nicht ausgeschlossen werden kann.

Beispielsweise eröffnet der Kaufhausbesitzer den Kundenverkehr in seinem Geschäftslokal. Eintretende Kunden gewähren dem Kaufhausbesitzer – in der Sprache des Gesetzes – die Einwirkungsmöglichkeit auf ihre Rechtsgüter, weshalb dieser besonderen Schutzpflichten unterliegen muss.[244]

Ein weiterer Fall des § 311 II Nr.2 BGB ist das „Testen" der Ware vor ihrem Kauf, beispielsweise die Probefahrt mit einem Pkw. Allerdings ist genau zu prüfen, ob nicht bereits vorher schon Vertragsverhandlungen aufgenommen wurden; in diesem Fall gilt bereits § 311 II Nr.1 BGB.

hemmer-Methode: Ein Aufsuchen des Kaufhauses zu anderen geschäftsfremden Zwecken, wie um sich vor einem Platzregen unterzustellen, genügt dagegen nicht.

360

3. Ähnliche geschäftliche Kontakte, § 311 II Nr.3 BGB

Auffangtatbestand: Ähnliche geschäftliche Kontakte

Von § 311 II Nr.3 BGB werden Fälle erfasst, in denen es nicht einmal zur Anbahnung eines Vertrages gekommen ist oder die sich nicht auf den Abschluss eines Vertrages beziehen.[245]

361

---

242 Lorenz/Riehm, a.a.O., Rn. 368.
243 Hirsch Rn. 647.
244 PALANDT, § 311, Rn. 9.
245 Hirsch Rn. 647.

§ 311 II Nr.3 BGB stellt eine Generalklausel für die Fälle dar, in denen zwar eine Haftung nach den Grundsätzen der §§ 311 II, 241 II, 280 I BGB geboten ist, die Voraussetzungen der §§ 311 II Nr.1 und 2 BGB aber nicht vorliegen.

Gefälligkeitsverhältnis mit rechtsgeschäftlichem Charakter

Insbesondere das Gefälligkeitsverhältnis mit rechtsgeschäftlichem Charakter ist von § 311 II Nr.3 BGB erfasst.

hemmer-Methode: Lesen Sie hierzu vertiefend HEMMER/WÜST Schuldrecht I, Rn. 219)

Unwirksame Verträge

Unter § 311 II Nr.3 BGB sind auch die Fälle zu subsumieren, in denen der geschlossene Vertrag - aus welchen Gründen auch immer - unwirksam ist.

Dies ist zwingend, da hier - wie in Nr.1 - Vertragsverhandlungen stattgefunden haben, die sogar schon zum erfolgreichen, wenn auch unwirksamen, Vertragsschluss geführt haben. Allerdings ist genau zu prüfen, ob die Annahme eines Haftungsanspruches aus §§ 280 I, 311 II BGB nicht der Wertung des Unwirksamkeitsgrundes zuwiderläuft.[246]

> *Bsp.: Die V-GmbH verkauft an K eine Maschine, die sich als mangelhaft erweist. Die V-GmbH arbeitet auch noch mit einer S-KG arbeitsteilig zusammen, die im Schriftverkehr zwischen dem Verkäufer V und dem Käufer K gelegentlich in Erscheinung getreten ist. Kurz vor Ablauf der Verjährungsfrist des § 438 BGB schreibt der K an die S-KG, dass er Mängelrechte geltend mache und fordert diese auf, auf die Einrede der Verjährung zu verzichten.*
>
> *Die S-KG sagt den Verzicht auf die Verjährungseinrede für den Lauf der Verhandlungen zu. Im Vertrauen hierauf verlangt K von der V-GmbH erst nach 2 ¼ Jahren Minderung. Diese beruft sich nun auf Verjährung.*
> *Hat der K gegen die S-KG Ansprüche? Dabei ist zu unterstellen, dass dem K gegen V Mängelrechte zustanden, diese aber nun verjährt sind.*

hemmer-Methode: Diese Entscheidung des BGH (vgl. BGH NJW 2001, 2716 ff.) war im Termin 2003/I in Bayern Gegenstand der 4. Zivilrechtsklausur.
Auch für alle anderen Bundesländer handelt es sich hier um ein ganz heißes Eisen für eine Examensklausur, sodass Sie sich diese Entscheidung einmal durchlesen sollten.

1. Da zwischen K und der S-KG kein Kaufvertrag geschlossen wurde, stellt sich die Frage, ob man nicht unter Rechtsscheingesichtspunkten zu einer Vertragsbindung der S-KG kommen kann.

Dazu müsste sie S-KG dem K gegenüber den Eindruck erweckt haben, sie sei die Vertragspartnerin des K. Die Verursachung dieses Scheins müsste ihr zurechenbar sein und der K gutgläubig auf den Rechtsschein vertraut haben.

Indem die S-KG auf die Verjährungseinrede für Ansprüche aus dem Kaufvertrag verzichtete, erweckte sie zumindest den Eindruck, sie sei der Vertragspartner des K. Selbst dem rechtlichen Laien ist nämlich klar, dass nur der Vertragspartner rechtswirksam auf eine Einrede aus einem Vertragsverhältnis verzichten kann.

Der Verzicht auf die Verjährungseinrede konnte für einen objektiven Empfänger nur den Erklärungsinhalt haben, dass die von V und E vertretene Gesellschaft für den Vertrag „zuständig", mithin Vertragspartnerin ist. Darauf hat K indem er weitere Schritte gegen seinen tatsächlichen Vertragspartner unternahm, auch gutgläubig vertraut.

---

246 Dazu unten, Rn. 251 ff.

Beruft sich die S-KG nun darauf, sie sei gar nicht die richtige Vertragspartnerin, so tritt sie zu ihrem eigenen Vorverhalten in Widerspruch. Wer sich jedoch treuwidrig widersprüchlich verhält, muss sich das aus § 242 BGB fließende Verbot des widerspüchlichen Verhaltens „venire conta factum proprium" entgegenhalten lassen.

Fraglich ist jedoch, ob sich die S-KG hier wirklich *treuwidrig* widersprüchlich verhält.

Der Vorwurf treuwidrigen d.h. rechtsmissbräuchlichen Handelns setzt nach Ansicht des BGH nämlich voraus, dass der widersprüchlich Handelnde selbst keinem Irrtum unterliegt[247]. **§ 242 BGB hilft demnach nur bei einem vorsätzlichen Selbstwiderspruch, nicht jedoch, wenn bloß fahrlässiges Handeln vorliegt.**

Da dies nicht der Fall war, ist die S-KG auch nicht gem. § 242 BGB als Vertragspartner zu behandeln.

2. Anspruch auf Schadensersatz aus c.i.c. gem. § 280 I i.V.m. § 311 II Nr.3 BGB

Zunächst müsste ein vorvertragliches Schuldverhältnis zwischen K und der S-KG begründet worden sein. Wann ein solches entsteht, ist in § 311 II BGB geregelt, wobei § 311 II Nr.3 BGB als eine Art Auffangtatbestand fungiert.

Nach § 311 II Nr.3 BGB entsteht ein Schuldverhältnis mit den Pflichten des § 241 II BGB auch im Rahmen geschäftlicher Kontakte, die den in § 311 II Nr.1 und 2 BGB aufgezählten ähnlich sind.

a) Einen ähnlichen geschäftlichen Kontakt könnte hier schon das Schreiben des K an die S-KG begründet haben.

Der Inhaber eines Anspruchs hat es jedoch nicht in der Hand, die vorvertragliche Haftung eines anderen, der nicht die Stellung eines Vertragspartners innehat, dadurch zu begründen, dass er ihn grundlos und zu Unrecht zur Leistung oder – wie im vorliegenden Fall – zu Erklärungen im Zusammenhang mit dieser auffordert.

Die Begründung einer solchen Haftung für den Fall, dass der so in Anspruch Genommene sich auf die Aufforderung nicht erklärt oder den Anspruch mit rechtlich falschen Erwägungen zurückweist, liefe auf eine allgemeine Verpflichtung hinaus, jeden Teilnehmer am Rechtsverkehr vor auch selbstverursachten Schäden zu bewahren. Eine solche allgemeine Verpflichtung kann im jetzt in § 311 II BGB normierten Institut der culpa in contrahendo keine Grundlage finden.

b) Eine andere Bewertung ist allein dann denkbar, wenn zusätzliche vertrauensbegründende Momente auf der Seite des Inanspruchgenommenen zu finden sind. Dies könnte vorliegend deshalb der Fall sein, weil S-KG und V-GmbH arbeitsteilig zusammenwirkten, die S-KG im Rahmen des mit der N-GmbH geführten Schriftwechsels verschiedentlich in Erscheinung getreten war und S-KG und N-GmbH zum Verwechseln ähnliche Firmen führten.

Eine Gesamtschau dieser zusätzlichen Momente führt vorliegend zur Annahme eines vorvertraglichen Schuldverhältnisses zwischen K und der S-KG.

Aus diesem heraus war die S-KG verpflichtet, das an sie herangetragene Begehren besonders sorgfältig zu prüfen und den K über ihre Unzuständigkeit hinsichtlich des Führens von Verhandlungen über dessen Forderungen aufzuklären.

Ergebnis: Ein Anspruch auf Schadensersatz aus §§ 280 I, 311 II Nr.3, 241 II BGB besteht daher. Der Schaden besteht darin, dass K wegen der Verjährung seine Mängelrechte nun nicht mehr gegen die V-GmbH durchsetzen kann.

---

[247] BGH NJW 2001, 2716, 2717.

4. Haftung Dritter aus c.i.c., § 311 III BGB

Haftung Dritter

Das vorvertragliche Schuldverhältnis entsteht grundsätzlich nur zwischen den Parteien des anvisierten Vertrages. Oft sind aber an der Vorbereitung des Vertrages Dritte beteiligt, die maßgeblich auf das Ob und Wie des Vertrages Einfluss nehmen.

In solchen Fällen besteht ein Bedürfnis für eine Haftung auf Schadensersatz wegen Pflichtverletzung. Das Deliktsrecht bietet hier keinen ausreichenden Schutz, weil oft nur Vermögensschäden entstehen, die engen Voraussetzungen der §§ 823 II, 826 BGB aber nicht vorliegen.

§ 311 III 1 BGB stellt insoweit klar, dass ein vorvertragliches Schuldverhältnis auch zu Personen, die nicht selbst Vertragspartei werden sollen, entstehen kann. Die genauen Voraussetzungen der Einbeziehung Dritter werden aber in § 311 III nicht geregelt. § 311 III BGB nennt nur beispielsweise einen Fall, in dem eine Haftung Dritter in Betracht kommt.

Haftung Dritter nach §§ 280 I, 311 II, 241 II

⇩

Grds. (-), da weder Vertreter noch sonst. Verhandlungsgehilfe **Partei** des vorvertragl. SV. ist

Auf Grundlage von § 311 III jedoch:
Ausnahmsweise Eigenhaftung des Vertreters oder des Verhandlungsgehilfen (letzteres sog. „Sachwalterhaftung"):

⇨ **eigenes wirtschaftl. Interesse**: eigentl. wirtsch. Interessenträger ist der **Dritte** (z.B.: Alleingesellschafter bei 1-Mann-GmbH; nicht ausreichend: bloßes Provisionsinteresse) **oder / und**
⇨ Inanspruchnahme **besonderen persönlichen Vertrauens**, insbes. bei besonderer **Sachkunde** des Dritten, § 311 III 2.

a) Die Eigenhaftung von Vertretern und Verhandlungsgehilfen

Vorauss. f. Eigenhaftung des Vertreters

Wesentlicher Grund für die Entwicklung der c.i.c. war - wie gesehen- die Ermöglichung der Anwendbarkeit des § 278 BGB, durch die der Geschäftsherr für jedes Verschulden seiner Verhandlungsgehilfen einstehen muss, ohne dass er sich exkulpieren kann. Der Verhandlungsgehilfe selbst aber haftet grundsätzlich weiterhin nur aus den §§ 823 ff. BGB.

eigenes wirtschaftliches Interesse oder Inanspruchnahme besonderen persönlichen Vertrauens

Um diese Schwäche der Haftung zu vermeiden, wurde die sogenannte Eigenhaftung des Vertreters entwickelt. Diese greift in zwei Fallgruppen ein.

Der Vertreter oder Verhandlungsgehilfe haftet dann aus c.i.c.,

⇨ wenn er am Vertragsschluss ein **unmittelbares** eigenes wirtschaftliches Interesse hat oder

⇨ wenn er ein besonderes persönliches Vertrauen in Anspruch genommen hat, das zugleich die Vertragsverhandlungen maßgeblich beeinflusst hat. Die Inanspruchnahme besonderen persönlichen Vertrauens ist in § 311 III 2 BGB als Tatbestand für die Erstreckung des Schuldverhältnisses auf Dritte ausdrücklich erwähnt.

§ 10 SCHADENSERSATZ WEGEN VORVERTRAGLICHER PFLICHTVERLETZUNG

auch bei Pflichtverletzung nach Vertragsschluss

Nach der Rechtsprechung kommt eine Eigenhaftung auch für Pflichtverletzungen *nach Vertragsschluss* in Betracht, da nicht einzusehen ist, dass der einmal geschaffene Vertrauenstatbestand nicht auch im Stadium der Vertragsdurchführung fortbestehen soll.[248]

Die Inanspruchnahme eines besonderen persönlichen Vertrauens setzt voraus, dass der Vertreter über das allgemeine Vertrauen hinaus eine zusätzliche, von ihm persönlich ausgehende Gewähr für die Seriosität und Erfüllung des Vertrages geboten hat.[249]

So besteht nach der Rechtsprechung z.B. grundsätzlich keine Eigenhaftung des Betreuers (§§ 1896 ff. BGB) gegenüber dem Vertragspartner des Betreuten, da sich aus der öffentlichen Bestellung zum Betreuer (§ 1897 BGB) kein „besonderer Vertrauensvorschuss für Dritte" ergebe.[250]

aa) Eigenes wirtschaftliches Interesse

Ein ausreichendes eigenes wirtschaftliches Interesse liegt nur dann vor, wenn der Vertreter gleichsam in eigener Sache tätig wird, sodass er als der eigentliche wirtschaftliche Interessenträger erscheint.[251]

Nicht ausreichend sind daher das allgemeine Interesse von Gesellschaftern an den Geschäften ihrer Gesellschaft oder das bloße Provisionsinteresse des Vertreters.[252]

hemmer-Methode: In Zusammenhängen denken und lernen! Taucht im Sachverhalt das Stichwort Provisionsinteresse auf, so muss Ihnen einfallen, dass es zwar zur Begründung einer Eigenhaftung des Vertreters nicht ausreicht, im Gegensatz dazu aber ein Interesse für eine gewillkürte Prozessstandschaft begründen kann.

Bsp.: Der A ist Geschäftsführer der A-GmbH, an der er zugleich auch wesentlich beteiligt ist. Bei Kreditverhandlungen mit der B-Bank weist der A zwar auf kurzfristige Liquiditätsschwierigkeiten der Gesellschaft hin, informiert jedoch nicht über das tatsächliche Ausmaß der finanziellen Probleme der GmbH. Die B zahlt den Kredit an die A-GmbH aus, die kurz darauf insolvent wird.

Hat die B gegen den A persönlich Ansprüche?

1. Das durch die Vertragsverhandlung entstandene vorvertragliche Schuldverhältnis wirkt grundsätzlich nur zwischen den künftigen Vertragsparteien. Die schuldhafte Pflichtverletzung des A ist der A-GmbH zwar gemäß § 31 BGB zuzurechnen. Der B-Bank steht deshalb ein Schadensersatzanspruch gegen die A-GmbH wegen der falschen Informationen über die finanziellen Probleme aus den §§ 311 II Nr.1, 241 II, 280 I BGB zu. Dieser Anspruch ist aber wegen der Insolvenz der A-GmbH wirtschaftlich wertlos.

2. In Betracht kommt aber ein Anspruch der B-Bank gegen den A aus den §§ 311 II, III, 241 II, 280 I BGB. Für die Fallgruppe der Inanspruchnahme eines besonderen Vertrauens ist nichts ersichtlich.

Möglicherweise haftet A aber aus den §§ 311 II, III, 241 II, 280 I BGB, weil er ein besonderes, eigenes wirtschaftliches Interesse an dem Vertrag mit der B-Bank hatte.

---

248 Vgl. hierzu die Nachweise in **OLG Dresden, L&L 2000, 301** = NJW-RR 2000, 207.
249 BGH WM 1995, 298.
250 BGH WM 95, 298.
251 BGH NJW 86, 587.
252 BGH NJW 90, 506.

Allein aus seiner Gesellschafterstellung lässt sich ein solches eigenes wirtschaftliches Interesse nicht begründen. Das bloße Interesse am Wohlergehen der Gesellschaft reicht nicht aus[253].

3. Ansprüche aus Deliktsrecht bestehen nicht. § 823 I BGB scheitert daran, dass das Vermögen als solches nicht geschützt ist. Die §§ 823 II, 826 BGB liegen mangels Vorsatz des A nicht vor.

hemmer-Methode: Die Fallgruppe des unmittelbaren eigenen Interesses am Geschäft wirft die meisten Probleme auf. Es lassen sich hier nur schwer Richtlinien aufstellen, ab wann ein Geschäftsführer gleichsam in eigener Sache tätig wird. Zugleich besteht die Gefahr, dass entgegen der Wertung des § 13 II GmbHG eine Durchgriffshaftung des Gesellschaftergeschäftsführers angenommen wird. Diese Fallgruppe ist daher nur mit äußerster Zurückhaltung anzunehmen.

bb) Die Sachwalterhaftung, § 311 III 2 BGB

Sachwalterhaftung

Über Vertreter und Verhandlungsgehilfen hinaus hat die Rechtsprechung den Kreis der Personen, die neben den eigentlichen Vertragspartnern aus dem vorvertraglichen Schuldverhältnis haften können, auch auf die sogenannten *Sachwalter* erstreckt.

Dabei handelt es sich um Personen, die wegen ihrer besonderen Sachkunde in hohem Maße das persönliche Vertrauen des anderen Teils in Anspruch nehmen und diesem erst dadurch die Gewähr für eine ordnungsgemäße Durchführung insbesondere riskanter Geschäfte geben, § 311 III 2 BGB.[254]

Solche Sachwalter kraft besonderer Sachkunde **haften** dann u.U. **auch, wenn** sie sich **nicht** direkt **in die Vertragsverhandlungen** eingeschaltet haben.[255]

Beispiele: I.d.R. keine Sachwalter sind Angestellte oder Versicherungsagenten, selbst wenn sie auf ihre besondere Sachkunde eigens hingewiesen haben.[256] Sachwalter sind beispielsweise Vermittler von Kapitalanlagen, Baubetreuer, Kunstauktionator.

insbesondere bei Agenturverträgen

Häufigster Anwendungsfall der Sachwalterhaftung war bisher freilich der Handel mit in Zahlung genommenen Kfz. Lange Zeit traten nämlich die Kfz-Händler aus steuerlichen Gründen nur als Vermittler zwischen Verkäufer und Käufer des Kfz auf (sog. Agentur-Verträge).

Da er hierbei aber als Fachmann besonderes Vertrauen erweckte, behandelte ihn die Rechtsprechung als „Quasi-Verkäufer". Als Sachwalter haftete er daher neben dem eigentlichen Verkäufer ebenfalls persönlich. Mit der steuerlichen Gleichstellung derartiger Vermittlungsklauseln mit dem Verkauf durch den Kfz-Händler selbst werden diese Fälle allerdings an Bedeutung verlieren.

hemmer-Methode: Ob mit der Formulierung im neuen § 311 III 1 BGB, wonach ein vorvertragliches Schuldverhältnis auch zu Personen entstehen kann, die nicht Vertragspartei werden sollen, auch diesen Fall der Einbeziehung Dritter auf der Seite des Berechtigten erfasst, ist zweifelhaft. Im Hinblick auf die in § 311 III 2 BGB genannten Beispiele, die allesamt Fälle der Einbeziehung Dritter auf Seite des *Verpflichteten* betreffen, wird dies wohl eher zu verneinen sein. Ebenso spricht § 311 III 1 BGB gerade von einem Schuldverhältnis mit *Pflichten* nach § 241 II BGB, was lediglich für eine Einbeziehung Dritter auf Seiten des *Verpflichteten* spricht.

---

253 PALANDT § 311 Rn. 65.
254 BGHZ 14, 313; 70, 337.
255 BGHZ 56, 81.
256 PALANDT, § 311, Rn. 63.

b) Prospekthaftung[257]

Bei Kapitalanlagegeschäften wurde die persönliche Haftung Dritter aus den §§ 311 II, III, 241 II, 280 I BGB noch weiter verschärft.

Prospekthaftung: Haftung für Richtigkeit der Prospektangaben bei sog. Publikumsgesellschaften.

Hier ist nämlich eine umfassende Information aller Interessenten über sämtliche Chancen und Risiken der verschiedenen Anlageobjekte oberstes Gebot. Daher ließ die Rechtsprechung nicht mehr bloß die Anlagevermittler als Sachwalter haften, sondern begründete eine Haftung der Anlagegesellschaft an sich für die Richtigkeit aller von ihr in ihren Prospekten gemachten Angaben.[258]

Kreis der haftbaren Personen

Ebenfalls einstehen müssen alle Gründer und Initiatoren der Anlagegesellschaft, aber auch kreditgebende Banken, Steuerberater oder Rechtsanwälte, sofern sie aktiv an der Prospektgestaltung mitwirken oder zumindest ihren Namen zu Werbezwecken in den Prospekt aufnehmen lassen.

Diese Personen trifft dann nämlich wegen ihrer besonderen Fachkunde und des von ihnen typischerweise in Anspruch genommenen Vertrauens eine Art Garantenstellung für die Richtigkeit der Angaben in ihrem Werbeprospekt.

Dies gilt selbst dann, wenn dem Anleger die Urheber der Angaben der Person nach gar nicht bekannt sind. Letztlich ist die Haftung aus den §§ 311 II, III, 241 II, 280 I BGB dann dadurch nicht abhängig von der konkreten Beteiligung an den jeweiligen Vertragsverhandlungen; gehaftet wird nicht mehr für konkret in Anspruch genommenes, sondern für typisiertes Vertrauen.[259]

Schutz typisierten Vertrauens: Tendenz zu allg. Berufshaftung

Diese Lösungsansätze sind zwar im Hinblick auf den schwachen Schutz des Vermögens durch die §§ 823 ff. BGB durchaus verständlich, um Haftungslücken im Bereich rechtsgeschäftlicher Sonderverbindungen über die Vermögenssorge zu vermeiden.

Allerdings ist der Schutz des bloßen typisierten Vertrauens mit dem Institut der c.i.c. nur noch sehr schwer zu vereinbaren. Das gilt umso mehr für die neuerdings zu beobachtende Tendenz, mittels der c.i.c. eine allgemeine Berufshaftung solcher Berufe einzuführen, die aufgrund von Ausbildung und Tradition ein besonderes Vertrauen in Anspruch nehmen und denen generell ein solches Vertrauen auch entgegengebracht wird.

Diese Berufshaftung soll für die Richtigkeit von Auskünften, Gutachten und Zeugnissen gelten, die beispielsweise ein Rechtsanwalt erstellt.[260] Eher sachgerecht erscheint es hier, eine Lösung über eigenständige, notfalls konkludent geschlossene Auskunftsverträge zu suchen, die u.U. auch eine Schutzwirkung zugunsten Dritter haben können.

III. Pflichtverletzung

Pflichtverletzung

Es muss eine Verletzung der in § 241 II BGB genannten Pflichten vorliegen.

§ 241 II BGB stellt fest, dass das Schuldverhältnis nach seinem Inhalt zur Rücksichtnahme auf Rechte, Rechtsgüter und Interessen des anderen Teils verpflichten kann.

---

257 PALANDT, § 311, Rn. 30.
258 BGHZ 79, 337.
259 BGHZ 71, 284.
260 EMMERICH, Jura 87, 566.

Hier lag es dem Gesetzgeber daran, die Fallgruppe der sonstigen, nicht-leistungsbezogenen Pflicht im Schuldverhältnis näher zu konkretisieren. Die verwendeten Begriffe sind aber sehr weit und unter Bezugnahme auf den Inhalt des Schuldverhältnisses in ihrer Abstraktheit relativ vage.

Die verwendeten Begriffe sind aber sehr weit und unter Bezugnahme auf den Inhalt des Schuldverhältnisses in ihrer Abstraktheit relativ vage. Eine für die Haftung aus §§ 280 I, 311 II, 241 II BGB ausreichende Pflichtverletzung lässt sich aber in der Falllösung nur dann mit genügender Sicherheit feststellen, wenn man ihre wichtigsten Fallgruppen kennt.

1. Die Verletzung von Schutzpflichten

Schutzpflichten

a) Ausgangs- und Standardfall für die c.i.c. ist die Verletzung von Leben, Körper, Eigentum oder sonstigen Rechtsgütern während der Anbahnung eines geschäftlichen Kontaktes.

> *Beispiele: Kunde rutscht im Kaufhaus, das er zum wöchentlichen Großeinkauf betreten hat, auf einer Bananenschale aus.*[261]
>
> *Kfz wird auf einem bewachten Parkplatz beschädigt, noch bevor der Bewachungsvertrag zustande gekommen war.*[262]
>
> *Typisches Beispiel für wechselseitige Schutz- und Obhutspflichten aus c.i.c. sind auch die Fälle einer Probefahrt mit einem Kfz-Händler.*[263]

Zurechnung über § 278 BGB

In diesen Fällen wurde die Schwäche des Deliktsrechts immer dann besonders augenscheinlich, wenn nicht den Inhaber des Kaufhauses selbst ein Verschulden traf. Deliktisch haftete er nämlich für seine Hilfsperson nur nach § 831 BGB, könnte sich also u.U. exkulpieren.

Im Rahmen einer Haftung aus c.i.c. kommt man nun aber zu einer Zurechnung des Verschuldens von Ladenangestellten über § 278 BGB. Innerhalb der vorvertraglichen Sonderverbindung ist nämlich der Ladenangestellte auch Erfüllungsgehilfe des Ladeninhabers im Hinblick auf die ihm obliegenden Schutzpflichten gegenüber seinen Kunden.

Diese Fallgruppe hat aber mittlerweile an Bedeutung verloren und wird teilweise schon ganz in Frage gestellt.[264] Grund hierfür ist die ständige Verschärfung der Verkehrssicherungs-, Aufsichts- und Organisationspflichten durch die Rechtsprechung. Dadurch wird häufig der Kaufhausinhaber unter dem Gesichtspunkt des Organisationsverschuldens bereits aus § 823 I BGB selbst haften.

c.i.c. in Verbindung mit Vertrag mit Schutzwirkung

b) Für Examensklausuren interessanter sind allerdings die Fälle, in denen es um die Erstreckung der Schutzwirkungen aus einer vorvertraglichen Sonderverbindung auf Dritte geht.

> *Bsp.: Die Eltern E begeben sich mit ihrem 5-jährigen Kind K in ein großes Kaufhaus, das von der C-AG betrieben wird. Sie wollen dort für ihren Sprößling besonders wertvolles Kriegsspielzeug einkaufen. Als die Eltern aus lauter Begeisterung über die technisch hervorragenden Neuerungen auf dem Gebiet frühkindlicher Kampfausbildungen ihr Kind längere Zeit unbeaufsichtigt lassen, macht sich dieses auf eine Entdeckungstour. Diese findet jedoch ein jähes Ende, als das Kind unter einem Stapel von Teppichrollen begraben wird, die der Angestellte A nicht vorschriftsmäßig gestapelt hatte, weil ihm der pünktliche Beginn seines Wochenendes wichtiger war, als die Sicherheit der Kunden.*

---

261 BGHZ VersR 68, 993; RGZ 78, 239.
262 EMMERICH, Jura 87, 562.
263 BGH NJW 72, 1363; NJW 80, 1961.
264 MEDICUS, BR, Rn. 199.

Der A war auch ganz allgemein ein äußerst unzuverlässiger Angestellter. Dies ergab sich aus allen seinen Arbeitszeugnissen, die der verantwortliche Personalchef der C-AG jedoch bei der Einstellung des A aus Zeitdruck nicht gelesen hatte. Das schwer verletzte Kind K verlangt nunmehr von der C-AG Ersatz der ihm entstandenen Heilungskosten.

aa) Da vertragliche Ansprüche des Kindes mangels Vertragsschlusses von vornherein ausscheiden, kann hier gleich mit dem Anspruch des K aus den §§ 311 II, 241 II, 280 I i.V.m. § 249 BGB begonnen werden.

Problematisch ist bei diesem Anspruch, dass der 5jährige K keinerlei Kaufabsichten hatte, ja infolge seiner Geschäftsunfähigkeit schon gar keine relevanten Kaufabsichten haben konnte. Ein vorvertragliches Schuldverhältnis entsteht aber grundsätzlich nur zwischen den künftigen Parteien des Vertrages.

Vorauss. d. Vertrages mit Schutzwirkung

bb) Eine Lösung ist daher nur über die Rechtsfigur des *Vertrages mit Schutzwirkung zugunsten Dritter* möglich. Dieses Institut ist auch im Rahmen der c.i.c. anwendbar, soweit seine Voraussetzungen vorliegen.

Ob mit der Formulierung im neuen § 311 III 1 BGB, wonach ein vorvertragliches Schuldverhältnis auch zu Personen entstehen kann, die nicht Vertragspartei werden sollen, auch diesen Fall der Einbeziehung Dritter auf der Seite des Berechtigten erfasst, ist zweifelhaft. Im Hinblick auf die in § 311 III 2 BGB genannten Beispiele, die allesamt Fälle der Einbeziehung Dritter auf Seite des *Verpflichteten* betreffen, wird dies wohl eher zu verneinen sein. Ebenso spricht § 311 III 1 BGB gerade von einem Schuldverhältnis mit *Pflichten* nach § 241 II BGB, was lediglich für eine Einbeziehung Dritter auf Seiten des *Verpflichteten* spricht.

hemmer-Methode: Auch wenn man der Ansicht folgt, dass § 311 III 1 BGB den VSD regelt, so beschreibt diese Norm jedenfalls nicht die Voraussetzungen der Einbeziehung. Damit handelt es sich also um einen rein akademischen Streit.

(1) *Leistungsnähe*: Der K ist als Begleitperson der Gefahr einer Schutzpflichtverletzung in gleichem Maße ausgesetzt wie seine Eltern als angehende Vertragspartner der C-AG.

(2) *Gläubigernähe*: Die Eltern sind jedenfalls auf Grund personenrechtlichen Einschlags für das Wohl und Wehe ihres Kindes verantwortlich (§ 1626 BGB).

(3) *Erkennbarkeit*: Da die Gefährdung des K als Begleitperson auch erkennbar gewesen ist, wird die C-AG durch die in der Einbeziehung des K in den Schutzbereich der c.i.c. liegende Kumulation von Risiken nicht unbillig belastet.

(4) *Schutzwürdigkeit*: Da K keine eigenen gleichwertigen, sprich vertraglichen Ansprüche hat, ist er schutzwürdig.

cc) K fällt folglich unter den Schutzbereich des vorvertraglichen Schuldverhältnisses. In der sorgfaltswidrigen Stapelung der Teppiche ist auch eine rechtswidrige und schuldhafte Pflichtverletzung durch die von der C-AG eingeschaltete Hilfsperson A zu sehen. Diese muss der C-AG über § 278 BGB zugerechnet werden, sodass der Anspruch aus c.i.c. grundsätzlich besteht.

dd) Zu ersetzen wären dann nach § 249 I BGB die durch die Pflichtverletzung adäquat kausal und zurechenbar verursachten Heilungskosten.

Mitverschulden:

ee) Fraglich ist aber, inwieweit hier ein anspruchskürzendes Mitverschulden i.S.v. § 254 BGB anzunehmen ist:

(1) Ein etwaiges Mitverschulden des 5jährigen K selbst gem. § 254 I BGB kommt im Hinblick auf § 828 I BGB nicht in Betracht.

Zurechnung §§ 254 II 1, 278 BGB

(2) In Betracht kommt aber eine Zurechnung des Mitverschuldens der Eltern über § 254 I i.V.m. §§ 254 II 2, 278 BGB. Allerdings stellt § 254 II 2 BGB, der sich entgegen seiner Stellung im Gesetz auch auf die Fälle des Mitverschuldens bei der Schadensentstehung bezieht, nach richtiger Ansicht eine Rechtsgrundverweisung auf § 278 BGB dar.

Eine Anrechnung des Mitverschuldens von Erfüllungsgehilfen oder - wie hier - des gesetzlichen Vertreters kommt daher nur in Betracht, wenn die schädigende Handlung im Rahmen einer vertraglichen oder zumindest quasivertraglichen Sonderverbindung geschehen ist.

c.i.c. ⇨ *§ 278 BGB (+)*

(3) Es fragt sich, ob die c.i.c. i.V.m. Schutzwirkung zugunsten Dritter als solche Sonderverbindung ausreicht. Da aber der K seinerseits den Vorteil aus dieser Rechtsfigur zieht, ist es nicht unbillig, ihn auch mit ihren Nachteilen zu belasten und eine Zurechnung des Mitverschuldens der Eltern über § 278 BGB vorzunehmen.[265]

(4) Im konkreten Fall haben die Eltern ihre Aufsichtspflicht zumindest leicht fahrlässig verletzt und damit ihrerseits schuldhaft gehandelt. Die Haftungsbeschränkung aus § 1664 BGB wiederum gilt ausschließlich für Ansprüche im Verhältnis Eltern-Kind, nicht aber im Verhältnis zu außen stehenden Dritten. Sie greift daher hier nicht ein. Da die Eltern durch ihre Unaufmerksamkeit eine erhebliche Mitursache an der Verletzung des K gesetzt haben, kommt im konkreten Fall wohl eine Mitverursachungsquote von 50 % in Betracht, sodass der Anspruch des K aus c.i.c. nach §§ 254 II 2, 278 BGB um die Hälfte zu kürzen ist.

deliktische Haftung

ff) Weiter kommen freilich auch *deliktische Ansprüche* des Kindes gegen die C-AG in Betracht:

§ 823 i.V.m. § 31 BGB

(1) Zu prüfen ist zunächst § 823 I BGB i.V.m. § 31 BGB unter dem Gesichtspunkt einer Verkehrssicherungs- oder Organisationspflichtverletzung durch die verantwortlichen Organe der AG. Die AG trifft nämlich die Pflicht, den Geschäftsablauf im Kaufhaus so zu organisieren, dass die Kaufinteressenten vor Schädigungen geschützt werden.

Im gegebenen Fall ist der AG vorzuwerfen, dass sie einen bereits als unzuverlässig ausgewiesenen Mitarbeiter mit der Stapelung der Teppiche beauftragt hat. Andererseits ist die Annahme einer schuldhaften Verletzung von Organisations- und Verkehrssicherungspflichten immer dann sehr problematisch, wenn es sich nur um eine einmalige und kurzfristige Übertretung durch Dritte handelt. Letztlich ist es hier wohl vertretbar, einen Anspruch aus § 823 I BGB zu bejahen. (Ebenso können Sie mit guten Argumenten auch die Gegenansicht vertreten).

hemmer-Methode: Lernen Sie klausurtaktisch zu denken! Aus dem Sachverhalt ergeben sich noch Probleme, die im Rahmen eines deliktischen Anspruchs zu erörtern sind. Sie müssen daher zumindest einen deliktischen Anspruch durchgehen lassen. Soweit § 831 BGB mangels Exkulpation eingreift, müssen Sie im Rahmen des § 823 I BGB nur gute Argumente für Ihr Ergebnis finden, das gefundene Ergebnis ist dann eher nebensächlich.

§ 831 BGB

(2) Es bleibt der Anspruch aus § 831 BGB: Der Ladenangestellte A ist weisungsgebunden für die C-AG tätig. Er hat in Ausübung einer Verrichtung für die AG rechtswidrig eine Verletzungshandlung begangen. Da die AG durch ihren verantwortlichen Personalchef bei der Auswahl und Einstellung des A nicht sorgfältig gehandelt hat, gelingt ihr die Exkulpation nicht. Sie haftet daher für den A aus § 831 BGB.

§§ 254 II 2, 278 BGB bei unerlaubter Handlung?

(3) Problematisch ist aber, inwieweit auch dieser Anspruch über § 254 II 2 BGB zu kürzen ist: Da es sich bei § 254 II 2 BGB um eine Rechtsgrundverweisung auf § 278 BGB handelt, ist für die Anwendbarkeit von § 278 BGB das Bestehen einer Sonderverbindung zwischen Schädiger und Geschädigtem erforderlich. Eine unerlaubte Handlung führt aber erst zum Entstehen einer Sonderverbindung.

Es stellt sich folglich die Frage, ob die c.i.c. i.V.m. Schutzwirkung zugunsten Dritter auch im Rahmen des deliktischen Anspruchs als ausreichende Sonderverbindung für eine Mitverschuldenszurechnung nach §§ 254 II 2, 278 BGB angesehen werden kann.

---

[265] PALANDT, § 254, Rn. 65, 69.

§ 10 SCHADENSERSATZ WEGEN VORVERTRAGLICHER PFLICHTVERLETZUNG

Rspr.: wegen c.i.c. (+)

(a) Die Rechtsprechung erstreckt die Mitverschuldenszurechnung im Rahmen des Vertrags mit Schutzwirkung zugunsten Dritter auch auf den deliktischen Bereich.[266]

Lit.: keine Schlechterstellung ggü. Drittem (-)

(b) Mit dieser Lösung würde man aber den K schlechter stellen, als wenn eine Schutzwirkung der c.i.c. überhaupt nicht in Betracht käme, womit sich Sinn und Zweck der Rechtsfigur des Vertrags mit Schutzwirkung zugunsten Dritter in ihr Gegenteil verkehren würde. Sie soll nämlich gerade den Schutz des Dritten verbessern, nicht aber seinen Schutz im Bereich der §§ 823 ff. BGB einschränken. Nach richtiger Ansicht genügt daher die c.i.c. i.V.m. Schutzwirkung zugunsten Dritter im Rahmen deliktischer Ansprüche nicht für eine Anwendung der §§ 254 II 2, 278 BGB.[267]

§ 254 II 2 BGB: Verweisung auch auf § 831 BGB

(c) Allerdings enthält § 254 II 2 BGB nach allgemeiner Meinung[268] auch eine Verweisung auf § 831 BGB. Da jedoch die Eltern nicht weisungsabhängige Verrichtungsgehilfen ihres Kindes sind, scheidet im Rahmen des § 831 BGB eine Mitverschuldenszurechnung und somit auch eine Anspruchskürzung nach § 254 BGB aus.

gestörter Gesamtschuldnerausgleich wegen § 1664 BGB

(4) Eine Anspruchskürzung kommt aber zuletzt noch aus dem Gesichtspunkt des *gestörten Gesamtschuldnerausgleichs*[269] in Frage.

(a) Hier spielt nun die familienrechtliche Haftungsbeschränkung aus § 1664 BGB eine Rolle. An sich hätte nämlich das Kind K wegen der Aufsichtspflichtverletzung durch seine Eltern auch gegen diese deliktische Ansprüche. Qualifiziert man nun aber das Verschulden der Eltern nur als leichte Fahrlässigkeit, so entfallen diese Ansprüche, soweit die Eltern die eigenübliche Sorgfalt beachtet haben.

(b) Dadurch kann aber auch zwischen der C-AG und den Eltern als Mitschädiger kein Gesamtschuldverhältnis mit ungehindertem Gesamtschuldausgleich entstehen. Es liegt ein gestörtes Gesamtschuldverhältnis vor. Zur Lösung dieser Fallkonstellation werden drei Ansichten vertreten:

⇨ Die Rechtsprechung lässt zumindest bei vertraglichen Haftungsbeschränkungen[270] im Innenverhältnis der Mitschädiger trotz der Haftungsbeschränkung einen Regress zu, indem sie einfach eine Gesamtschuld fingiert. Dadurch stünden die Eltern hier aber beim gesetzlichen Haftungsprivileg des § 1664 BGB als bloße Mitschädiger schlechter als wenn sie Alleinschädiger wären.

⇨ Eine weitere Möglichkeit ist es, die C-AG auf den vollen Schaden haften zu lassen und ihr gleichzeitig jeden Rückgriff bei den Eltern zu versagen. Diesem Lösungsweg folgt **nunmehr die Rechtsprechung**[271] **bei den gesetzlichen Haftungsmilderungen**. In diesen Fällen gelte es eine gesetzliche Wertung zu beachten, die auch auf das Außenverhältnis zu Dritten durchschlage. Andererseits bliebe allerdings somit der Mitverursachungsbeitrag der Eltern völlig unberücksichtigt.

⇨ Sachgerecht ist daher eine Lösung, die zu Lasten desjenigen geht, dessen Interessen von vornherein durch die Haftungsmilderung abgewertet worden sind.[272] Dabei gibt es auch keinen triftigen Grund, zwischen vertraglichen und gesetzlichen Haftungsmilderungen zu differenzieren.

Demnach muss folglich der Anspruch des K aus § 831 BGB von vornherein um den Anteil gekürzt werden, den die C-AG normalerweise im Wege des Gesamtschuldausgleichs von den Eltern des K erstattet bekommen hätte.

(5) Im Ergebnis ist daher auch der Anspruch aus § 831 BGB um 50 % zu kürzen.

---

266 BGH NJW 1968, 1323.
267 MEDICUS, BR, Rn. 871.
268 PALANDT, § 254, Rn. 60.
269 Vgl. dazu ausführlich HEMMER/WÜST, Schadensersatzrecht III, Rn. 267 ff.
270 BGHZ 35, 317 ff.; BGHZ 12, 213 ff.
271 BGH NJW 1988, 2667.
272 MEDICUS, BR, Rn. 933.

hemmer-Methode: Sie sehen auch hier: Der normale Standardfall einer Zwei-Personen-Beziehung ist uninteressant. Die zur Notendifferenzierung erforderlichen Probleme lassen sich aber ganz einfach durch die Einbeziehung einer dritten Person schaffen. Dabei gehört insbesondere der gestörte Gesamtschuldausgleich zu den absolut examensrelevanten Fallkonstellationen. Hierzu müssen Ihnen die gängigen Argumentationsmuster bekannt sein!

2. Der Abbruch von Vertragsverhandlungen

Abbruch von Vertragsverhandlungen

Schon aus der gesetzlichen Wertung des § 154 BGB ergibt sich der Grundsatz, dass die Parteien bis zu dem Zeitpunkt nicht gebunden sind, in dem sie sich über sämtliche Punkte geeinigt haben, über die nach dem Willen auch nur eines der Verhandlungspartner eine Einigung erzielt werden sollte. Daran ändert grundsätzlich auch die Tatsache nichts, dass eine Partei in Erwartung des Vertragsschlusses bereits Aufwendungen getätigt hat.[273]

Eine Ersatzpflicht besteht nur, wenn eine Partei die Verhandlungen ohne triftigen Grund abbricht, nachdem sie in zurechenbarer Weise Vertrauen auf das Zustandekommen des Vertrages geweckt hat.[274]

Da noch keine vertragliche Bindung besteht, sind an das Vorliegen eines triftigen Grundes aber keine zu hohen Anforderungen zu stellen. Daher kann bereits das günstigere Angebot eines Dritten ausreichen.[275]

Hinsichtlich der Schaffung des Vertrauenstatbestandes ist zu unterscheiden:

a) Verschulden bei den Vertragsverhandlungen

Verschulden bei den Vertragsverhandlungen

Die erste Fallgruppe ist nach BGH dann gegeben, wenn eine Partei schuldhaft Vertrauen in das Zustandekommen des Vertrages geweckt hat, dieser dann aber doch nicht geschlossen worden ist.[276]

Wer Vertrauen auf das Zustandekommen des Vertrages weckt, obwohl dem Vertragsschluss ein dem anderen Teil unbekanntes und verschwiegenes Hindernis entgegensteht oder entgegenstehen könnte, haftet aus c.i.c.

Beispiele hierfür sind: fehlende Vertretungsmacht des Verhandelnden,[277] Genehmigungsbedürftigkeit des Vertrages[278] oder fehlender oder zweifelhafter Abschlusswille.[279]

b) Vertrauenshaftung

Haftung ohne Verschulden

Darüber hinaus nimmt die Rechtsprechung aber eine Haftung aus c.i.c. wegen Weigerung eines in Aussicht genommen Vertragsschlusses auch ohne vorangegangenes Verschulden bereits dann an, wenn bei der Verhandlungsführung Vertrauen auf das Zustandekommen des Vertrages geweckt wurde und dann die Verhandlungen ohne triftigen Grund abgebrochen wurden (zweite Fallgruppe).[280]

---

273 PALANDT, § 311, Rn. 34 ff.
274 BGHZ 71, 395.
275 BGH DB 1996, 777.
276 PALANDT, § 311, Rn. 34.
277 BGHZ 6, 333.
278 BGH LM (Fc) Nr.4.
279 BGH NJW 1975, 44.
280 BGHZ 71, 395; NJW 75, 1774.

§ 10 SCHADENSERSATZ WEGEN VORVERTRAGLICHER PFLICHTVERLETZUNG

qualifizierter Vertrauenstatbestand

Um diese bloße Vertrauenshaftung nicht ausufern zu lassen, muss aber nach BGH ein *qualifizierter Vertrauenstatbestand* vorliegen, z.B., wenn das Zustandekommen des Vertrages als sicher hingestellt worden ist, der Vertragspartner zu Vorleistungen veranlasst worden ist oder die Parteien bereits mit der Durchführung des Vertrages begonnen haben.[281]

> *Bsp.:* Der in Kiel wohnende K steht in Vertragsverhandlungen mit dem Münchner Antiquitätenhändler V bezüglich einer altchinesischen Vase. Nachdem K der Aufforderung des V nachgekommen war, im Hinblick auf den Kaufvertrag, mit dem „schon alles in Ordnung gehe", einen Vorschuss von 500 € zu überweisen, fährt er mit der Bahn nach München, um dort die Vase endgültig zu erwerben. Im Geschäft des V angekommen weigert sich dieser, die Vase an K zu verkaufen. Als Begründung fügt er an, der K sei einfach nicht sein Typ. Ansprüche des K?
>
> Auch hier kommen vertragliche Ansprüche nicht in Betracht. Allerdings hat V im Rahmen einer vorvertraglichen Sonderverbindung bei K das Vertrauen erweckt, er werde die Vase an ihn verkaufen, dann jedoch den Vertragsschluss aus sachfremden Erwägungen heraus verweigert. Er muss daher K die Reisekosten ersetzen, die diesem nur auf das von V erweckte Vertrauen hin entstanden sind.

c) Formbedürftige Verträge

Ausnahme nach BGH: formbedürftige Verträge:

Da eine so begründete Schadensersatzverpflichtung jedoch einen indirekten Zwang zum Vertragsschluss darstellt, gelten die dargestellten Grundsätze nach neuerer Rechtsprechung des BGH nicht für *Verträge, die kraft Gesetzes formbedürftig* sind, insbesondere nach § 311b I 1 BGB.[282]

Dieser Zwang läuft nämlich dem Zweck der Formvorschriften zuwider. Denn der Schutzzweck der Formvorschrift will eine Bindung der Vertragsparteien ohne Einhaltung der Form verhindern. Daher löst im Bereich formbedürftiger Verträge der Abbruch von Vertragsverhandlungen, deren Erfolg als sicher hinzunehmen war, auch dann keine Schadensersatzansprüche aus, wenn es an einem triftigen Grund für den Abbruch fehlt.

Schadensersatz aus c.i.c. nur unter den Voraussetzungen der Unbeachtlichkeit eines Formmangels wegen Verstoßes gegen § 242 BGB

Ist ein Vertrag jedoch wegen Nichtbeachtung gesetzlicher Formvorschriften nach § 125 S.1 BGB nichtig, so hat diese Nichtigkeitsfolge nach der ständigen Rechtsprechung des BGH dann zurückzutreten, wenn die Unwirksamkeit des Rechtsgeschäftes nach den gesamten Umständen mit Treu und Glauben nicht zu vereinbaren ist, das Ergebnis für die betroffene Partei also nicht bloß hart, sondern schlechthin untragbar ist.[283]

Von diesen Grundsätzen ist nach BGH nunmehr auch bei der Beantwortung der Frage auszugehen, ob ein Vertragspartner bei Abbruch der Verhandlungen unter dem Gesichtspunkt der c.i.c. verpflichtet ist, Aufwendungen des anderen zu ersetzen.

Die Vertragspartei haftet demnach auch beim Abbruch von Verhandlungen im Hinblick auf ein formbedürftiges Rechtsgeschäft in vollem Umfang aus c.i.c., sofern die Berufung auf den Formmangel im konkreten Fall nach § 242 BGB unzulässig wäre.[284]

Voraussetzung i.d.R.: vorsätzliche Treupflichtverletzung

Der Abbruch von Vertragsverhandlungen kann also grundsätzlich nur dann einen Schadensersatzanspruch begründen, wenn sich das Verhalten des Abbrechenden als besonders schwerwiegender Treueverstoß darstellt.

---

281 vgl. PALANDT, § 311, Rn. 36.
282 BGH NJW 1996, 1884.
283 Fallgruppen vgl. PALANDT, § 125, Rn. 16 ff.
284 BGH NJW 1996, 1884.

Dies erfordert nach BGH in der Regel eine *vorsätzliche Treupflichtverletzung*, wie sie z.B. im Vorspiegeln tatsächlich nicht vorhandener Abschlussbereitschaft liegt.[285]

hemmer-Methode: In dieser Fallgruppe besteht ein konfliktträchtiges Spannungsverhältnis zwischen Abschlussfreiheit und Vertrauensschutz. In der Examensklausur wird eben diese schwierige Grenzziehung zwischen Privatautonomie und Vertrauensschutz von Ihnen verlangt. Lernen Sie, die Grenze durch die hier gegebenen Beispiele mit nachvollziehbarer Begründung zu ziehen!

3. Der Abschluss unwirksamer Verträge[286]

Abschluss unwirksamer Verträge

Ein wichtiger Anwendungsbereich der Haftung aus c.i.c. sind auch die Fälle reiner Vermögensschädigungen, in denen die Unwirksamkeit des Vertrages auf einem Wirksamkeitshindernis beruht, das aus der Sphäre einer Partei stammt.

Diese Partei kann dann aus c.i.c. wegen Verursachung der Unwirksamkeit oder wegen mangelnder Aufklärung über das Wirksamkeitshindernis schadensersatzpflichtig sein, wenn die Partei dieses zu vertreten hat.

Verstoß gegen Aufklärungspflicht

a) Ein solches Vertretenmüssen kommt dabei insbesondere in Betracht, wenn eine Partei die ihr obliegende Aufklärungs- und Beratungspflicht verletzt hat.

Dabei gilt es jedoch zu beachten, dass das BGB **keine allgemeine** Aufklärungspflicht kennt. Vielmehr muss sich jede Partei grundsätzlich selbst über die Chancen und Risiken eines Geschäfts informieren.

Etwas anderes muss aber dann gelten, wenn es um Umstände geht, die zwar für beide Parteien erkennbar von Bedeutung sind, die aber nur eine Partei kennt und die auch nur ihr bekannt sein können.[287]

Kenntnis von Wirksamkeitserfordernissen des Vertrages

Eine Aufklärungspflicht ist daher insbesondere bezüglich solcher Umstände anzunehmen, die der Wirksamkeit des Vertrages entgegenstehen. Sind einer Partei Bedenken gegen die Gültigkeit eines Vertrages bekannt, so hat sie die andere darauf hinzuweisen, wenn sie nicht gegen Treu und Glauben verstoßen und somit aus c.i.c. haften will.

Bsp.: Bauer A will dem Bauern B ein Grundstück verkaufen. Zwar hat A, dessen absolute Lieblingssendung der „Ratgeber Recht" ist, Bedenken im Hinblick auf etwaige Formerfordernisse. Doch denkt er, auf dem Lande gelten eben noch andere Gepflogenheiten. Er weist also den B nicht auf seine Bedenken hin und schließt den Kaufvertrag mit ihm nur per Handschlag. Als B schließlich Auflassung und Eintragung verlangt, weigert sich der A, der sich mittlerweile bei einem Rechtsanwalt seine Bedenken hatte bestätigen lassen, unter Berufung auf § 311b I BGB.

Rechte des B?

aa) Anspruch aus § 433 I 1 BGB:

(1) Der Grundstückskaufvertrag wurde zunächst nicht formgerecht i.S.v. § 311b I 1 BGB geschlossen; er ist daher nach § 125 BGB unwirksam. Eine Heilung durch Auflassung und Eintragung ist nicht ersichtlich.

---

285 BGH NJW 1996, 1884.
286 PALANDT § 311, Rn. 41.
287 EMMERICH, Jura 1987, 562 f.

(2) In Betracht kommt allerdings eine Überwindung der Formvorschriften über § 242 BGB. Dies würde dazu führen, dass der Vertrag als formgültig behandelt werden müsste, es bestünde ein vertraglicher Erfüllungsanspruch: Eine solche Überwindung nimmt die Rechtsprechung[288] jedoch ausschließlich dann an, wenn arglistig über die Formerfordernis getäuscht wurde oder ansonsten ein schlechthin untragbares Ergebnis gegeben wäre.[289] Ein derartiger Fall liegt hier nicht vor.

bb) Eingreifen könnte jedoch ein Anspruch aus den §§ 311 II, 241 II, 280 I BGB. Der A hatte Bedenken gegen die Formwirksamkeit des per Handschlag geschlossenen Vertrages. Darüber hat er den unwissenden B nicht aufgeklärt. Darin liegt eine für die c.i.c. ausreichende rechtswidrige und schuldhafte Pflichtverletzung.

Umfang bei Formunwirksamkeit

cc) Probleme ergeben sich nunmehr beim Umfang des c.i.c.-Anspruchs:

(1) Ohne die Pflichtverletzung des A wäre nämlich der Kaufvertrag formwirksam abgeschlossen worden. Da der B grundsätzlich immer so zu stellen ist, wie er ohne die Pflichtverletzung stünde, müsste sich der Anspruch gegen A an sich auf Abschluss eines formwirksamen Kaufvertrages richten.

kein Kontrahierungszwang

(2) Damit würde aber zum einen der A einem Kontrahierungszwang unterliegen, zum anderen würde die Formvorschrift des § 311b I BGB in diesen Fällen ausgehebelt. Andererseits würde der bloße Ersatz des negativen Interesses entgegen einer Ansicht in der Literatur[290] als Sanktion nicht genügen.

⇨ nur Geldanspruch i.H.d. positiven Interesses

(3) Nach zutreffender Ansicht des BGH ist folglich dem B unter Berücksichtigung des Schutzzwecks des § 311b I BGB nur ein Geldanspruch in Höhe des Betrages zu zahlen, der für die Anschaffung eines entsprechenden Ersatzgrundstückes erforderlich ist.[291]

Verwendung unzulässiger AGB

b) Gegen die bei Vertragsverhandlungen bestehende Pflicht zur gegenseitigen Rücksichtnahme verstößt auch die Verwendung von AGB, die unzulässig und daher unwirksam sind. Auch in dieser Fallgruppe besteht daher eine Schadensersatzpflicht aus c.i.c.![292] Ist wegen § 306 I BGB der Restvertrag wirksam, so tritt der c.i.c.-Anspruch neben den Erfüllungsanspruch.

Sittenwidrigkeit des Vertrages

c) Möglich ist eine Haftung aus c.i.c. auch wegen Herbeiführung eines sittenwidrigen Vertragsschlusses (§ 138 BGB)[293], wenn sittenwidrige Bedingungen in den Vertrag eingebracht werden.

hemmer-Methode: Unbedingt zu beachten ist aber, dass das nur für die Fälle des § 138 BGB gilt; für Verstöße gegen Verbotsgesetze i.S.v. § 134 BGB ist dagegen die spezielle Regelung der §§ 309, 307 BGB anzuwenden.

4. Der Abschluss inhaltlich nachteiliger Verträge

Abschluss nachteiliger Verträge

Kommt ein Vertrag nur durch eine pflichtwidrige Einwirkung auf die Willensbildung des anderen Teils zustande, so sind Ansprüche aus c.i.c. auch denkbar, wenn der Vertrag zwar wirksam, aber für eine Partei nachteilig ist.[294]

a) Das hierfür erforderliche Verschulden kann dabei in einer aktiven Irreführung des anderen Teils liegen oder im Unterlassen einer Aufklärungs- und Beratungspflicht.

---

288 BGH NJW, 1969, 1169; NJW 1984, 607; NJW 1987, 1074.
289 Fallgruppen vgl. PALANDT, § 125, Rn. 16 ff.
290 FLUME, § 15 III 4 c dd.
291 PALANDT, § 311, Rn. 58; BGH NJW 1965, 812; NJW 1975, 43.
292 BGH NJW 1984, 2816.
293 BGH JA 1987, 193; BGHZ 99,106.
294 Vgl hierzu die sehr lehrreiche Fallkonstellation in **BGH, Life & Law 1999, 553 ff.** = NJW 1999, 2032 ff.

Es stellen sich somit in dieser Fallgruppe bezüglich der Annahme einer Aufklärungspflicht dieselben Probleme wie bei der Aufklärung über mögliche Unwirksamkeitsgründe. Das Verschweigen von Tatsachen ist nämlich nur dann eine c.i.c., wenn der andere Teil nach Treu und Glauben unter Berücksichtigung der Verkehrsanschauung redlicherweise eine Aufklärung erwarten durfte.[295]

Konkurrenz § 123 BGB u. c.i.c.

b) Zentrale Fragestellung in diesem Bereich ist freilich die Anwendbarkeit der c.i.c. neben § 123 BGB und dem Mängelgewährleistungsrecht der einzelnen Vertragstypen. Diese Abgrenzungen wurden jedoch bereits im Rahmen der Anwendbarkeit der c.i.c. abgehandelt.[296]

402

Pflichtverletzungen im vorvertragl. SV, § 241 II BGB

Schutzpflichtverletzung	Verletzung von Rechtsgütern durch Verhalten (pos. Tun / pflichtwidriges Unterlassen) einer Seite, z.B.: Geschäftsinhaber muss Verkaufsräume in ordnungsgem. Zustand halten
Abbruch von Vertragsverhandlungen	Pflichtverletzung nur, wenn Vertrauen in Vertragsabschluss geweckt und Verhandlungen ohne vernünftigen Grund abgebrochen
Abschluss unwirksamer Verträge	Z.B.: Wenn erkennbar nur eine Seite Formhindernis kennt und andere Seite nicht darauf hinweist
Abschluss nachteiliger Verträge	Problematisch hierbei: Abgrenzung vom Mängelrecht!

IV. Keine Widerlegung des vermuteten Vertretenmüssens, § 280 I 2 BGB

Im Rahmen der §§ 280 I, 311 II, 241 II BGB wird das Vertretenmüssen vermutet, vgl. § 280 I 2 BGB.

403

Vertretenmüssen gem. §§ 276 BGB; vertragliche Haftungsbeschränkung analog anwendbar

Im Rahmen des *Verschuldens* sind die §§ 276 ff. BGB zu untersuchen, insbesondere die Verschuldenszurechnung nach § 278 BGB. Probleme können sich hier ergeben, wenn mit den Vertragsverhandlungen ein Vertrag angestrebt wurde, in dem die Haftung gesetzlich gemildert gewesen wäre.

Hier erscheint es angemessen, diese Haftungsbeschränkung bereits in den vorvertraglichen Bereich zu übernehmen, damit der Schädiger bei gescheitertem Vertragsschluss nicht strenger haftet als bei Zustandekommen des Vertrages. Etwas anderes gilt nur für die Schutzpflichtverletzungen, die mit dem Vertragsschluss an sich nichts zu tun haben.[297]

V. Schaden und haftungsausfüllende Kausalität

Schaden, haftungsausfüllende Kausalität

Bezüglich der Prüfungspunkte „Schaden und haftungsausfüllende Kausalität" ergeben sich gegenüber anderen Schadensersatzansprüchen keine Besonderheiten.

404

---

295 BGH NJW 1989, 1794.
296 Siehe oben, Rn. 338 ff.; PALANDT, § 311, Rn. 25 ff.
297 PALANDT, § 276, Rn. 71.

… § 10 SCHADENSERSATZ WEGEN VORVERTRAGLICHER PFLICHTVERLETZUNG

VI. Verjährung und anspruchskürzendes Mitverschulden

Verjährung, Mitverschulden

1. Ist nach obigen Kriterien ein Anspruch aus den §§ 311 II, 241 II, 280 I BGB gegeben, so kann er zum einen wegen der Einrede der *Verjährung* gemäß § 214 I BGB undurchsetzbar geworden sein.

2. Für die c.i.c. gem. §§ 280 I, 311 II, 241 II BGB gilt grundsätzlich die allgemeine Verjährung aus den §§ 195, 199 BGB.

Ausnahmsweise kann aber auch die kürzere Verjährungsfrist des angebahnten Vertrages (§§ 548 BGB) bereits auf das vorvertragliche Schuldverhältnis angewendet werden.[298]

3. Zuletzt zu prüfen bleibt noch eine eventuelle Anspruchskürzung unter dem Gesichtspunkt eines *Mitverschuldens*. Dabei gilt für das Mitverschulden hier die allgemeine Vorschrift des § 254 BGB, die speziellen Normen §§ 122 II, 179 III BGB sind insoweit nicht verallgemeinerungsfähig.

C. Der Umfang des Ersatzanspruchs

Umfang

Maßgebliche Norm für den Umfang des Ersatzanspruchs ist § 249 BGB. Danach ist der Geschädigte so zu stellen, wie er ohne das schädigende Verhalten des anderen Teils stünde.

Ersatz des Vertrauensschadens

I. In der Regel bedeutet das im Rahmen der c.i.c., dass Ersatz des *Vertrauensschadens* zu leisten ist, wobei keine generelle Beschränkung auf den Betrag des Erfüllungsinteresses besteht.

Ersatzfähig sind daher beispielsweise auf den Vertrag gemachte Aufwendungen, aber auch der aus einem anderweitigen Vertrag entgangene Gewinn, wenn der Geschädigte diesen ohne das schuldhafte Verhalten seines Verhandlungspartners abgeschlossen hätte. Nicht zu ersetzen ist hingegen der Gewinn, den sich die geschädigte Partei aus dem Vertrag **erhofft** hat.[299]

Ausn.: Ersatz des Erfüllungsinteresses

II. Wäre allerdings ohne das Verschulden bei Vertragsverhandlungen der Vertrag mit dem vom Geschädigten erwarteten Inhalt wirksam zustande gekommen, dann erstreckt sich nach § 249 I BGB der c.i.c.-Anspruch auf das Erfüllungsinteresse.[300]

hemmer-Methode: Beachtet werden muss dann freilich, dass die der Wirksamkeit des Vertrages entgegenstehenden Normen nicht umgangen werden.

Ersatzfähiger Schaden bei c.i.c., §§ 280 I, 311 II

Rechtsfolge des § 280 I ist SE nach **§§ 249 ff.**: Geschädigter ist so zustellen, wie er *ohne* die Pflichtverletzung stünde

Da Geschädigter i.d.R. im Ergebnis dabei so zu stellen ist, wie wenn er die Vertragsverhandlungen **überhaupt nicht aufgenommen** hätte, entspricht der Schaden i.d.R. dem **neg. Interesse** (Vertrauensschaden).
Dies ist jedoch **nicht zwingend**: Wird z.B. bei der Problematik nach KK Nr. 28 infolge der Pflichtverletzung der Vertrag nicht (wirksam) geschlossen, ist Geschädigter so zu stellen, wie wenn Vertrag wirksam wäre: entspricht dem **positiven Interesse**! (vgl. aber KK 30)

---

[298] PALANDT, § 311, Rn. 56.
[299] PALANDT, § 311, Rn. 57.
[300] PALANDT, § 311, Rn. 58.

III. Zuletzt kann die c.i.c. dem Geschädigten auch einen Anspruch auf *Vertragsaufhebung* oder *Vertragsanpassung* geben:

Vertragsaufhebung

1. Dabei ergibt sich der Anspruch auf Vertragsaufhebung ebenfalls zwangsläufig aus § 249 I BGB in den Fällen, in denen durch die c.i.c. ein für den Geschädigten nachteiliger Vertrag geschlossen worden ist.[301]

410

Nach neuerer BGH-Rechtsprechung ist aber in jedem Fall Voraussetzung, dass die Sorgfaltspflichtverletzung zu einem Vermögensschaden geführt hat.[302]

Es besteht dann eine Konkurrenz zu den Regeln der Anfechtung. Der Anspruch auf Vertragsaufhebung kann auch im Wege der *Einrede* gegen den Erfüllungsanspruch des anderen Teils geltend gemacht werden.

Vertragsanpassung

2. In Fortentwicklung dieser Rechtsprechung ist mittlerweile bei nachteiligen Verträgen sogar ein Anspruch aus c.i.c. auf *Vertragsanpassung* anerkannt. Verlangt werden kann dann z.B. Herabsetzung des zu zahlenden Kaufpreises oder eine entsprechende Erhöhung der geschuldeten Vergütung.[303]

412

Diese Ansicht ist zwar Bedenken ausgesetzt, weil der Geschädigte letztlich so gestellt wird, als sei es ihm bei Kenntnis der wahren Sachlage gelungen, den Vertrag zu günstigeren Bedingungen abzuschließen, obwohl feststeht, dass sich der andere Teil auf diese Bedingungen nicht eingelassen hätte.[304]

Trotzdem kann die Vertragsanpassung als eine der Minderung im Rahmen des Vertragsrechts entsprechende Lösung durchaus zugelassen werden.

hemmer-Methode: Meist macht die Ermittlung des Schadensumfangs dem Studenten große Probleme; sehr leicht entsteht dabei nämlich eine Verwirrung bezüglich der Begriffe „positives und negatives Interesse". Gehen Sie daher zunächst allein von § 249 BGB aus und fragen Sie, wie der Geschädigte ohne das schädigende Ereignis stünde! Das positive Interesse wird nur in den Fällen geschuldet, in denen infolge einer Pflichtverletzung ein Vertrag nicht so zustande kommt oder erfüllt wird, wie das an sich von der geschädigten Partei vorgesehen war.

413

---

301 BGH NJW 62,1196; kritisch CANARIS, Handelsrecht, 22. Auflage, 1995, § 8 II 3 b, c, S.137.
302 BGH NJW 1998, 302.
303 BGHZ 69,56.
304 PALANDT, § 311, Rn. 51.

§ 11 SONSTIGE VERSCHULDENSABHÄNGIGE ANSPRUCHSGRUNDLAGEN

A. § 678 BGB

Schadensersatz bei unberechtigter GoA

Eine wichtige Anspruchsgrundlage auf Schadensersatz findet sich mit § 678 BGB für den Fall der unberechtigten GoA. Die Voraussetzungen dieser Anspruchsgrundlage sind:

414

---

1. Fremdes Geschäft

2. Fremdgeschäftsführungswille

3. Geschäftsführung verstößt gegen den wirklichen oder mutmaßlichen Willen des Geschäftsherrn

4. Übernahmeverschulden

5. Rechtsfolge: Ersatz aller adäquat kausalen Schäden

Voraussetzung für den Schadensersatzanspruch nach § 678 BGB ist, dass die Übernahme der Geschäftsführung *gegen den wirklichen oder mutmaßlichen Willen des Geschäftsherrn* erfolgt ist und infolge dieser unberechtigten GoA dem Geschäftsherrn ein adäquat kausaler Schaden entstanden ist.

Übernahmeverschulden

Weiter muss den Geschäftsführer ein sog. *Übernahmeverschulden* treffen. Dies ist der Fall, wenn der Geschäftsführer den entgegenstehenden Willen des Geschäftsherrn erkannt oder infolge Fahrlässigkeit nicht erkannt hat, d.h. bei Anwendung verkehrsüblicher Sorgfalt hätte erkennen müssen.[305]

415

bei Ausführungsverschulden ⇨ *§ 280 I BGB*

Auf ein Verschulden bei der Ausführung der unberechtigten GoA kommt es nicht an. Vielmehr sind die Fälle des Ausführungsverschuldens auch bei der unberechtigten GoA über die § 280 I BGB zu lösen.[306]

416

hemmer-Methode: Lernen in Zusammenhängen! Die Haftung des unberechtigten Geschäftsführers ähnelt wegen § 287 S.2 BGB sehr stark der des in Verzug geratenen Schuldners.
In beiden Fällen muss nur ein Verschulden hinsichtlich der Entstehung des „haftungsgefährlichen" Zustandes bestehen. Sowohl der Schuldner in Verzug als auch der unberechtigte Geschäftsführer haften dann auch für Schäden, die unabhängig von einem ihnen nachzuweisenden Verschulden entstanden sind, sofern ein adäquater Kausalzusammenhang besteht.

417

Bsp.: Als A in den verdienten Sommerurlaub aufgebrochen war, wollte sein Nachbar N ihm eine Freude machen und beschloss daher, nicht nur die Blumen seines Nachbarn zu gießen, sondern auch den Garten von dem üppig wuchernden „Unkraut" restlos zu befreien. Zurückgekehrt war A zunächst sprachlos vor Entsetzen, da N mit seiner Aufräum-Aktion nicht nur sämtliches „Unkraut", sondern v.a. sämtliche Saatproben des A vernichtet hat, welche er dringend für seine Diplomarbeit in Biologie benötigt. Wieder zur Sprache gekommen, verlangt A für das vernichtete Saatgut und die damit verbundene Verzögerung seines Abschlusses in Biologie Schadensersatz von N.

A könnte von N gem. § 678 BGB Schadensersatz verlangen.

418

---

305 PALANDT, § 678, Rn. 3.
306 Vgl. oben, Rn. 278 ff.; PALANDT, § 678, Rn. 4.

Mit der Beseitigung der Anpflanzungen wollte N ein Geschäft des A besorgen, handelte also mit Fremdgeschäftsführungswillen. Die Übernahme dieses Geschäftes durch N stand auch in Widerspruch zum wirklichen Willen des A. Auf eine eventuelle Kongruenz mit dem objektiv verstandenen Interesse an einem aufgeräumten Garten kommt es nicht an. Somit liegt seitens des N eine unberechtigte GoA vor. Diese hat A auch nicht gem. § 684 S.2 BGB genehmigt.

Weiter müsste die Übernahme der unberechtigten GoA durch N schuldhaft erfolgt sein. Zwar kannte der N den entgegenstehenden Willen des A nicht positiv, doch hätte er bei gehöriger Anstrengung erkennen können, dass der Zustand des Gartens von A, wenn schon nicht gewollt, so doch zumindest gebilligt wurde. Somit beruhte die Unkenntnis des N auf Fahrlässigkeit. Die Übernahme der unberechtigten GoA geschah folglich schuldhaft.

Sowohl die Zerstörung des Saatgutes als auch die Verzögerung des Studienabschlusses waren eine adäquate Folge der unberechtigten GoA. Auf ein diesbezügliches Verschulden des N kommt es nicht mehr an, da bezüglich des Schadens in Ausübung der GoA bei schuldhafter Übernahme eine Art gesetzlicher Garantiehaftung besteht.

Folglich kann A den geltendgemachten Schadensersatz von N aus § 678 BGB verlangen.

Anspruchsausschluss bei § 679 BGB

Ein Anspruch aus § 678 BGB kommt jedoch in den Fällen des § 679 BGB nicht in Betracht, da dann regelmäßig der Wille des Geschäftsherrn unbeachtlich ist und es somit an einer Voraussetzung für die Annahme unberechtigter GoA fehlt.

Beschränkung durch § 680 u. § 682 BGB

Zu beachten ist schließlich, dass eine Haftung des unberechtigten Geschäftsführers auch wegen des in § 680 BGB angeordneten Haftungsprivilegs bei Gefahrenabwehr[307] und der in § 682 BGB eingeschränkten Haftung von Geschäftsunfähigen und beschränkt Geschäftsfähigen ausgeschlossen[308] sein kann.

Schadensersatz bei angemaßter Eigengeschäftsführung, § 687 II BGB

Wie sich aus der Verweisung in § 687 II 1 BGB ergibt, kommt der Anspruch aus § 678 BGB aber auch im Fall der *angemaßten Eigengeschäftsführung* in Betracht, d.h. wenn jemand ein objektiv fremdes Geschäft in Kenntnis der Fremdheit dennoch als eigenes behandelt.

Bsp.:[309] G vermietet heimlich das Segelboot des H. Infolge eines plötzlichen Wetterumschwungs kentert das Boot. H verlangt von G Schadensersatz.

H kann von G gem. §§ 687 II, 678 BGB Schadensersatz für die Wiederherstellung des Bootes verlangen. Da G das Boot des H für eigene Rechnung vermieten wollte, liegt ein Fall der Geschäftsanmaßung vor. Somit ist G dem H nach dessen Wahl zum Ersatz aller durch die angemaßte Eigengeschäftsführung adäquat kausal entstandenen Schäden verpflichtet. Auf ein Verschulden des G kommt es dabei nicht an.

B. §§ 989, 990 BGB

Haftung des bösgläubigen, unrechtmäßigen Besitzers, §§ 989, 990 BGB

Zentrale Anspruchsgrundlage für Schadensersatz im Bereich des Eigentümer-Besitzer-Verhältnisses sind die §§ 989, 990 BGB. Danach kann der Eigentümer vom bösgläubigen bzw. verklagten unrechtmäßigen Besitzer Schadensersatz für die nach Eintritt der Rechtshängigkeit bzw. Bösgläubigkeit erfolgte Verschlechterung oder den Untergang der zu vindizierenden Sache verlangen.

hemmer-Methode: Da in diesem Zusammenhang viele Probleme des EBV als Vorfragen zu klären sind, sei diesbezüglich auf die eingängige Darstellung in Hemmer/Wüst, Sachenrecht I, Rn. 263 ff. verwiesen.

---

307 Zur Anwendbarkeit auf die unberechtigte GoA vgl. PALANDT, § 680, Rn. 1; HEMMER/WÜST Rückgriffsansprüche, Rn. 462.
308 PALANDT, § 682, Rn. 1.
309 Nach MEDICUS, BR, Rn. 417.

C. Notstand

I. § 228 S.2 BGB: Defensiv-Notstand

Schadensersatz bei Defensiv-Notstand

Eine etwas abgelegenere Anspruchsgrundlage für Schadensersatz stellt § 228 S.2 BGB dar. Gem. § 228 S.1 BGB ist die Beschädigung einer fremden Sache, welche im sog. *Defensiv-Notstand* erfolgt, nicht widerrechtlich, sofern die Beschädigung zur Abwehr einer von der Sache ausgehenden Gefahr erforderlich war.

Aus diesem Grund scheidet auch ein Anspruch des Eigentümers der Sache gem. § 823 I BGB aus. Dies gilt sogar dann, wenn der Schädiger den Defensiv-Notstand selbst verschuldet hat. In diesem Fall ist er aber dem Geschädigten gem. § 228 S.2 BGB schadensersatzpflichtig.

Verschulden der Notstandslage

Verschulden i.S.d. § 228 S.2 BGB liegt vor, wenn der Schädiger die Notstandslage verursacht oder sich vorsätzlich oder fahrlässig dieser gefahrbringenden Situation ausgesetzt hat.[310]

> *Bsp.:* A reizt eine Kuh auf der Weide des B solange, bis diese wutschnaubend auf ihn zuläuft. A erschießt die Kuh. B verlangt Schadensersatz.

Ein Schadensersatzanspruch des B aus § 823 I BGB würde die Rechtswidrigkeit der Eigentumsverletzung durch A voraussetzen. Da A die Kuh jedoch zur Rettung seines eigenen Lebens tötete und eine weniger drastische Verteidigungshandlung auch weniger Erfolg versprechend war, war seine Handlung gem. § 228 S.1 BGB (Defensiv-Notstand) gerechtfertigt. Allerdings hatte A die Verteidigungssituation schuldhaft herbeigeführt, indem die Kuh erst von ihm gereizt worden war. Somit kann B von A gem. § 228 S.2 BGB Ersatz für die getötete Kuh verlangen.

> **hemmer-Methode:** In § 228 S.2 BGB zieht der Gesetzgeber sozusagen die „Notbremse", wenn andere Schadensersatznormen aufgrund der Rechtfertigung des Handelns nicht greifen.
> Die Lösung, in provozierten Notstandslagen eine Rechtfertigung generell auszuschließen, würde der ratio legis, der Bewahrung höherwertiger Rechtsgüter, zuwider laufen. Um aber einen Interessenausgleich zwischen Eigentümer und Schädiger zu treffen, wird der Schädiger bei verschuldeter Notwehrlage zum Schadensersatz verpflichtet. Anderenfalls wäre es dem Schädiger jederzeit möglich, im Rahmen provozierter Notwehrsituationen die Rechtsgüter seiner „persönlichen Feinde" nach und nach ohne Rechtsfolge einer Schadensersatzverpflichtung zu zerstören. Bei unverschuldeter Notstandslage muss der Eigentümer aus dem Gedanken der Verantwortlichkeit für seinen Rechtsbereich auch die ersatzlose Beschädigung seiner Rechtsgüter hinnehmen, wenn von ihnen Gefahr für andere, höherwertigere Rechtsgüter droht.

II. § 904 S.2 BGB: Aggressiv-Notstand

Schadensersatz bei Aggressiv-Notstand

Als Anspruchsgrundlage für Schadensersatz bei gerechtfertigtem Handeln des Schädigers kommt neben § 228 S.2 BGB auch § 904 S.2 BGB in Betracht. Im Unterschied zu § 228 S.2 BGB wird bei § 904 S.2 BGB Ersatz für die Beschädigung einer Sache geschuldet, von der gerade *keine* Gefahr für die Rechtsgüter des Verteidigenden ausgeht (sog. *Aggressiv-Notstand*).

> *Bsp.:* A wird vom Pitbull des B angegriffen. A ergreift den Regenschirm des Passanten C und schlägt auf den Hund ein. Bzgl. des verletzten Hundes liegt ein Fall des § 228 S.1 BGB, bzgl. des kaputten Schirms ein Fall des § 904 S.1 BGB vor.

---

[310] PALANDT, § 228, Rn. 4.

hemmer-Methode: Wie sich aus dem Wortlaut des § 904 S.2 BGB eindeutig ergibt, setzt die an den Aggressiv-Notstand anknüpfende Schadensersatzpflicht kein Verschulden voraus. Die Darstellung des § 904 S.2 BGB an dieser Stelle erfolgt nur aus Gründen der Vollständigkeit im Zusammenhang mit § 228 S.2 BGB.

Ausgleich für Duldungspflicht gem. § 904 S.1 BGB

Auch bei § 904 BGB kann der Schädiger auf die Sache (eines Dritten) einwirken, ohne dabei nach den allgemeinen Vorschriften schadensersatzpflichtig zu werden, da seinem Handeln gegenüber dem Geschädigten die Rechtswidrigkeit fehlt.

Da der Geschädigte an der Entstehung der Gefahrenlage für den Schädiger regelmäßig nicht beteiligt war, wird ihm als Pendant dazu, dass er gem. § 904 S.1 BGB die Einwirkung auf seine Sache nicht verbieten darf, ein Schadensersatzanspruch zugestanden.

ersatzpflichtig ist Einwirkender

Aufgrund der leichteren Ermittelbarkeit für den Eigentümer richtet sich dieser Anspruch nach umstrittener, aber überzeugender Ansicht gegen den *Einwirkenden* und nicht gegen den Begünstigten der Nothilfehandlung.[311]

hemmer-Methode: § 904 S.2 BGB ist quasi der Rechtsfortwirkungsanspruch zu den §§ 862, 1004 BGB.

Bsp.: Auf einer Party des G wird D von einem betrunkenen Gast in ein „intensiveres Gespräch mit bestechenden Argumenten" verwickelt. Um D vor den Messerstichen des Gastes zu retten, schlägt S dem Gast die wertvolle Ming-Vase des G über den Schädel schlägt. Die Vase zerbricht. G verlangt von S Schadensersatz.

Zwar ist das Handeln des S gegenüber dem Angreifer gem. § 227 BGB gerechtfertigt. Doch kann diese Rechtfertigung nicht gegenüber dem Geschädigten G durchgreifen, da dieser nicht der Angreifer war.

Gegenüber G ist die Zerstörung der Ming-Vase jedoch gem. § 904 S.1 BGB gerechtfertigt. Dass S die Vase nicht zur eigenen Verteidigung, sondern zu der des D zerstörte, schließt die Rechtfertigung nicht aus, zumal dem S auch kein milderes Mittel zur Verteidigung des D offen stand.

Fraglich ist jedoch, gegen wen der Schadensersatzanspruch aus § 904 S.2 BGB besteht. Nach überwiegender Meinung richtet sich dieser Anspruch gegen den Einwirkenden S und nicht gegen den Begünstigten D, da ersterer i.d.R. für den Eigentümer leichter zu ermitteln ist.

Somit kann G von S Ersatz für die Zerstörung der Vase verlangen.

Da S gleichzeitig in berechtigter Geschäftsführung für D gehandelt hat, steht S gem. §§ 683 S.1, 670 BGB ein Freistellungsanspruch gegenüber D zu[312].

Anspruchsausschluss bei schuldhafter Verursachung

Zu beachten ist, dass der Anspruch des Eigentümers auf Schadensersatz entfällt, wenn er die *Notstandslage schuldhaft herbeigeführt* hat. Dabei reicht es jedoch nicht aus, dass die Ursache für die Gefahrenlage aus der Sphäre des Eigentümers kommt.[313]

kein Ausschluss bei Einwilligung

Der Anspruch bleibt aber auch dann bestehen, wenn der Eigentümer in die Einwirkung *eingewilligt* hat, da sich die rechtfertigende Wirkung der Einwilligung allenfalls auf die allgemeinen Schadensersatzansprüche (§ 823 I BGB) auswirken kann, während § 904 S.2 BGB gerade bei der gerechtfertigten Einwirkung auf fremde Sachen eingreift.

---

311 PALANDT, § 904, Rn. 5; a. A. HORN, JZ 1960, S.350; CANARIS, NJW 1964, 1987.
312 Vgl. Teil I, Rn 273 ff.
313 LG Freiburg NJW-RR 1989, 683 (Sprung aus brennendem Haus auf geparkten PKW).

WIEDERHOLUNGSFRAGEN: RANDNUMMER

1. Was ist der Grundtatbestand des Leistungsstörungsrechts? 1
2. Welche Arten von Schadensersatz sind im allgemeinen Schuldrecht zu unterscheiden? .... 2 ff.
3. Ist das allgemeine Schuldrecht neben dem Gewährleistungsrecht anwendbar? .... 14 ff.
4. Welche Anspruchsgrundlagen gewähren Schadensersatz statt der Leistung? .... 21 ff.
5. Welche Voraussetzungen hat ein Schadensersatzanspruch nach den §§ 280 I, III, 283? .... 26 ff.
6. Welche Anforderungen sind an den Anspruch zu stellen? .... 27 ff.
7. Wann ist ein Anspruch fällig? 31
8. Inwieweit hindern Einreden das Vorgehen nach § 281 BGB? 32
9. Wie verhält sich Unmöglichkeit zu § 281 BGB? .... 41 ff.
10. Kann ein Minderjähriger wirksam eine Frist nach § 281 setzen? 47
11. Ab wann kann eine Nachfrist gesetzt werden? 48
12. Welche Anforderungen sind an eine Fristsetzung zu stellen? 49
13. In welchen Fällen ist eine Fristsetzung entbehrlich? 58
14. Wann liegt eine ernsthafte und endgültige Erfüllungsverweigerung vor? 60
15. Worauf bezieht sich das Vertretenmüssen bei § 281? 66
16. Wann scheitert ein Anspruch aus § 281 BGB an der eigenen Vertragstreue? 70
17. In welchem Verhältnis stehen Primäranspruch und Anspruch aus § 281 BGB? 78
18. Stellen Sie die Wahlmöglichkeiten zur Ermittlung des Schadensersatzes bei gegenseitigen Verträgen dar! .... 82 ff.
19. Definieren Sie den kleinen und den großen Schadensersatz! 94, 95
20. Auf welchen Zeitpunkt ist für die Schadensermittlung abzustellen? 96
21. Was gilt bei der Schadensberechnung? 100
22. Was versteht man unter Unmöglichkeit? 111
23. Wann liegt Unmöglichkeit vor? Welche Fallgruppen unterscheidet man? .... 113 ff.
24. Was gilt beim absoluten Fixgeschäft? .... 121 ff.
25. Was gilt beim relativen Fixgeschäft? 125
26. Grenzen Sie absolutes und relatives Fixgeschäft voneinander ab! 126
27. Was gilt bei wirtschaftlicher Unmöglichkeit? 141
28. Wann tritt Unmöglichkeit der Leistung bei Gattungsschulden ein? 146
29. Wann tritt bei einer Gattungsschuld Konkretisierung ein? .... 147 ff.
30. Wer trägt die Beweislast für die Unmöglichkeit? 158
31. Wie grenzt man anfängliche und nachträgliche Unmöglichkeit ab? 162
32. Wann ist der Schadensersatzanspruch nach § 311a II 2 BGB ausgeschlossen? 163
33. Auf was bezieht sich das Vertretenmüssen bei § 283 BGB? 171
34. Woraus können sich Haftungserleichterungen und Verschärfungen ergeben? .... 172 ff.; 175
35. Was gilt bei Zusammentreffen von Schuldner- und Gläubigerverzug? 178
36. Welche Rechtsfolgen ergeben sich aus der beiderseits zu vertretenden Unmöglichkeit? 183
37. Wann kommt ein Schadensersatzanspruch nach den §§ 280 I, II, 282 in Betracht? 185
38. Gilt § 376 HGB beim handelsrechtlichen absoluten Fixgeschäft? 194
39. Grenzen Sie § 281 BGB und § 376 HGB voneinander ab! 195
40. Was sind die Voraussetzungen für einen Anspruch aus § 376 HGB? 196
41. Ist für § 376 HGB Schuldnerverzug erforderlich? 198

42.	Kann im Fall des Rücktritts nach § 376 HGB auch Ersatz des Verzugsschadens verlangt werden?	199
43.	Wie wird i.R.d. § 376 HGB der Schaden berechnet?	200
44.	Definieren Sie den Begriff "Schuldnerverzug"!	203
45.	Was sind die Voraussetzungen für einen Anspruch aus den §§ 280 I, II, 286 BGB?	204
46.	Welche Anforderungen sind an die Mahnung zu stellen?	223
47.	Worin liegt der Unterschied zwischen der Bestimmtheit und der Berechenbarkeit der Leistungszeit nach dem Kalender?	236
48.	Definieren Sie den Begriff der Rechnung im Sinne des § 286 III BGB!	241
49.	Was ist unter Verzögerungsschäden zu verstehen?	247
50.	Wann liegt Annahmeverzug vor?	256
51.	Was gilt bei vorübergehendem Unvermögen des Schuldners?	264
52.	Was gilt bei vorübergehender Annahmeverhinderung des Gläubigers?	267
53.	Welche Arten von Pflichtverletzungen sind bei § 280 I zu unterscheiden?	271
54.	Unter welchen Voraussetzungen werden sonstige Schäden ersetzt?	273
55.	Was gilt bei Schlechtleistung i.R. einer GoA? Welcher Verschuldensmaßstab ist anzuwenden?	276
56.	Was gilt bei der unberechtigten GoA?	277
57.	Welche Probleme können sich i.R.d. § 280 I BGB beim Gesellschaftsvertrages stellen?	283
58.	Grenzen Sie § 280 I BGB zum Mietrecht ab!	284 f.
59.	Wann verjähren Ansprüche des Vermieters aus § 280 I BGB?	287
60.	Können Mitmieter untereinander Ansprüche aus § 280 I BGB geltend machen?	288 f.
61.	Nennen Sie Beispiele für gesetzliche Schuldverhältnisse!	295
62.	Kommt bei Gefälligkeitsverhältnissen eine Haftung aus § 280 I BGB in Betracht?	298
63.	Gibt es nach Beendigung eines Schuldverhältnisses eine Haftung aus § 280 I BGB?	299
64.	Gibt es Ansprüche aus § 280 I BGB wegen Verletzung des nachbarlichen Gemeinschaftsverhältnisses?	301
65.	Welche Fallkonstellationen gilt es i.R.d. Schlechtleistung auseinander zu halten?	272
66.	Was versteht man unter Schutzpflichtverletzung?	313
67.	Wann trifft den Schuldner eine Aufklärungspflicht?	315
68.	Wann liegt eine Verletzung der Mitwirkungspflicht vor?	319
69.	Was ist die Rechtsgrundlage der c.i.c.?	334
70.	Welche Voraussetzungen hat ein Anspruch gemäß den §§ 311 II, 241 II, 280 I BGB?	335
71.	Ist die c.i.c. im Sachmängelgewährleistungsrecht anwendbar?	338
72.	Ist die c.i.c. neben einer Anfechtung anwendbar?	340 ff.
73.	Ist die c.i.c. neben den §§ 280 I, III, 281, 283 bzw. § 311a II 1 BGB anwendbar?	343
74.	Was gilt bei der Rechtsscheinsvollmacht?	344 ff.
75.	Ist neben §§ 177 ff BGB ein Anspruch aus c.i.c. möglich?	347 ff.
76.	Können Minderjährige aus c.i.c. haften?	353 ff.
77.	Was gilt, wenn der abgeschlossene Vertrag gegen ein gesetzliches Verbot verstößt?	357
78.	Definieren Sie "vorvertragliche Sonderverbindung"!	358
79.	Unter welchen Voraussetzungen kommt eine Eigenhaftung von Vertretern bzw. Verhandlungsgehilfen in Betracht?	365
80.	Was versteht man unter Sachwalterhaftung?	371
81.	Wer haftet i.R.d. sog. Prospekthaftung? Warum?	374
82.	Nennen Sie Beispiele für Schutzpflichtverletzungen!	377

WIEDERHOLUNGSFRAGEN

83. Wem gegenüber bestehen diese Schutzpflichten? ... **378 f.**
84. Reicht die c.i.c. als Sonderverbindung i.R.d. §§ 254 II S.2, 278 BGB aus? ... **384**
85. Was gilt beim Abbruch von Vertragsverhandlungen? ... **387**
86. Was beim Abschluß unwirksamer Verträge? ... **395**
87. Was gilt beim Abschluss inhaltlich nachteiliger Verträge? ... **401 f.**
88. Was gilt für das Verschulden i.R.d. c.i.c.? ... **403**
89. Innerhalb welcher Frist verjähren Ansprüche aus c.i.c.? ... **405**
90. Was gilt für das Mitverschulden bei der c.i.c.? ... **406**
91. Welchen Umfang hat der Ersatzanspruch aus c.i.c.? ... **407 ff.**
92. Was muß bei dem Anspruch auf Vertragsaufhebung, bzw. -anpassung beachtet werden? ... **410 ff.**
93. Unter welchen Voraussetzungen haftet der Geschäftsführer nach § 678 BGB? ... **414 f.**
94. Was gilt bei sog. Ausführungsverschulden des Geschäftsführers? ... **416**
95. Wann ist der Anspruch aus § 678 BGB ausgeschlossen? ... **419**
96. Was gilt bei angemaßter Eigengeschäftsführung? ... **421**
97. Wann kommt beim Defensiv-Notstand eine Schadensersatzverpflichtung in Betracht? ... **424**
98. Gegen wen richtet sich der Schadensersatzanspruch beim Aggressiv-Notstand? ... **431**
99. Was gilt, wenn die Notstandslage vom Geschädigten verschuldet worden ist? ... **433**
100. Schließt eine Einwilligung des Eigentümers den Anspruch aus § 904 S.2 BGB aus? ... **434**

STICHWORTVERZEICHNIS

Die Zahlen verweisen auf die Randnummern des Skripts.

A

Abbruch von Vertragsverhandlungen	387
Abmahnung statt Fristsetzung	57
Abschluss unwirksamer Verträge	395
absolutes Fixgeschäft	121
abstrakte Schadensberechnung	108
Aggressivnotstand	428
Aliud	49
Anfechtung (Abgrenzung zur c.i.c.)	340
Angemessenheit der Fristsetzung	51
Annahmeverhinderung	267
Annahmeverzug	256 ff.
Ausführungsverschulden	277
Auskunfts- & Aufklärungspflicht	315

B

beiderseitig zu vertretene Unmöglichkeit	180
Bringschuld	152

C

culpa in contrahendo, §§ 311 II, 241 II, 280 I BGB

Abbruch von Vertragsverhandlungen	
Abgrenzung	
zum allg. Schuldrecht	343
zum Vertretungsrecht	344
zu Sachmängelgewährleistung	338
zur Anfechtung	340
Abschluss inh. nachteiliger Verträge	401
ähnl. geschäftliche Kontakte	361
Anbahnung von Vertrag	360
Anspruchsgrundlage	334
Aufnahme von Vertragsverhandlungen	359
c.i.c. und Minderjährigenrecht	353
c.i.c. und Verbotsgesetz (§ 134 BGB)	357
Entstehungsgeschichte	333
Fehlen der Vertretungsmacht	347
Haftung Dritter nach § 311 III BGB	362
Minderjährigenrecht	353
Mitverschulden	405
Pflichtverletzung, Fallgruppen	376
Prüfungsschema	335
Rechtsgrundlagen	334
Schaden	404
Schuldverhältnis	358
Schutzpflichten	377
Schwäche des Deliktrechts	333
Verjährung	405
Vertretenmüssen	403
Voraussetzungen	335
Vorvertragliche Sonderverbindung	
ähnliche geschäftl. Kontakte	361
Anbahnung von Vertrag	360
Aufnahme von Vertragsverhandlungen	359

D

Deckungsgeschäft	105
Defensivnotstand	424
Differenz- & Surrogationstheorie	83
Differenzhypothese	102

E

Eigenhaftung Dritter nach § 311 III BGB	362
Eigengeschäftsführung, angemaßte	421 ff.
Eigentümer- Besitzer- Verhältnis	423
Entbehrlichkeit der Fristsetzung	58
Erfüllungsverweigerung	
bei Schuldnerverzug	237
nach Fristsetzung	60

F

faktische Unmöglichkeit	135
Fixgeschäft	
Abgrenzung	121
absolutes	121
handelsrechtliches	194
relatives	125
Fixhandelskauf	194
Fristsetzung bzw. Entbehrlichkeit	
bei §§ 280 I, III, 281 BGB	47

G

Gattungsschulden, Unmöglichkeit	143
Gefälligkeitsverhältnis	297
Gemeinschaftsverhältnis	301
gestörter Gesamtschuldnerausgleich	385
Gewährleistungsrecht	
Abgrenzung zum allg. Schuldrecht	8
Abgrenzung zur c.i.c.	338
Gläubigerverzug	256 ff.
Abgrenzung zum Schuldnerverzug	256
Annahmeverhinderung	267
bestimmter Zeitpunkt	261
keine Unmöglichkeit	264
Nichtannahme der Leistung	256
Prüfungsschema	258
tatsächliches Angebot	259
Voraussetzungen	258
vorübergehende Annahmeverhinderung	267
GoA	276 ff.

H

Haftungserleichterungen	173; 279; 305
Haftungsverschärfung	175
Holschuld	150
höchstpersönliche Leistungen	130

STICHWORTVERZEICHNIS

I
innerbetrieblicher Schadensausgleich — 281

J
juristische Unmöglichkeit — 116
„just-in-time"-Verträge — 64

K
konkrete Schadensberechnung — 102
Konkretisierung, §§ 243 II, 300 II BGB — 148

L
Leistungszeit — 231

M
Mahnung
- Angemessenheit der Frist — 236
- Berechenbarkeit der Leistungszeit — 232
- Bestimmtheit — 223
- Entbehrlichkeit — 230
- Erfüllungsverweigerung — 237
- falsche Betragsangabe — 225
- Generalklausel des § 286 II Nr. 4 BGB — 238
- kalendermäßige Bestimmung — 231
- Potestativbedingung — 224
- rechtsgeschäftsähnliche Handlung — 221
- Regelung des § 286 III BGB — 240
- Verzicht — 239

Mangelfolgeschaden — 10
Mietvertragl. Gewährleistungsrecht
- Abgrenzung zum allg. Schuldrecht — 18
- Schönheitsreparaturen — 45

Mitverschulden (Zurechnung) — 381; 405
moralische Unmöglichkeit — 129

N
nachbarschaftliches Gemeinschaftsverhältnis — 301
Nachfristsetzung
- Angemessenheit — 53
- Sinn und Zweck — 11

naturgesetzliche Unmöglichkeit — 115
Nichtleistungsbezogen Pflichten — 185 ff.
Notstand
- Aggressivnotstand — 428
- Defensivnotstand — 424

O
objektive/subjektive Unmöglichkeit — 114

P
Pflichtverletzung
positive Vertragsverletzung
- (siehe SchE bei Verletzung (nicht-) leistungsbezogener Pflichten nach §§ 280 I, 241 I/II BGB)

Potestativbedingung — 224
Prospekthaftung — 373

R
Rechtsscheinsvollmacht (Abgrenzung zur c.i.c.) — 344

S
Sachwalterhaftung, § 311 III 2 BGB — 371
Schadensberechnung — 100 ff.
- abstrakte — 108; 200
- konkrete — 102; 200

Schadensermittlung
- bei teilweiser Leistung — 89; 91
- bei mangelhafter Leistung — 89; 92
- Differenz- & Surrogationstheorie — 83
- maßgeblicher Zeitpunkt — 96

Schadensersatz
- Anspruchsgrundlagen — 2; 25; 196; 271; 414
- bei Verletzung leistungsbezogener Pflichten nach §§ 280 I, 241 I BGB
   - bei Gesellschaftsvertrag — 283
   - bei GoA — 276
   - bei Nebenpflichtverl. des Mietevertrags — 284
   - Bestehen von Schuldverhältnis — 291
   - Gefälligkeitsvertrag — 297
   - Konkurrenz zum GewährleistungsR — 274
   - Pflichtverletzung — 304
   - Rechtsfolge — 306
   - Vertrag mit Schutzwirkung — 289
   - Vertretenmüssen — 305
- bei Verletzung nichtleistungsbezogener Pflichten nach §§ 280 I, 241 II BGB
   - Auskunfts- & Aufklärungspflicht — 315
   - Bestehen von Schuldverhältnis — 311
   - Mitwirkungspflicht — 319
   - Pflichtverletzung — 312
   - Schaden — 323
   - Schutzpflichtverletzung — 313
   - Verjährung — 326
   - Vertretenmüssen — 322
- bei Verzögerungsschäden, §§ 280 I, II, 286
   - Beweislast — 215
   - Nichtleistung als Pflichtverletzung — 207
   - Rechtsfolge — 247
   - Schuldnerverzug — 216 ff.
   - Schuldverhältnis — 205
   - Verjährung — 255
   - Vertretenmüssen — 211
   - Verzögerungsschaden — 247
- bei vorvertragl. Pflichtverletzung, §§ 311 II, 241 II 280 I
   - (siehe culpa in contrahendo)
- statt Leistung bei nichtleistungsbez. Pflichten
   - Pflichtverletzung nach § 241 II BGB — 187
   - Prüfungsschema — 185
   - Rechtsfolge — 192

Unzumutbarkeit für Gläubiger	189
Vertretenmüssen	188
Voraussetzungen	185

statt der Leistung bei Unmöglichkeit
    (siehe Unmöglichkeit)

statt der Leistung nach §§ 280 I, III, 281 BGB

Abmahnung statt Fristsetzung	57
Angemessenheit der Fristsetzung	51
Anspruch auf die Leistung	27 ff.
Einredefreiheit des Anspruchs	32
Erfüllungsverweigerung	60
Fälligkeit der Leistung	31
Fixgeschäft	42; 121
Fristsetzung bzw. Entbehrlichkeit	46
Möglichkeit der Leistung	41
Schadensberechnung	100 ff.
Schadensermittlung	81
Teilleistung, Schadensersatz	89
Voraussetzungen	26
Vertragstreue des Gläubigers	68
Vertretenmüssen	66
Zurückbehaltungsrechte	36

weitere Anspruchsgrundlagen

bösgl. unrechtmäßiger Besitzer	423
Notstand	424
unberechtigte GoA	414

wegen Nichterfüllung nach § 376 I HGB

Voraussetzungen	196
Schadensberechnung	199

Schickschuld   **151**

Schlechtleistung

als Pflichtverletzung	272
Verh. des allg. Schuldrechts zum Mängelrecht	14

Schönheitsreparaturen   **45**

Schuldarten   **150 ff.**

Schuldnerverzug

Abgrenzung zu Unmöglichkeit	217
Erfüllungsverweigerung	237
Fälligkeit	216
Fixgeschäfte	128
Generalklausel nach § 286 I Nr. 4 BGB	238
Mahnung	219
nach Rechnungslegung	240
Verzicht auf Mahnung	239
Verzögerungsschaden	247
Zusammentreffen mit Gläubigerverzug	178

Schwäche des Deliktsrecht   **333**

Subjektiver Haftungsmaßstab   **173**

Surrogations- & Differenztheorie   **83**

T

Teilunmöglichkeit   **94; 286**

Teilleistung   **89**

U

Übernahmeverschulden	**277; 414**
Unmöglichkeit	**109 ff.**
anfängliche/nachträgliche Unmöglichkeit	109
Anspruchsgrundlagen	109
beiderseitig zu vertretene	180
bei Gattungsschulden	143
Darlegungs- und Beweislast	158
Definition	110
faktische Unmöglichkeit	135
Fixgeschäfte	121 ff.
juristische Unmöglichkeit	116
moralische Unmöglichkeit	129
objektive/subjektive Unmöglichkeit	114
Vertretenmüssen	163; 171
Voraussetzungen	159; 167
vorübergehende Unmöglichkeit	156
wirtschaftliche Unmöglichkeit	141
Zweckerreichung, -fortfall & -störung	117

V

Verjährung

c.i.c. (§§ 311 II, 241 II 280 I BGB)	405
pVV (§§ 280 I, 241 I / II BGB)	326

Vertretenmüssen bei

SchE nach §§ 280 I, 241 I	305
SchE nach §§ 280 I, 241 II	322
SchE nach §§ 280 I, II, 286	204
SchE nach §§ 311 II, 241 II 280 I (sog. c.i.c.)	403
SchE statt der Leistung bei Unmöglichkeit	163; 171
SchE statt der Leistung nach §§ 280 I, III, 281	66
SchE statt Leist. nach §§ 280 I, III, 282, 241 II	188

Vertrag mit Schutzwirkung	**380**
Vertragsverhandlungen, Abbruch von	**387**
Vertreter, Rechtsscheinsvollmacht	**344**
Verzögerungsschaden	**247**

Verzug

Gläubigerverzug	256 ff.
Schuldnerverzug	216 ff.

vorübergehende Annahmeverhinderung	**267**
vorvertragliche Sonderverbindung	**359 ff.**

W

Wahlmöglichkeiten

Art der Schadensbemessung	108
zwischen Primäranspruch und Schadensersatz statt der Leistung	35

wirtschaftliche Unmöglichkeit   **141**

Z

Zurückbehaltungsrechte	**36**
Zusammentreffen Schuldner- & Gläubigerverzug	**178**
Zweckerreichung	**117**
Zweckfortfall	**118**
Zweckstörung	**119**

hemmer/wüst
Verlagsgesellschaft mbH

VERLAGSPROGRAMM
2007
Jura mit den Profis

WWW.HEMMER-SHOP.DE

Liebe Juristinnen und Juristen,

Auch beim Lernmaterial gilt:
„Wer den Hafen nicht kennt, für den ist kein Wind günstig" (Seneca).
Häufig entbehren Bücher und Karteikarten der Prüfungsrealität. Bei manchen Produkten stehen ausschließlich kommerzielle Interessen im Vordergrund. Dies ist gefährlich: Leider kann der Student oft nicht erkennen wie gut ein Produkt ist, weil ihm das praktische Wissen für die Anforderungen der Prüfung fehlt.
Denken Sie deshalb daran, je erfahrener die Ersteller von Lernmaterial sind, um so mehr profitieren Sie. Unsere Autoren im Verlag sind alle Repetitoren. Sie wissen, wie der Lernstoff richtig vermittelt wird. Die Prüfungsanforderungen sind uns bekannt.
Unsere Zentrale arbeitet seit 1976 an examenstypischem Lernmaterial und wird dabei von hochqualifizierten Mitarbeitern unterstützt.
So arbeiteten z.B. ehemalige Kursteilnehmer mit den Examensnoten von 16,0; 15,54; 15,50; 15,25; 15,08; 14,79; 14,7; 14,7; 14,4; 14,25; 14,25; 14,08; 14,04 ... als Verantwortliche an unserem Programm mit. Unser Team ist Garant, um oben genannte Fehler zu vermeiden.
Lernmaterial bedarf ständiger Kontrolle auf Prüfungsrelevanz. Wer sonst als derjenige, der sich täglich mit Examensthemen beschäftigt, kann diesem Anforderungsprofil gerecht werden.

Gewinnen Sie, weil

- gutes Lernmaterial Verständnis schafft
- fundiertes Wissen erworben wird
- Sie intelligent lernen
- Sie sich optimal auf die Prüfungsanforderungen vorbereiten
- Jura Spaß macht

und Sie letztlich unerwartete Erfolge haben, die Sie beflügeln werden.

Damit Sie sich Ihre eigene Bibliothek als Nachschlagewerk nach und nach kostengünstig anschaffen können, schlagen wir Ihnen speziell für die jeweiligen Semester Skripten und Karteikarten vor. Bildung soll für jeden bezahlbar bleiben, deshalb der studentenfreundliche Preis.

Viel Spaß und Erfolg beim intelligenten Lernen.

HEMMER Produkte - im Überblick

Grundwissen

- Skripten „Grundwissen"
- Die wichtigsten Fälle
- Musterfälle für die Zwischenprüfung
- Lexikon, die examenstypischen Begriffe

Basiswissen für die Scheine

- Die Basics
- Die Classics

Examenswissen

- Skripten Zivilrecht
- Skripten Strafrecht
- Skripten Öffentliches Recht
- Skripten Wahlfach
- Die Musterklausuren für's Examen

Karteikarten

- Die Shorties
- Die Karteikarten
- Übersichtskarteikarten

BLW-Skripten

Assessor-Skripten/-karteikarten

Intelligentes Lernen/Sonderartikel

- Coach dich - Psychologischer Ratgeber
- Lebendiges Reden - Psychologischer Ratgeber
- Lernkarteikartenbox
- Der Referendar
- Klausurenblock
- Gesetzesbox
- Wiederholungsmappe
- Jurapolis - das hemmer-Spiel

Life&LAW - die hemmer-Zeitschrift

Alle Preise gültig ab 01/2007

HEMMER Skripten - Logisch aufgebaut!

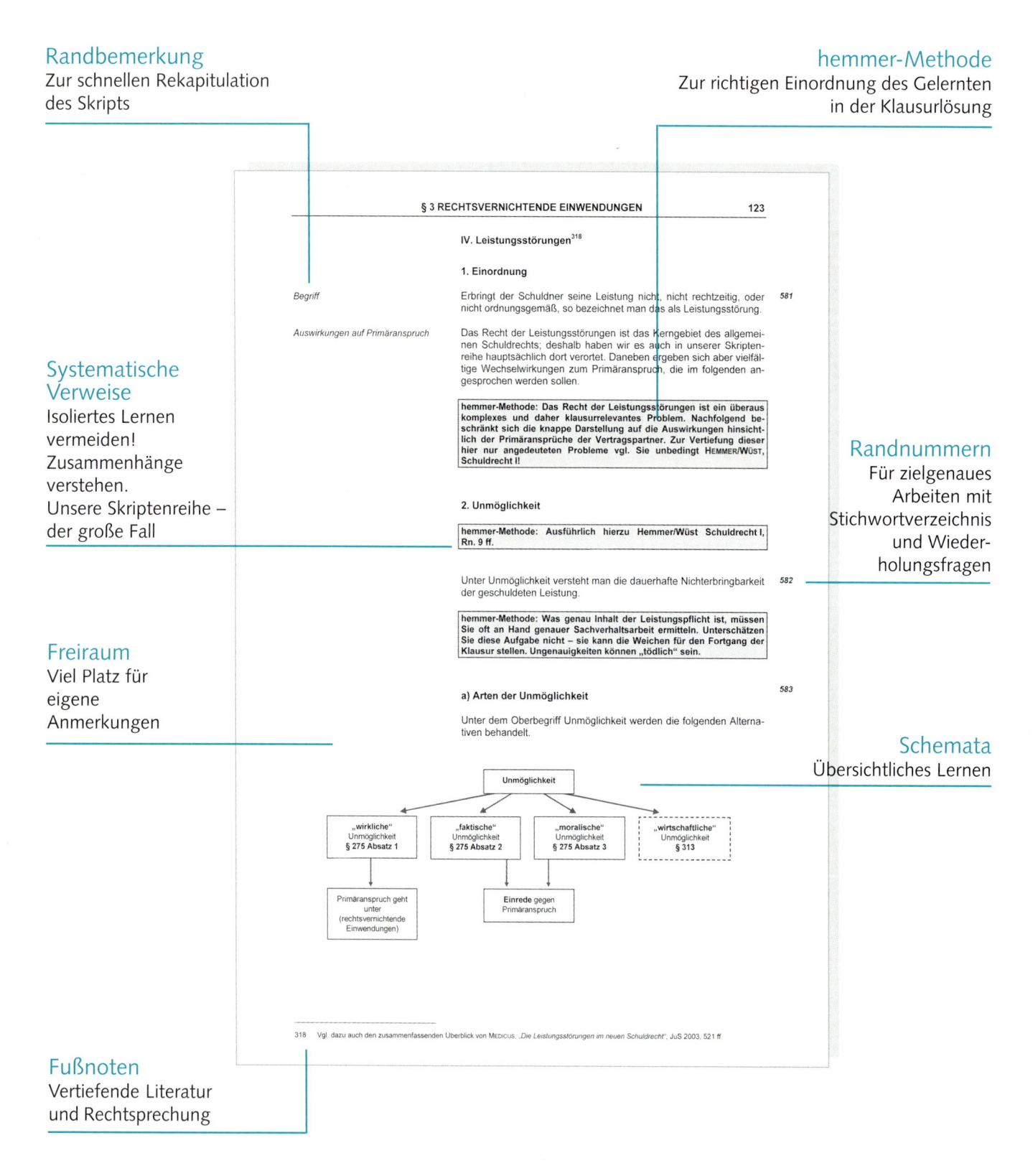

Intelligentes Lernen — schnell & effektiv

Randbemerkung
Zur schnellen Rekapitulation des Skripts

hemmer-Methode
Zur richtigen Einordnung des Gelernten in der Klausurlösung

Systematische Verweise
Isoliertes Lernen vermeiden! Zusammenhänge verstehen.
Unsere Skriptenreihe – der große Fall

Randnummern
Für zielgenaues Arbeiten mit Stichwortverzeichnis und Wiederholungsfragen

Freiraum
Viel Platz für eigene Anmerkungen

Schemata
Übersichtliches Lernen

Fußnoten
Vertiefende Literatur und Rechtsprechung

---

§ 3 RECHTSVERNICHTENDE EINWENDUNGEN — 123

IV. Leistungsstörungen[318]

1. Einordnung

Begriff

Erbringt der Schuldner seine Leistung nicht, nicht rechtzeitig, oder nicht ordnungsgemäß, so bezeichnet man das als Leistungsstörung. — 581

Auswirkungen auf Primäranspruch

Das Recht der Leistungsstörungen ist das Kerngebiet des allgemeinen Schuldrechts; deshalb haben wir es auch in unserer Skriptenreihe hauptsächlich dort verortet. Daneben ergeben sich aber vielfältige Wechselwirkungen zum Primäranspruch, die im folgenden angesprochen werden sollen.

> **hemmer-Methode:** Das Recht der Leistungsstörungen ist ein überaus komplexes und daher klausurrelevantes Problem. Nachfolgend beschränkt sich die knappe Darstellung auf die Auswirkungen hinsichtlich der Primäransprüche der Vertragspartner. Zur Vertiefung dieser hier nur angedeuteten Probleme vgl. Sie unbedingt HEMMER/WÜST, Schuldrecht I!

2. Unmöglichkeit

> **hemmer-Methode:** Ausführlich hierzu Hemmer/Wüst Schuldrecht I, Rn. 9 ff.

Unter Unmöglichkeit versteht man die dauerhafte Nichterbringbarkeit der geschuldeten Leistung. — 582

> **hemmer-Methode:** Was genau Inhalt der Leistungspflicht ist, müssen Sie oft an Hand genauer Sachverhaltsarbeit ermitteln. Unterschätzen Sie diese Aufgabe nicht – sie kann die Weichen für den Fortgang der Klausur stellen. Ungenauigkeiten können „tödlich" sein.

a) Arten der Unmöglichkeit — 583

Unter dem Oberbegriff Unmöglichkeit werden die folgenden Alternativen behandelt.

```
                    Unmöglichkeit
         ┌──────────┬──────────┬──────────┐
    „wirkliche"  „faktische"  „moralische"  „wirtschaftliche"
   Unmöglichkeit Unmöglichkeit Unmöglichkeit  Unmöglichkeit
   § 275 Absatz 1 § 275 Absatz 2 § 275 Absatz 3    § 313
         │            │            │
   Primäranspruch    Einrede gegen
   geht unter        Primäranspruch
   (rechtsvernichtende
   Einwendungen)
```

---
[318] Vgl. dazu auch den zusammenfassenden Überblick von MEDICUS, „Die Leistungsstörungen im neuen Schuldrecht", JuS 2003, 521 ff.

examenstypisch - anspruchsvoll - umfassend

Grundwissen

Für Ihr Jurastudium ist es nötig, sich schnell mit dem notwendigen Basiswissen einen Überblick zu verschaffen. Was aber ist wichtig und richtig?

Bei der Fülle der Ausbildungsliteratur kann einem die Lust auf Jura vergehen. Wir beschränken uns in dieser Ausbildungsphase auf das Wesentliche. Weniger ist mehr.

Skripten Grundwissen

Die Reihe „Grundwissen" stellt die theoretische Ergänzung unserer Reihe „die wichtigsten Fälle" dar.

Mit ihr soll das notwendige Hintergrundwissen vermittelt werden, welches für die Bewältigung der Fallsammlungen erforderlich ist. Auf diese Art und Weise ergänzen sich beide Reihen ideal. Hilfreich dabei sind Verweisungen auf die jeweiligen Fälle der Fallsammlungen, so dass man das Erlernte gleich klausurtypisch anwenden kann.

Die Darstellung erfolgt bewusst auf sehr einfachem Niveau. Es werden also für die Bewältigung der Ausführungen keine Kenntnisse vorausgesetzt. Ebenso wird bewusst auf Vertiefungshinweise verzichtet. Eine Vertiefung kann erfolgen, wenn die Kenntnisse anhand der Fälle wiederholt wurden. Dazu werden Hinweise in den Fallsammlungen gegeben.

Grundwissen und die Reihe „Die wichtigsten Fälle" sind so das ideale Lernsystem für eine klausur- und damit prüfungstypische Arbeitsweise.

Grundwissen Zivilrecht

BGB AT (111.10)	6,90 €
Schuldrecht AT (111.11)	6,90 €
erhältlich ab Frühjahr 2007	
Schuldrecht BT I (111.12)	6,90 €
Schuldrecht BT II (111.13)	6,90 €
Sachenrecht I (111.14)	6,90 €
Sachenrecht II (111.15)	6,90 €

Grundwissen Strafrecht

erhältlich ab Frühjahr 2007	
Strafrecht AT (112.20)	6,90 €
Strafrecht BT I (112.21)	6,90 €

Grundwissen Öffentliches Recht

Staatsrecht (113.30)	6,90 €
Verwaltungsrecht (113.31)	6,90 €

Grundwissen

Die wichtigsten Fälle

Die vorliegende Fallsammlung ist für Studenten in den ersten Semestern gedacht. Gerade in dieser Phase ist es wichtig, bei der Auswahl der Lernmaterialien den richtigen Weg einzuschlagen.

Die Gefahr zu Beginn des Studiums liegt darin, den Stoff zu abstrakt zu erarbeiten. Ein problemorientiertes Lernen, d.h. ein Lernen am konkreten Fall, führt zum Erfolg. Das gilt für die kleinen Scheine/die Zwischenprüfung genauso wie für das Examen. Wer gelernt hat, sich die Probleme des Falles aus dem Sachverhalt schnell zu erschließen, schreibt die gute Klausur.

Bei der Anwendung dieser Lernmethode sind wir Marktführer. Profitieren Sie von der 30-jährigen Erfahrung des Juristischen Repetitoriums hemmer im Umgang mit Examensklausuren. Diese Erfahrung fließt in sämtliche Skripten des Verlages ein. Das Repetitorium beschäftigt ausschließlich Spitzenjuristen, teilweise Landesbeste ihres Examenstermins. Die so erreichte Qualität in Unterricht und Skripten werden Sie woanders vergeblich suchen. Lernen Sie mit den Profis!

Ihre Aufgabe als Jurist wird es einmal sein, konkrete Fälle zu lösen. Diese Fähigkeit zu erwerben ist das Ziel einer guten juristischen Ausbildung. Nutzen Sie die Chance, diese Fähigkeit bereits zu Beginn Ihres Studiums zu trainieren. Erarbeiten Sie sich das notwendige Handwerkszeug anhand unserer Fälle. Sie werden feststellen:

Wer Jura richtig lernt, dem macht es auch Spaß. Je mehr Sie verstehen, desto mehr Freude werden Sie haben, sich neue Probleme durch eigenständiges Denken zu erarbeiten. Wir bieten Ihnen mit unserer juristischen Kompetenz die notwendige Hilfestellung.

Fallsammlungen gibt es viele. Die Auswahl des richtigen Lernmaterials ist jedoch der entscheidende Aspekt. Vertrauen Sie auf unsere Erfahrungen im Umgang mit Prüfungsklausuren. Unser Beruf ist es, alle klausurrelevanten Inhalte zusammenzutragen und verständlich aufzubereiten. Prüfungsinhalte wiederholen sich. Wir vermitteln Ihnen das, worauf es in der Prüfung ankommt – verständlich – knapp – präzise.

BGB AT (115.21)	12,80 €
Schuldrecht AT (115.22)	12,80 €
Schuldrecht BT (115.23)	12,80 €
GOA-BereicherungsR (115.24)	12,80 €
Deliktsrecht (115.25)	12,80 €
Verwaltungsrecht (115.26)	12,80 €
Staatsrecht (115.27)	12,80 €
Strafrecht AT (115.28)	12,80 €
Strafrecht BT I (115.29)	12,80 €
Strafrecht BT II (115.30)	12,80 €
Sachenrecht I (115.31)	12,80 €
Sachenrecht II (115.32)	12,80 €
ZPO I (115.33)	12,80 €
ZPO II (115.34)	12,80 €
Handelsrecht (115.35)	12,80 €
Erbrecht (115.36)	12,80 €
Familienrecht (115.37)	12,80 €
Gesellschaftsrecht (115.38)	12,80 €
Arbeitsrecht (115.39)	12,80 €
StPO (115.40)	12,80 €

Sonderband
Der Streit- und Meinungsstand im neuen Schuldrecht

Der hemmer/wüst Verlag stellt mit dem vorliegenden Werk die umstrittensten Problemkreise in 24 Fällen des neuen Schuldrechts dar, zeigt den aktuellen Meinungsstand auf und schafft so einen Überblick. Es wird das notwendige Wissen vermittelt.

115.20 *14,80 €*

Grundwissen

Musterfälle für die Zwischenprüfung

> Exempla docent - an Beispielen lernen. Die Fälle zu den Basics! Nur wer so lernt, weiß was in der Klausur verlangt wird.
> Die Fallsammlungen erweitern unsere Basics und stellen die notwendige Fortsetzung für das Schreiben der Klausur dar. Genau das, was Sie für die Scheine brauchen - nämlich exemplarisch dargestellte Falllösungen. Wichtige, immer wiederkehrende Konstellationen werden berücksichtigt.
>
> Profitieren Sie von der seit 1976 bestehenden Klausurerfahrung des Juristischen Repetitoriums hemmer. Über 1000 Klausuren wurden für die Auswahl der Musterklausuren auf ihre „essentials" analysiert

Musterklausur für die Zwischenprüfung Zivilrecht

Ein Muss: Klassiker wie die vorvertragliche Haftung (c.i.c.), die Haftung bei Pflichtverletzungen im Schuldverhältnis (§ 280), Vertrag mit Schutzwirkung, Drittschadensliquidation, Mängelrecht, EBV, Bereicherungs- und Deliktsrecht werden klausurtypisch aufbereitet. Auf „specials" wie Saldotheorie, Verarbeitung, Geldwertvindikation, Vorteilsanrechnung und Nebenbesitz wird eingegangen. So entsteht wichtiges Grundverständnis.

16.31   *14,80 €*

Musterklausur für die Zwischenprüfung Strafrecht

Auch hier wieder prüfungstypische Fälle mit genauen Aufbauhilfen. Die immer wiederkehrenden „essentials" der Strafrechtsrechtsklausur werden in diesem Skript abgedeckt: Von der Abgrenzung von dolus eventualis und bewusster Fahrlässigkeit über die Irrtumslehre bis hin zu Problemen der Täterschaft und Teilnahme, u.v.m. Wer sich die Zeit nimmt, diese Musterfälle sorgfältig durchzuarbeiten, besteht jede Grundlagenklausur.

16.32   *14,80 €*

Musterklausur für die Zwischenprüfung Öffentliches Recht

Dieses Skript enthält die wichtigsten, in der Klausur immer wiederkehrenden Problemkonstellationen für die Bereiche Verfassungs- und Verwaltungsrecht. Im Verfassungsrecht werden die Zulässigkeitsvoraussetzungen von Verfassungsbeschwerden, Organstreitverfahren sowie abstrakter und konkreter Normenkontrolle erörtert. Im Rahmen der Begründetheitsprüfung werden die klausurrelevanten Grundrechte ausführlich erläutert. Gleichzeitig werden auch staatsorganisationsrechtliche Problemfelder aufbereitet. Die Klausuren zum Verwaltungsrecht zeigen die optimale Prüfung von Anfechtungs-, Verpflichtungs- und Fortsetzungsfeststellungsklagen sowie von Widerspruchsverfahren. Standardprobleme wie die Rücknahme oder der Widerruf eines Verwaltungsaktes und die Behandlung von Nebenbestimmungen eines VA sind u.a. Gegenstand der Begründetheitsprüfung.

16.33   *14,80 €*

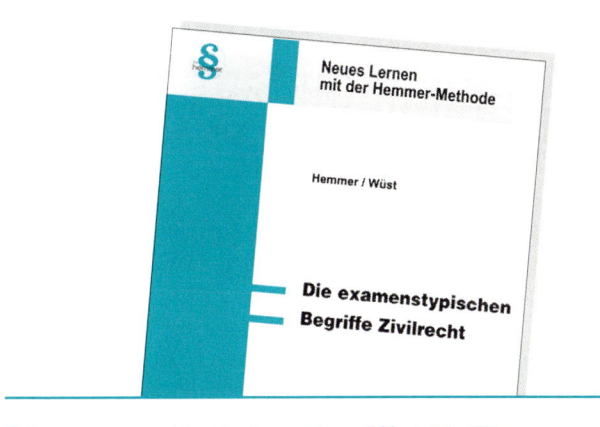

Die examenstypischen Begriffe/ ZivilR.

Das Grundwerk für die eigene Bibliothek. Alle examenstypischen Begriffe in diesem Nachschlagewerk werden anwendungsspezifisch für Klausur und Hausarbeit erklärt. Das gesammelte Examenswissen ist eine optimale schnelle Checkliste. Zusätzlicher Nutzen: Das große Stichwortverzeichnis. Neben der Einbettung des gesuchten Begriffs in den juristischen Kontext finden Sie Verweisungen auf entsprechende Stellen in unserer Skriptenreihe. Begriffe werden transparenter. Sie vertiefen Ihr Wissen. So können Sie sich schnell und auf anspruchsvollem Niveau einen Überblick über die elementaren Rechtsbegriffe verschaffen.

14.01   *14,80 €*

Basiswissen

Sie sind Jurastudent in den mittleren Semestern und wollen die großen Scheine unter Dach und Fach bringen. Wenn Sie sich in dieser Phase mit tausend Meinungen beschäftigen, besteht die Gefahr, sich im Detail zu verlieren. Wir empfehlen Ihnen, schon jetzt das Material zu wählen, welches Sie nicht nur durch die Scheine, sondern auch durch das Examen begleitet.

Die „Basics" - Reihe

Die Klassiker der hemmer-Reihe. So schaffen Sie die Universitätsklausuren viel leichter. Die Basics vermitteln Ihnen Grundverständnis auf anspruchsvollem Niveau, sie sind auch für die Examensvorbereitung ideal.
Denn: Wissen wird konsequent unter Anwendungsgesichtspunkten erworben.
Die Basics dienen auch der schnellen Wiederholung vor dem Examen oder der mündlichen Prüfung, wenn Zeit zur Mangelware wird.

Basics-Zivilrecht I
BGB-AT/ Vertragliche Schuldverhältnisse mit dem neuen Schuldrecht

Im Vordergrund steht die Vermittlung der Probleme des Vertragsschlusses, u.a. das Minderjährigenrecht und die Stellvertretung. Neben rechtshindernden (z.B. §§ 134, 138 BGB) und rechtsvernichtenden Einwendungen (z.B. Anfechtung) werden auch die Klassiker der Pflichtverletzung nach § 280 BGB wie Unmöglichkeit (§§ 280 I, III, 283), Verzug (§§ 280 I, II, 286) und Haftung bei Verletzung nicht leistungsbezogener Nebenpflichten i.S.d. § 241 II BGB (früher: pVV bzw. c.i.c. jetzt: § 280 I bzw. § 280 I i.V.m. § 311 II BGB) behandelt. Ausführlich wird auf die wichtige Unterscheidung von Schadensersatz nach § 280 I BGB und Schadensersatz statt der Leistung nach §§ 280 I, III, 281-283 bzw. § 311a II BGB eingegangen. Nach Mängelrecht, Störung der GG und Schadensrecht schließt das Skript mit dem nicht zu unterschätzenden Gebiet des Dritten (z.B. Abgrenzung § 278 / § 831 / § 31; § 166; Vertrag mit Schutzwirkung zugunsten Dritter; DriSchaLi) im Schuldverhältnis ab.

110.0011   14,80 €

Basics-Zivilrecht II
Gesetzliche Schuldverhältnisse, Sachenrecht

Das Skript befasst sich mit dem Recht der GoA, dem Bereicherungsrecht und dem Recht der unerlaubten Handlungen als immer wieder klausurrelevante gesetzliche Schuldverhältnisse. Der Einstieg in das Sachenrecht wird mit der Abhandlung des Besitzrechts und dem Erwerb dinglicher Rechte an beweglichen Sachen erleichtert, wobei der Schwerpunkt auf dem rechtsgeschäftlichen Erwerb des Eigentums liegt. Über das für jede Prüfung unerlässliche Gebiet des EBV gibt das Skript einen ausführlichen Überblick. Eine systematische Aufbereitung des Pfandrechts und des Grundstücksrechts führen zum richtigen Verständnis dieser prüfungsrelevanten Gesetzesmaterie.

110.0012   14,80 €

Basics-Zivilrecht III
Familienrecht/ Erbrecht

Die typischen Probleme des Familienrechts: Von der Ehe als Klassiker für die Klausur (z.B. § 1357; GbR; Gesamtschuldner; Gesamtgläubiger; §§ 1365; 1369 BGB) zum ehelichen Güterrecht bis hin zur Scheidung.
Gegenstand des Erbrechts sind die gesetzliche und gewillkürte Erbfolge, die möglichen Verfügungen (Testament bzw. Erbvertrag) des Erblassers und was sie zum Inhalt haben (z.B. Erbeinsetzung, Vermächtnis, Auflage), Annahme und Ausschlagung der Erbschaft sowie neben Fragen der Rechtsstellung des Erben (z.B. im Verhältnis zum Erbschaftsbesitzer) auch das Pflichtteilsrecht und der Erbschein. Fazit: Das Wichtigste in Kürze für den schnellen Überblick.

110.0013   14,80 €

Basics-Zivilrecht IV
Zivilprozessrecht (Erkenntnisverfahren und Zwangsvollstreckungsverfahren)

Wegen fehlender Praxis ist in der Regel die ZPO dem Studenten fremd. Von daher wurde hier besonders auf leichte Verständlichkeit Wert gelegt. Der Schwerpunkt im Erkenntnisverfahren liegt neben den immer wiederkehrenden Problemen der Zulässigkeitsvoraussetzungen (z.B. Zuständigkeit, Streitgegenstand) auf den typischen Problemen des Prozesses, wie z.B. Versäumnisurteil, Widerklage und Klagenhäufung. Die Beteiligung Dritter am Rechtsstreit wird im Hinblick auf die Klausur und die examensrelevante Verortung erklärt.
Das Kapitel der Zwangsvollstreckung befasst sich vor allem mit dem Ablauf der Zwangsvollstreckung und den möglichen Rechtsbehelfen von Schuldner, Gläubiger und Dritten.
Dieses Skript gehört daher zur „Pflichtlektüre", um sich einen vernünftigen Überblick zu verschaffen!

110.0014   14,80 €

Basiswissen

Basics-Zivilrecht V
Handels- und Gesellschaftsrecht
Im Vordergrund steht: Wie baue ich eine gesellschaftsrechtliche Klausur richtig auf. Häufig geht es um die Haftung der Gesellschaft und der Gesellschafter. Eine systematische Aufbereitung führt durch das Recht der Personengesellschaften, also der GbR und OHG, sowie der KG. Das Recht der Körperschaften, wozu der rechts- und nichtrechtsfähige Verein, die GmbH sowie die AG zählen, wird ebenso im Überblick dargestellt. Auf dem Gebiet des Handelsrechts als Sonderrecht des Kaufmanns dürfen typische Problemkreise wie Kaufmannseigenschaft, Handelsregister, Wechsel des Unternehmensträgers und das kaufmännische Bestätigungsschreiben nicht fehlen. Abschließend befasst sich das Skript mit den Mängelrechten beim Handelskauf, der auch häufig die Schnittstelle zu BGB-Problemen darstellt.

110.0015   14,80 €

Basics-Zivilrecht VI
Arbeitsrecht
Das Arbeitsrecht gehört in den meisten Bundesländern zum Pflichtprogramm in der Examensvorbereitung. Hier tauchen immer wieder die gleichen Fragestellungen auf, die in diesem Skript knapp, präzise und klausurtypisch aufbereitet werden, wie die Zulässigkeit der Kündigungsschutzklage, Kündigungsschutz nach dem KSchG, innerbetrieblicher Schadensausgleich, fehlerhafter Arbeitsvertrag und die Reaktionsmöglichkeiten des Arbeitnehmers auf Änderungskündigungen. Ferner bildet auch das Recht der befristeten Arbeitsverhältnisse nach dem TzBfG einen Schwerpunkt.

110.0016   14,80 €

Basics-Strafrecht
Je besser der Einstieg, umso besser später die Klausuren. Weniger ist häufig mehr. Alle klausurwichtigen Probleme und Fragestellungen des materiellen Strafrechts auf einen Blick: Vom StGB-AT bis hin zum StGB-BT finden Sie all das dargestellt, was als Grundlagenwissen im Strafrecht angesehen wird. Außerdem werden die wichtigsten Aufbaufragen zur strafrechtlichen Klausurtechnik - an denen gerade Anfänger häufig scheitern - in einem eigenen Kapitel einfach und leicht nachvollziehbar erläutert.

110.0032   14,80 €

Basics-Öffentliches Recht I
Verfassungsrecht/ Staatshaftungsrecht
Materielles und prozessuales Verfassungsrecht bilden zusammen mit wichtigen Problemstellungen des Staatshaftungsrechts die Grundlage für dieses Skript. Öffentlich-rechtliches Wissen wird konsequent unter Anwendungsgesichtspunkten erworben.

110.0035   14,80 €

Basics-Öffentliches Recht II
Verwaltungsrecht
Grundfragen des allgemeinen und besonderen Verwaltungsrechts werden im Rahmen der wichtigsten Klagearten der VwGO verständlich und einprägsam dargestellt. Zusammen mit dem Skript Ö-Recht I werden Sie sich in der öffentlich rechtlichen Klausur sicher fühlen.

110.0036   14,80 €

Basics-Steuerrecht
Die Basics im Steuerrecht für einen einfachen, aber instruktiven Einstieg in das materielle Einkommensteuer- und Steuerverfahrensrecht. Die notwendigen Bezüge des Einkommensteuerrechts zum Umsatz- und Körperschaftssteuerrecht werden dargestellt sowie auf examens- und klausurtypische Konstellationen hingewiesen. Ein ideales Skript für alle, die sich erstmals mit der Materie befassen und die Grundstrukturen verstehen wollen. Es wird der Versuch unternommen, den Einstieg so verständlich wie möglich zu gestalten. Dazu werden immer wieder kleine Beispiele gebildet, die das Erlernen des abstrakten Stoffs vereinfachen sollen.

110.0004   14,80 €

Basics-Europarecht
Neben unserem Hauptskript nun die Basics zum Europarecht. Verständlicher Einstieg oder schnelle Wiederholung der wesentlichen Probleme? Für beides sind die Basics ideal. Wer in die Tiefe gehen möchte, kann dies mit unserem Klassiker, dem Hauptskript Europarecht. In Verbindung mit den Classics Europarecht und der Fallsammlung auf Examensniveau sind Sie somit gerüstet für die Prüfung in Ausbildung und Examen. Vernachlässigen Sie dieses immer wichtiger werdende Prüfungsgebiet nicht!

110.0005   14,80 €

Skripten Classics

> In den Classics haben wir für Sie die wichtigsten Entscheidungen der Obergerichte, denen Sie während Ihres Studiums immer wieder begegnen, ausgewählt und anschaulich aufbereitet. Bestimmte Entscheidungen müssen bekannt sein. In straffer Form werden der Sachverhalt, die Entscheidungssätze und die Begründung dargestellt. Die hemmer-Methode ordnet die Rechtssprechung für die Klausuren ein. Rechtsprechung wird so verständlich, Seitenfresserei vermieden.
>
> Hiermit bereiten Sie sich auch gezielt auf die mündliche Prüfung vor.

BGH-Classics Zivilrecht
Rechtskultur und Verständnis des Gesetzes werden in weiten Teilen von der Rechtsprechung geprägt. Nicht umsonst spricht man von der Rechtsprechung als der normativen Kraft des Faktischen. Die wegweisenden Entscheidungen müssen Student, Referendar und Anwalt bekannt sein. Auf leicht erfaßbare, knappe, präzise Darstellung wird Wert gelegt. Die hemmer-Methode sichert den für die Klausur und Hausarbeit notwenigen „background" ab.

15.01   14,80 €

Examenswissen

In der letzten Phase sollten Sie sich mit voller Kraft auf das Examen vorbereiten. Besonders wichtig ist jetzt fundiertes Wissen auf Examensniveau! unser Filetstück: die Hauptskripten. Konfronierten Sie sich frühzeitig mit dem, was Sie im Examen erwartet. Examenswissen unter professioneller Anleitung.

BGH-Classics Strafrecht
Auch die Entscheidungen im Strafrecht in ihrer konkreten Aufbereitung führen zur richtigen Einordnung der jeweiligen Problematik. Es wird die Interessenslage der Rechtsprechung erklärt. Im Vordergrund steht oft Einzelfallgerechtigkeit. Deswegen vermeidet die Rechtsprechung auch allzu dogmatische Entscheidungen.
Effizient, und damit in den wesentlichen Punkten knapp und präzise, wird die Entscheidung selbst wiedergegeben. So sparen Sie sich Zeit und erleiden nicht den berühmten Informationsinfarkt. Sowohl in der Examensvorbereitung, als auch in Klausur und Hausarbeit dienen die Classics als schnelles Lern- und Nachschlagewerk.

15.02　　　　　　　　　　　　　　　　　14,80 €

Classics Öffentliches Recht
Das Skript umfasst die Dauerbrenner aus den Bereichen der Rechtsprechung zu den Grundrechten, zum Staatsrecht, Verwaltungsrecht AT und BT sowie zum Europarecht. Neben der inhaltlichen Darstellung der Entscheidung werden mit Hilfe knapper Anmerkungen Besonderheiten und Bezüge zu anderen Problematiken hergestellt und somit die Fähigkeit zur Verknüpfung geschärft.

15.03　　　　　　　　　　　　　　　　　14,80 €

Classics Europarecht
Anders als im amerikanischen Recht gibt es bei uns kein reines „case-law". Gleichwohl hat die Rechtsprechung für Rechtsentwicklung und -fortbildung eine große Bedeutung. Gerade im Europarecht kommt man ohne festes Basiswissen in der europäischen Rechtsprechung nur selten zum Zuge. Auch für das Pflichtfach ein unbedingtes Muss!

15.04　　　　　　　　　　　　　　　　　14,80 €

Zivilrecht BGB-AT I-III

Die Aufteilung der Unwirksamkeitsgründe nach den verschiedenen Büchern des BGB (z.B. BGB-AT, Schuldrecht AT usw.) entspricht nicht der Struktur des Examensfalls. Wegen der klassischen Einteilung wird der Begriff BGB-AT/ Schuldrecht AT beibehalten. Unsere Skripten BGB-AT I - III unterscheiden entsprechend der Fallfrage in Klausur und Hausarbeit (Anspruch entstanden? Anspruch untergegangen? Anspruch durchsetzbar?) zwischen wirksamen und unwirksamen Verträgen, zwischen rechtshindernden, rechtsvernichtenden und rechtshemmenden Einwendungen. Damit stellen sich diese Skripten als großer Fall dar und dienen auch als Checkliste für Ihre Prüfung. Schon das Durchlesen der Gliederung schafft Verständnis für den Prüfungsaufbau.

BGB-AT I
Entstehen des Primäranspruchs
Besteht der Vertrag, so kann der Anspruchsteller Erfüllung, z.B. Übereignung, Überlassung der Mietsache etc. verlangen. Dies setzt unter anderem Rechtsfähigkeit der Vertragspartner, eine wirksame Willenserklärung, Zugang und ggf. Bevollmächtigung voraus. Nur wenn ein wirksamer Vertrag vorliegt, entsteht die Leistungspflicht des Schuldners und deren Folgeproblematik wie Rücktritt und Schadensersatz. Konsequent befasst sich das Skript daher auch mit den Problemkreisen der Stellvertretung sowie der Einbeziehung von AGB´en.

0001　　　　　　　　　　　　　　　　　14,80 €

BGB-AT II
Scheitern des Primäranspruchs
Scheitert der Vertrag von vornherein, so entfallen Erfüllungsansprüche. Die Unwirksamkeitsgründe sind im Gesetz verstreut, wie z.B. § 125, § 134, § 2301. Als konsequentes Rechtsfolgenskriptum sind alle klausurtypischen rechtshindernden Einwendungen zusammengefasst.

0002　　　　　　　　　　　　　　　　　14,80 €

BGB-AT III
Erlöschen des Primäranspruchs
Der Primäranspruch (bzw. Leistungs- oder Erfüllungsanspruch) kann nachträglich wegfallen, z.B. durch Erfüllung, Aufrechnung, Anfechtung, Unmöglichkeit. Nur wer Unwirksamkeitsgründe im Kontext des gescheiterten Vertrags einordnet, lernt richtig. Die rechtshemmenden Einreden (z.B. Verjährung, § 214 BGB) bewirken, dass der Berechtigte sein Recht nicht (mehr) geltend machen kann.

0003　　　　　　　　　　　　　　　　　14,80 €

Examenswissen

> Die klassischen Rechtsfolgeskripten zum Schadensersatz
> - „klausurtypisch!"

Schadensersatzrecht I
Das Skript erfasst neben Allgemeinem zum Schadensersatzrecht zunächst den selbstständigen Garantievertrag als Primäranspruch auf Schadensersatz. Daneben wird die gesetzliche Garantiehaftung behandelt. Ebenfalls enthalten sind die Sachmängelhaftung im Kauf- und Werk-, Miet- und Reisevertragsrecht sowie die Rechtsmängelhaftung.

0004   *14,80 €*

Schadensersatzrecht II
Umfassende Darstellung des Leistungsstörungsrechts, rechtsfolgenorientierte Darstellung der Sekundäransprüche-Schadensersatzansprüche.

0005   *14,80 €*

Schadensersatzrecht III
Befasst sich schwerpunktmäßig mit dem Anspruchsinhalt, d.h. mit der Frage des Umfangs der Ersatzpflicht, also dem „wie viel" eines dem Grunde nach bereits bestehenden Anspruchs. Drittschadensliquidation, Vorteilsausgleichung und hypothetische Schadensursachen dürfen nicht fehlen.

0006   *14,80 €*

Schuldrecht

> Die Reihe Schuldrecht orientiert sich an der Klausurrelevanz des Schuldrechts. In nahezu jeder Klausur ist nach Schadensersatzansprüchen des Gläubigers bei Leistungsstörungen des Schuldners, nach bereicherungsrechtlichen Ansprüchen oder nach der deliktischen Haftung gefragt.
> Die Schuldrechtsskripten eignen sich hervorragend sowohl zur erstmaligen Aneignung der Materie als auch zur aufgrund der Schuldrechtsreform notwendigen Neustrukturierung bereits vorhandenen Wissens.

Schuldrecht I
Das allgemeine Leistungsstörungsrecht war schon immer äußerst klausurrelevant. Dies hat sich durch die Schuldrechtsreform in erheblichem Maße verstärkt, zumal das Besondere Schuldrecht nun häufig Rückverweisungen auf die §§ 280 ff. BGB vornimmt (z.B. § 437 BGB). Entsprechend der Gesetzessystematik ist das Skript von der Rechtsfolge her aufgebaut: Welche Art des Schadensersatzes verlangt der Gläubiger? Schwerpunkte bilden das Unmöglichkeitsrecht, der allgemeine Anspruch aus § 280 I BGB (auch vorvertragliche Haftung und Schuldnerverzug), die Ansprüche auf Schadensersatz statt der Leistung, Rücktritt und Störung der Geschäftsgrundlage.

0051   *14,80 €*

Schuldrecht II
Die Klassiker im Examen! Kauf- und Werkvertrag in allen prüfungsrelevanten Varianten. Dies gilt insbesondere beim Kauf, dessen spezielles Gewährleistungsrecht abgeschafft und stattdessen auf die §§ 280 ff. BGB Bezug genommen wurde. Das Skript setzt sich mit den kaufspezifischen Fragestellungen wie Sachmangelbegriff, Nacherfüllung, Rücktritt, Minderung und Schadensersatz, Versendungs- und Verbrauchsgüterkauf auseinander. Ferner wird das - dem Kauf nun weitgehend gleichgeschaltete - Werkvertragsrecht behandelt.

0052   *14,80 €*

Schuldrecht III
Umfassend werden die klausurrelevanten Probleme der Miete, Pacht, Leihe, des neuen Darlehensrechts (samt Verbraucherwiderruf nach §§ 491 ff. BGB), des Leasing- und Factoringrechts abgehandelt. Die äußerst wichtigen Fragestellungen aus dem Bereich Bürgschaft („Wer bürgt, wird erwürgt"), Reise- und Maklervertrag kommen ebenfalls nicht zu kurz.

0053   *14,80 €*

Examenswissen

Bereicherungsrecht

Die §§ 812 ff. sind regelmäßig die Folge unwirksamer Verträge. Abgrenzungsprobleme gibt es dabei u.a. zum Wegfall der Geschäftsgrundlage (z.B. Rückabwicklung bei der nichtehelichen Lebensgemeinschaft) und §§ 987 ff. Die hemmer-Methode versteht sich als Gebrauchsanweisung für die erfolgreiche Bewältigung des anspruchsvollen Rechtsgebiets Bereicherungsrecht. Ohne Verständnis für dieses Rechtsgebiet bleibt der Zusammenhang im Zivilrecht im Dunkeln.

0008   *14,80 €*

Verbraucherschutzrecht

Das Verbraucherschutzrecht erlangt im Gesamtgefüge des BGB eine immer stärkere Bedeutung. Kaum ein Bereich, in dem die Besonderheiten des Verbraucherschutzrechtes nicht zu abweichenden Ergebnissen führen, so z.B. bei den §§ 474 ff. BGB, oder bei der Widerrufsproblematik der §§ 355 ff. BGB. Insbesondere die umständliche Verweisungstechnik der §§ 499 ff. BGB stellt den Bearbeiter von Klausuren vor immer neue Herausforderungen. Das Skript liefert eine systematische Einordnung in den Gesamtzusammenhang. Wer den Verbraucher richtig einordnet, schreibt die gute Klausur.

0007   *14,80 €*

Deliktsrecht I

Eine umfassende Einführung in das deliktische Haftungssystem. Da die deliktische Haftung gegenüber jedermann besteht, können die §§ 823 ff BGB. in jede Klausur problemlos eingebaut werden. Neben einer umfassenden Übersicht über die Haftungstatbestände werden sämtliche klausurrelevanten Problemfelder der §§ 823 ff BGB. umfassend behandelt (z.B. Probleme der haftungsbegründenden und -ausfüllenden Kausalität). § 823 I BGB ist als elementarer, strafrechtsähnlicher Grundtatbestand leicht erlernbar. Auch § 823 II und §§ 824 - 826 BGB sollten nicht vernachlässigt werden. Neben § 831 BGB (Vorsicht beim Entlastungsbeweis!), der Haftung für Verrichtungsgehilfen, befasst sich der erste Band auch mit der Mittäterschaft, Teilnahme und Beteiligung gem. § 830 BGB.

0009   *14,80 €*

Deliktsrecht II

Deliktsrecht II vervollständigt das deliktische Haftungssystem mit besonderem Schwerpunkt auf der Gefährdungshaftung und der Haftung für vermutetes Verschulden. Zum einen erfolgt eine ausführliche Erörterung der im BGB integrierten Haftungsnormen. Zum anderen vermittelt das Skript ein umfassendes Wissen in den klausurrelevanten Spezialgesetzen wie dem StVG, dem ProdHaftG und dem UmweltHaftG. Abgerundet werden die Darstellungen durch den wichtigen Beseitigungs- und Unterlassungsanspruch des § 1004 BGB.

0010   *14,80 €*

Sachenrecht I-III:

> Sachenrecht ist durch immer wiederkehrende examenstypische Problemfelder gut ausrechenbar. Anders als das Schuldrecht ist es ein klar strukturiertes Rechtsgebiet. In der Regel besteht deswegen eine feste Vorstellung, wie der Fall zu lösen ist. Deshalb gilt es gerade hier, mit der hemmer-Methode den Ersteller der Klausur als imaginären Gegner zu erfassen. Es gilt, Begriffe wie z.B. Widerspruch und Vormerkung in ihrer rechtlichen Wirkung zu begreifen und in den Kontext der Klausur einzuordnen.

Sachenrecht I

Zu Beginn werden die allgemeinen Lehren des Sachenrechts (Abstraktionsprinzip, Publizität, numerus clausus etc.) behandelt, die für den Einstieg und ein grundlegendes Verständnis der Materie unabdingbar sind. Im Vordergrund stehen dann das Besitzrecht und das Eigentümer-Besitzer-Verhältnis. Gerade das EBV ist klausurrelevant. Hier dürfen Sie keinesfalls auf Lücke lernen. Schließlich geht es auch um den immer wichtiger werdenden (verschuldensunabhängigen) Beseitigungs- bzw. Unterlassungsanspruch aus § 1004 BGB.

0011   *14,80 €*

Sachenrecht II

Sachenrecht II behandelt den Erwerb dinglicher Rechte an beweglichen Sachen. Neben dem Erwerb kraft Gesetzes ist Schwerpunkt hier natürlich der rechtsgeschäftliche Erwerb des Eigentums. Bei dem Erwerb vom Berechtigten und den §§ 932 ff. BGB müssen Sie sicher sein, insbesondere, wenn wie im Examensfall regelmäßig Dritte (Besitzdiener, Besitzmittler, Geheißpersonen) in den Übereignungstatbestand eingeschaltet werden. Daneben geht es um die klausurrelevanten Probleme beim Pfandrecht, bei der Sicherungsübereignung und beim Anwartschaftsrecht des Vorbehaltsverkäufers.

0012   *14,80 €*

Sachenrecht III

Gegenstand des Skripts Sachenrecht III ist das Immobiliarsachenrecht, wobei die Übertragung des Eigentums an Grundstücken im Vordergrund steht. Weitere Schwerpunkte bilden u.a. Erst- und Zweiterwerb der Vormerkung, die Hypothek und Grundschuld -Gemeinsamkeiten und Unterschiede-, Übertragung sowie der Wegerwerb von Einwendungen und Einreden bei diesen.

0012A   *14,80 €*

Kreditsicherungsrecht

Der Clou! Wettlauf der Sicherungsgeber, Verhältnis Hypothek zur Grundschuld, Verlängerter Eigentumsvorbehalt und Globalzession/Factoring sind häufig Prüfungsgegenstand. Lernen Sie das, was zusammen gehört, als zusammengehörend zu betrachten. Alle examenstypischen Sicherungsmittel im Überblick: Wie sichere ich neben dem bestehen-

Examenswissen

den Rückzahlungsanspruch einen Kredit? Unterschieden werden Personalsicherheiten (z.B. Bürgschaft, Schuldbeitritt), Mobiliarsicherheiten (z.B. Sicherungsübereignung, Sicherungsabtretung, Eigentumsvorbehalt und Pfandrecht) sowie Immobiliar-sicherheiten (Grundschuld und Hypothek). Wer die Unterscheidung zwischen akzessorischen und nichtakzessorischen Sicherungsmitteln wirklich verstanden hat, geht unbesorgt in die Prüfung.

0013   *14,80 €*

Nebengebiete

Familienrecht
Das Familienrecht wird häufig in Verbindung mit anderen Rechtsgebieten geprüft. So sind z.B. §§ 1357, 1365, 1369 BGB Schnittstelle zum BGB-AT und nur in diesem Kontext verständlich. Die sog. Ehestörungsklage hat ihre Bedeutung bei §§ 823 und 1004 BGB. Da nur der geschädigte Ehegatte einen eigenen Schadensersatzanspruch gegen den Schädiger hat, stellen sich Probleme der Vorteilsanrechnung (vgl. § 843 IV BGB) und Fragen beim Regress. Von Bedeutung sind bei der Nichtehelichen Lebensgemeinschaft Bereicherungsrecht und, wie bei Eheleuten auch, familienrechtliche Bestimmungen sowie das Recht der BGB-Gesellschaft. Die typischen Problemkreise des Familienrechts sind berechenbar und leicht erlernbar.

0014   *14,80 €*

Erbrecht
„Erben werden geboren, nicht gekoren." oder „Erben werden gezeugt, nicht geschrieben." deuten auf germanischen Einfluß mit seinem Sippengedanken. Das Prinzip der Universalsukzession und die Testamentidee sind römischrechtliche Tradition. Die Spannung zwischen individualistischem (der Erbe steht im Vordergrund) und kollektivistischem Ansatz (die Sippe ist privilegiert) ist auch für die Klausur von großer praktischer Relevanz, z.B. gewillkürte oder gesetzliche Erbfolge, Formwirksamkeit des Testaments (auch gemeinschaftliches Testament und Erbvertrag), Widerruf und Anfechtung, Bestimmung durch Dritte, Vor- und Nach- sowie Ersatzerbschaft, Vermächtnis, Pflichtteilsrecht, Erbschaftsbesitz, Miterben, Erbschein. Auch die dingliche Surrogation, z.B. bei § 2019 BGB, und das Verhältnis des Erbrechts zum Gesellschaftsrecht sollte als prüfungsrelevant bekannt sein.

0015   *14,80 €*

Zivilprozessrecht I
Versäumnisurteil, Erledigung, Streitverkündung, Berufung (ZPO I, sog. Erkenntnisverfahren) sind mit der hemmer-Methode leicht verständlich für die Klausuranwendung aufbereitet. Von den vielen Bestimmungen der ZPO sind insbesondere diejenigen, die mit materiellrechtlichen Problemen verknüpft werden können, klausurrelevant. ZPO-Probleme werden nur dann richtig erfasst und damit auch für die Klausur handhabbar, wenn man den praktischen Hintergrund verstanden hat. Dies erleichtert Ihnen die hemmer-Methode. Die klausurrelevanten Neuerungen der ZPO-Reform sind selbstverständlich eingearbeitet.

0016   *14,80 €*

Zivilprozessrecht II
Zwangsvollstreckungsrecht - mit diesem Skript halb so wild: Grundzüge, allgemeine und besondere Vollstreckungsvoraussetzungen, sowie die klausurrelevanten Rechtsbehelfe wie §§ 771 BGB (und die Abgrenzung zu § 805), 766 und 767 BGB werden wie gewohnt übersichtlich und gut verständlich für die Anwendung in der Klausur aufbereitet. Dann werden auch gefürchtete Zwangsvollstreckungsklausuren leicht.

0017   *14,80 €*

Arbeitsrecht
Arbeitsrecht ist stark von Richterrecht geprägt und hat sich auch, wie z.B. im Streikrecht, praeter legem entwickelt. Entsprechend häufig sind die Neuerungen. Gleichwohl ist die Arbeitsrechtsklausur im Regelfall standardisiert: Kündigungsschutz (Feststellungsklage) und Lohnzahlung (Leistungsklage) bilden häufig das Grundgerüst. Eingestreut sind regelmäßig Probleme wie z.B. Gratifikationen, Urlaubsabgeltungsanspruch, faktische Bindung und Anwendbarkeit der Grundrechte. Verständnis entsteht. So macht Arbeitsrecht Spaß. Das Standardwerk! Ausgehend von einem großen Fall wird das gesamte Arbeitsrecht knapp und prägnant erklärt.

0018   *16,80 €*

Handelsrecht
Handelsrecht verschärft wegen der Sonderstellung der Kaufleute viele Bestimmungen des BGB (z.B. §§ 362, 377 HGB). Auch Vertretungsrecht wird modifiziert (z.B. § 15 HGB, Prokura), ebenso die Haftung (§§ 25 ff HGB). So kann eine Klausur ideal gestreckt werden. Deshalb sind Kenntnisse im Handelsrecht unerlässlich, alles in allem aber leicht erlernbar.

0019A   *14,80 €*

Gesellschaftsrecht
Ein Problem mehr in der Klausur: die Gesellschaft, insbesondere BGB-Gesellschaft, OHG, KG und GmbH. Zu unterscheiden ist häufig zwischen Innen- und Außenverhältnis. Die Haftung von Gesellschaft und Gesellschaftern muss jeder kennen. In der examenstypischen Klausur sind immer mehrere Personen vorhanden (Notendifferenzierung!), so dass sich zwangsläufig die typischen Schwierigkeiten der Mehrpersonenverhältnisse stellen (Zurechnung, Gesamtschuld, Ausgleichsansprüche etc.).

0019B   *14,80 €*

Examenswissen

Rechtsfolgeskripten

> Regelmäßig ist die sog. Herausgabeklausur („A verlangt von B Herausgabe. Zu Recht?") Prüfungsgegenstand. Der Rückgriff kann als Zusatzfrage jede Klausur abschließen. Klausurtypisch werden diese Problemkreise im Anspruchsgrundlagenaufbau dargestellt. So schreiben Sie die 18 Punkteklausur. Ein Muss für jeden Examenskandidaten!

Herausgabeansprüche

Der Band setzt das Rechtsfolgesystem bisheriger Skripten fort. Die Anspruchsgrundlagen, die in den verschiedenen Rechtsgebieten verstreut sind, werden in einem eigenen Skript klausurtypisch konzentriert behandelt, §§ 285, 346, 546, 604, 812, 861, 985, 1007 BGB. Die ideale Checkliste für die Herausgabeklausur. Wer konsequent von der Fallfrage aus geht, lernt richtig.

0031   *14,80 €*

Rückgriffsansprüche

Der Regreß ist examenstypisch. Dreiecksbeziehungen sind nicht nur im wirklichen Leben problematisch, sondern auch im Recht. Der Band gibt unsere Erfahrungen mit den verschiedenen Examenskonstellationen wieder. Beispielhaft ist die Begleichung einer Schuld durch einen Dritten und der Regreß beim Schuldner. In Betracht kommen häufig GoA, Gesamtschuld und Bereicherungsrecht.

0032   *14,80 €*

Strafrecht

> Eine zweistellige Punktezahl ist im Strafrecht immer im Bereich des Möglichen. Gerade im Strafrecht ist es wichtig, die Klassiker genau zu kennen. Im Strafrecht/Strafprozessrecht wird Ihre Belastbarkeit getestet: innerhalb relativ kurzer Zeit müssen viele Problemkreise „abgehakt" werden.

Strafrecht AT I

Für das Verständnis im Strafrecht unabdingbar sind vertiefte Kenntnisse des Allgemeinen Teils. Der Aufbau eines vorsätzlichen Begehungsdelikts wird ebenso vermittelt wie der eines vorsätzlichen Unterlassungsdelikts bzw. eines Fahrlässigkeitsdelikts. Darin eingebettet werden die examenstypischen Probleme erläutert und anhand der hemmer-Methode Lernverständis geschaffen. Um die allgemeine Strafrechtssystematik besser zu verstehen, beinhaltet dieses Skript zudem Ausführungen zur Garantiefunktion des Strafrechts, zum Geltungsbereich des deutschen Strafrechts sowie einen Überblick über strafrechtliche Handlungslehren.

0020   *14,80 €*

Strafrecht AT II

Dieses Skript vermittelt Ihnen anwendungsorientiert die Problemkreise Versuch (insbesondere Rücktritt vom Versuch), Täterschaft und Teilnahme (z.B. Täter hinter dem Täter), die Irrtumslehre (z.B. aberratio ictus), sowie das Wichtigste zu den Konkurrenzen. Grundbegriffe werden erläutert und zudem in den klausurtypischen Zusammenhang gebracht. Auch Sonderfälle wie die „actio libera in causa" werden in fallspezifischer Weise erklärt.

0021   *14,80 €*

Strafrecht BT I

Bei den Klassikern wie u.a. Diebstahl, Betrug einschließlich Computerbetrug, Raub, Erpressung, Hehlerei, Untreue (BT I) sollte man sich keine Fehltritte leisten. Mit der hemmer-Methode wird der verständnisvolle Umgang mit Fällen, die im Grenzbereich eines oder mehrerer Tatbestände liegen, eingeübt. Auf klausurtypische Fallkonstellationen wird hingewiesen.

0022   *14,80 €*

Strafrecht BT II

Immer wieder in Hausarbeit und Klausur: Totschlag, Mord, Körperverletzungsdelikte, Aussagedelikte, Urkundsdelikte, Straßenverkehrsdelikte. In aller Regel werden diese Delikte mit Täterschaftsformen des Allgemeinen Teils kombiniert, und dadurch die Problematik klausurtypisch gestreckt.

0023   *14,80 €*

Strafprozessordnung

Strafprozessrecht hat auch im Ersten Juristischen Staatsexamen deutlich an Bedeutung gewonnen: In fast jedem Bundesland ist mittlerweile verstärkt mit StPO-Zusatzfragen im Examen zu rechnen. Begriffe wie z.B. Legalitätsprinzip, Opportunitätsprinzip und Akkusationsprinzip dürfen keine Fremdworte bleiben. Lernen Sie spielerisch die Abgrenzung von strafprozessualem und materiellem Tatbegriff.

0030   *14,80 €*

Examenswissen

Verwaltungsrecht

> Auch die Verwaltungsrechtsskripten sind klausur- und hausarbeitsorientiert und damit als großer Fall zu verstehen. Trainieren Sie Verwaltungsrecht mit uns klausurorientiert. Lernen Sie mit der hemmer-Methode die richtige Einordnung. Im Öffentlichen Recht gilt: wenig Dogmatik - viel Gesetz. Gehen Sie deshalb mit dem sicheren Gefühl in die Prüfung, die Dogmatik genau zu kennen und zu wissen, wo Sie was zu prüfen haben.

Verwaltungsrecht I
Wie in einem großen Fall sind im Verwaltungsrecht I die klausurtypischen Probleme der Anfechtungsklage als zentrale Klageart der VwGO dargestellt. Entsprechend der Reihenfolge in einer Klausur werden Fragen der Zulässigkeit, vom Vorliegen eines VA bis zum Vorverfahren, und der Begründetheit, von der Ermächtigungsgrundlage bis zum Widerruf und der Rücknahme von VAen, klausurorientiert aufbereitet.

0024   *14,80 €*

Verwaltungsrecht II
Die richtige Einordnung der Prüfungspunkte im Rahmen der Zulässigkeit und Begründetheit von Verpflichtungs-, Fortsetzungsfeststellungs-, Leistungs- und Feststellungsklage sowie Normenkontrolle unter gleichzeitiger Darstellung typischer Fragestellungen der Begründetheit sind Gegenstand dieses Skripts. Sie machen es zu einem unentbehrlichen Hilfsmittel zur Vorbereitung auf Zwischenprüfung und Examina.

0025   *14,80 €*

Verwaltungsrecht III
Profitieren Sie von unserer jahrelangen Erfahrung als Repetitoren und unserer Sachkenntnis von Prüfungsfällen. Widerspruchsverfahren, vorbeugender und vorläufiger Rechtsschutz, Rechtsmittel sowie Sonderprobleme aus dem Verwaltungsprozess- und allgemeinen Verwaltungsrechts sind anschließend für Sie keine Fremdwörter mehr.

0026   *14,80 €*

Staatsrecht

> Stoffauswahl und Schwerpunktbildung von Verfassungsrecht (Staatsrecht I) und Staatsorganisationsrecht (Staatsrecht II) orientieren sich am praktischen Bedürfnis von Klausur und Hausarbeit. Da in diesem Bereich häufig nach dem Prinzip „terra incognita" gelernt wurde, gilt es Lücken zu schließen. Wer Staatsrecht richtig gelernt hat, kann sich jedem Fall stellen. Es gilt der Wahlspruch der Aufklärung: „sapere aude" (Wage, Dich Deines Verstandes zu bedienen.), Kant, auf ihn Bezug nehmend Karl Popper (Beck'sche Reihe, „Große Denker").

Staatsrecht I
Die Grundrechte sind das Herzstück der Verfassung. Zulässigkeit und Begründetheit der Verfassungsbeschwerde geben jedem Klausurersteller die Möglichkeit, Grundrechtsverständnis abzuprüfen. Die einzelnen Grundrechte werden im Rahmen der Begründetheit der Verfassungsbeschwerde umfassend erklärt. Lernen Sie mit der hemmer-Methode den richtigen Fallaufbau, auf den gerade im Öffentlichen Recht besonders viel Wert gelegt wird.

0027   *14,80 €*

Staatsrecht II
Speziell hier gilt: Die wenigen Klassiker, die immer wieder in der Klausur eingebaut sind, muss man kennen. Dies sind im Prozessrecht: Organstreitigkeiten, abstrakte und konkrete Normenkontrolle und föderale Streitigkeiten (Bund-/Länderstreitigkeiten). Das materielle Recht beinhaltet Staatszielbestimmungen (Art. 20 GG), Finanzverfassung, daneben auch oberste Staatsorgane, Gesetzgebungskompetenz und -verfahren, Verwaltungsorganisation und das Recht der politischen Parteien. Mit diesen Problemkreisen sollten Sie sich im Rahmen einer sinnvollen Examensvorbereitung mit den jeweiligen landesrechtlichen Besonderheiten auseinandersetzen. Skripten, die die Problematik „verallgemeinernd" auf Bundesebene darstellen, helfen meist nicht weiter!

0028   *14,80 €*

Staatshaftungsrecht
Das Staatshaftungsrecht ist eine Querschnittsmaterie aus den Bereichen Verfassungsrecht, Allgemeines und Besonderes Verwaltungsrecht und dem Bürgerlichen Recht. Diese Besonderheit macht es einerseits kompliziert, andererseits interessant für Klausurersteller! In diesem Skript finden Sie alle klausurrelevanten Probleme des Staatshaftungsrechts examenstypisch aufgearbeitet.

0040   *14,80 €*

Europarecht
Immer auf dem neusten Stand! Unser Europarecht hat sich zum Klassiker entwickelt. Anschaulich und klar strukturiert erspart es Zeit und dient dem Allgemeinverständnis für dieses in Zukunft immer wichtiger werdende Prüfungsgebiet. Zusammen mit der Fallsammlung Europarecht Garant für ein erfolgreiches Abschneiden in der Prüfung! Die hohe Nachfrage gibt dem Skriptum recht.

0029   *16,80 €*

Öffentliches Recht - landesspezifische Skripten

> Wesentliche Bereiche des Öffentlichen Rechts - Kommunalrecht, Sicherheitsrecht, Bauordnungsrecht - sind aufgrund der Kompetenzverteilung des Grundgesetzes Landesrecht. Hier müssen Sie sich im Rahmen einer sinnvollen Examensvorbereitung mit den jeweiligen landesrechtlichen Besonderheiten auseinandersetzen. Skripten, die die Problematik „verallgemeinernd" auf Bundesebene darstellen, helfen meist nicht weiter!

Examenswissen

Baurecht/Bayern
Baurecht/Nordrhein-Westfalen
Baurecht/Baden-Württemberg

Bauplanungs- und Bauordnungsrecht werden in klausurtypischer Aufarbeitung so dargestellt, dass selbst ein Anfänger innerhalb kürzester Zeit die Systematik des Baurechts erlernen kann. Vertieft werden darüber hinaus alle wichtigen Spezialprobleme des Baurechts wie gemeindliches Einvernehmen, Vorbescheid, Erlass von Bebauungsplänen etc. behandelt.

01.0033 BauR Bayern 14,80 €

02.0033 BauR NRW 14,80 €

erhältlich ab Frühjahr 2007

03.0033 BauR Baden Württ. 14,80 €

Polizei- und Sicherheitsrecht/ Bayern
Polizei- und Ordunungsrecht/NRW
Polizeirecht/Baden Württemberg

Gerade das Polizei- und/oder Sicherheitsrecht stellt sich von Bundesland zu Bundesland unterschiedlich dar: Hier kommt die Stärke der landesrechtlichen Skripten voll zur Geltung! Lernen Sie im jeweils regionalen Kontext die Begriffe Primär- und Sekundärmaßnahme, Konnexität, Anscheins- und Putativgefahr usw. Der Aufbau des Skripts orientiert sich an der typischen Systematik einer Polizeirechtsklausur.

01.0034 Polizei-/SR Bayern 14,80 €

02.0034 Polizei-/OR NRW 14,80 €

03.0034 PolizeiR/ Baden Württ. 14,80 €

Kommunalrecht/Bayern
Kommunalrecht/NRW
Kommunalrecht/Baden Württemberg

In vielen Bundesländern ist Kommunalrecht das Herz der verwaltungsrechtlichen Klausur, da es sich mit den meisten anderen Bereichen des Verwaltungsrecht-BT hervorragend kombinieren lässt: Begriffe wie eigener und übertragener Wirkungskreis, Kommunalaufsicht, Verbands- und Organkompetenz, Befangenheit von Gemeinderäten, Kommunale Verfassungsstreitigkeit, gemeindliche Geschäftsordnung und vieles mehr werden in gewohnt fallspezifischer Art dargestellt und erklärt.

01.0035 KomR. Bayern 14,80 €

02.0035 KomR. NRW 14,80 €

03.0035 KomR. Baden Württ. 14,80 €

Schwerpunktskripten

> Auch im Bereich der Wahlfachgruppen können Sie auf die gewohnte und bewährte Qualität der Hemmer-Skripten zurückgreifen. Wir ermöglichen Ihnen, das **Gebiet Ihrer Wahlfachgruppe** effektiv und examenstypisch zu erschließen. Die Zusammenstellung der Skripten orientiert sich am examensrelevanten Stoff und den wichtigsten Problemkreisen.

Kriminologie

Das Skript Kriminologie umfasst sämtliche, für die Wahlfachgruppe relevanten Bereiche: Kriminologie, Jugendstrafrecht und Strafvollzug. Im Mittelpunkt stehen insbesondere die Erscheinungsformen und Ursachen von Kriminalität, der Täter, aber auch das Opfer und die Kontrolle und Behandlung des Straftäters. Durch die Behandlung vieler strafrechtlicher Grundbegriffe ist das Skriptum auch für den Studenten geeignet, der diese Wahlfachgruppe nicht gewählt hat.

0039 16,80 €

Völkerrecht

Die Probleme im Völkerrecht sind begrenzt. Der Band vermittelt den Einstieg in die Rechtsmaterie und stellt die wichtigsten Probleme des Völkerrechts dar. Ergänzt durch Beispielfälle und die Judikatur des IGH ist dieses Skript ein unverzichtbares Hilfsmittel. Erschließen Sie sich mit Hilfe dieses Skripts die Problemkreise der völkerrechtlichen Verträge, über die Personalhoheit bis hin zum Interventionsverbot.

0036 16,80 €

Internationales Privatrecht

In der Praxis wird der Jurist von morgen nicht darum herumkommen, sich mit IPR zu beschäftigen. Internationale Verflechtungen gewinnen an Bedeutung und den nationalen Scheuklappen wird entgegengewirkt. Das Skript ist fallorientiert und ermöglicht den leichten Einstieg. Die Anwendung des Internationalen Einheitsrechts, staatsvertraglicher Kollisionsnormen sowie des autonomen Kollisionsrechts werden hier erläutert. Auch werden die Rechte der natürlichen Person auf internationaler Ebene vom Vertragsrecht bis hin zum Sachenrecht behandelt.

0037 16,80 €

Kapitalgesellschaftsrecht

Im Skript Kapitalgesellschaftsrecht werden die Gründung der Kapitalgesellschaften und deren Organisationsverfassung dargestellt. Es beinhaltet daneben die Rechtsstellung der Gesellschafter, die Finanzordnung der Gesellschaften und die Stellung der Gesellschaften im Rechtsverkehr. Abschließend erfolgt ein Überblick über das Konzernrecht und Sonderformen der Kapitalgesellschaften.

0055 16,80 €

Rechtsgeschichte I

Gegenstand des Skripts ist die Rechtsgeschichte des frühen Mittelalters bis hin zur Rechtsgeschichte des 20. Jahrhunderts. Inhaltlich deckt es die Bereiche Verfassungsrechtsgeschichte, Privatrechtsgeschichte und Strafrechtsgeschichte ab. Hauptsächlich hilft das Skript bei der Vorbereitung auf die rechtsgeschichtlichen Klausuren. Gleichzeitig ist es auch für „kleine" Grundlagenklausuren und die „großen" Examensklausuren geeignet. Ideal auch zur Vorbereitung auf die mündliche Prüfung.

0058 16,80 €

Rechtsgeschichte II

Das Skript Rechtsgeschichte II befasst sich mit der Römischen Rechtsgeschichte und liefert im Zusammenhang mit dem Skript Rechtsgeschichte I (Deutsche Rechtsgeschichte) den Stoff für die Wahlfachgruppe. Darüber hinaus sollten Grundzüge der Rechtsgeschichte zum Wissen eines jeden Jurastudenten gehören. Mit diesem Skript werden Sie schnell in die Entwicklungen und Einflüsse der Römischen Rechtsgeschichte eingeführt.

0059 16,80 €

Examenswissen

Wettbewerbs- und Markenrecht
Im Rahmen des Rechts des unlauteren Wettbewerbs werden die Grundzüge erklärt, die für das Verständnis dieser Materie unerlässlich sind. Aus dem Bereich des Immaterialgüterrechts wird das Markenrecht näher betrachtet, etwa Unterlassungs- und Schadensersatzansprüche wegen Markenverletzung.

0060   16,80 €

Rechts- und Staatsphilosophie sowie Rechtssoziologie
Ziel des Skriptes ist es, über die Vermittlung des für die Klausur erforderlichen Wissens hinaus den Leser zu befähigen, ein eigenständiges rechts-philosophisches Denken zu entwickeln und die erforderliche Argumentation auszuprägen. Das Werk führt zunächst gezielt in die Grundlagen und Fragestellungen der Rechtsphilosophie und Rechtssoziologie ein. Dem folgt eine historisch wie thematisch orientierte Auswahl von Philosophen und Soziologen, wobei nach einem festen Gliederungsmuster deren Leben, Vorstellung von Recht und Gerechtigkeit, Gesellschaft und Staat vorgestellt wird. Die Ausführungen schließen mit aktuellen Bezügen zur jeweiligen Theorie als Denkanstoß ab.

0062   16,80 €

Insolvenzrecht
Das Skript umfasst sämtliche relevanten Bereiche: Insolvenzantragsverfahren, vorläufige Insolvenzverwaltung, Anfechtung, Aus- und Absonderung sowie alles rund um das Amt des Insolvenzverwalters. Ebenfalls besprochen werden die Besonderheiten von Arbeitsverhältnissen in der Insolvenz sowie die Besonderheiten des Verbraucherinsolvenzverfahrens. Mit einer Vielzahl von Beispielen aus der Praxis ist das Skriptum geeignet, sich einen groben Überblick über diesen sehr bedeutsamen Bereich zu verschaffen.

0063   16,80 €

Steuererklärung leicht gemacht
Das Skript gibt alle erforderlichen Anleitungen und geldwerte Tipps für die selbstständige Erstellung der Einkommensteuererklärung von Studenten und Referendaren. Zur Verdeutlichung sind Beispielfälle eingebaut, deren Lösungen als Grundlage für eigene Erklärungen dienen können.

0038   14,80 €

Abgabenordnung
Die Abgabenordnung als das Verfahrensrecht zum gesamten Steuerrecht hält viele Besonderheiten bereit, die Sie sowohl im Rahmen der Pflichtfachklausur im 2. Examen, wie auch in der Wahlfachklausur beherrschen müssen. Hierbei hilft zwar Systemverständnis im allgemeinen Verwaltungsrecht, das wir Ihnen mit unseren Skripten Verwaltungsrecht I - III vermitteln. Jedoch ist auch eine detaillierte Auseinandersetzung mit abgabenordnungsspezifischen Problemen unverzichtbar. Im Ersten gleichsam wie im Zweiten Examen stellen verfahrensrechtliche Fragen regelmäßig zwischen 25 und 30 % des Prüfungsstoffes der Steuerrechtsklausur dar. Hier zeigt sich immer wieder, dass das Verfahrensrecht zu wenig beachtet wurde. Eine gute Klausur kann aber nur dann gelingen, wenn sowohl die einkommensteuerrechtliche als auch die verfahrensrechtliche Problematik erfasst wurde.

0042   16,80 €

Einkommensteuerrecht
Der umfassende Überblick über das Einkommensteuerrecht! Der gesamte examensrelevante Stoff sowohl für die Wahlfachgruppe als auch für die Pflichtklausur im 2. Examen: Angefangen bei den einkommensteuerlichen Grundfragen der subjektiven Steuerpflicht und den Besteuerungstatbeständen der sieben Einkommensarten, über die verschiedenen Gewinnermittlungsmethoden, bis hin zur Berechnung des zu versteuernden Einkommens orientiert sich das Skript streng am Klausuraufbau und stellt so absolut notwendiges Handwerkszeug dar.

0043   21,80 €

Die Musterklausuren für das Examen

> Fahrlässig handelt, wer sich diese Fälle entgehen lässt! Aus unserem langjährigen Klausurenkursprogramm die besten Fälle, die besonders häufig Gegenstand von Prüfungen waren und sicher wieder sein werden. Lernen Sie den Horizont von Klausurenerstellern und -korrektoren anhand von exemplarischen Fällen kennen.

Musterklausuren Examen Zivilrecht
Das Repetitorium hemmer ist für seine Trefferquote bekannt. Das zeigt sich auch in den Musterklausuren: Teilweise wurden die ausgewählten Fälle später zu nahezu identischen Originalexamensfällen. Die Themenkreise sind weiter hochaktuell. Examensklausuren haben eine eigene Struktur. Der Ersteller konstruiert Sachverhalt und Lösung nach bestimmten Regeln, die es zu erfassen gilt. Objektiv muss die Klausur wegen der Notendifferenzierung anspruchsvoll, aber lösbar sein, eine Vielzahl von Problemen beinhalten und bei der Lösung ein einheitliches Ganzes ergeben. Subjektives Merkmal ist, wie der Ersteller die objektiven Merkmale gewichtet hat. Hier zeigt sich sein Ideengebäude, welches zu erfassen die wesentliche Aufgabe bei der Klausurbewältigung ist.

16.01   14,80 €

Musterklausuren Examen Strafrecht
Wenig Gesetz, viel Dogmatik. Gerade im Strafrecht gilt: „Streit erkannt, Gefahr gebannt!" Strafrecht ist regelmäßig ein Belastungstest: Strafrechtliche Klausuren bestehen aus einer Vielzahl von Problemen aus dem Allgemeinen Teil, dem Besonderen Teil, bzw. aus beiden. Routine beim „Abhaken" der Problemkreise zahlt sich aus.

16.02   14,80 €

Musterklausuren Examen Steuerrecht
Steuerrechtliche Klausuren zeichnen sich durch immer wiederkehrende Einzelkonstellationen aus, die zu einem großen Fall zusammengebastelt sind. Es ist leicht eine gute Note zu schreiben, wenn man die Materie kennt. Auf der Grundlage von original Examensklausuren aus den letzten Jahren werden die klassischen Problemfelder aus dem materiellen Recht wie aus dem Verfahrensrecht examenstypisch aufbereitet und vermittelt.

16.03   14,80 €

Musterklausur Examen Europarecht
Europarecht ist ohne Fälle nicht fassbar. Erleichtern Sie sich das Verständnis für Europarecht, indem Sie anwendungsspezifisch und fallorientiert lernen. Nachdem das Europarecht auch als Pflichtfach immer größere Bedeutung erlangt, stellt diese Fallsammlung als Erweiterung des Lernmaterials zum Europarecht eine unerlässliche Hilfe bei der Examensvorbereitung dar.

16.04   14,80 €

Die Shorties - Minikarteikarten

Die Shorties - in 20 Stunden zum Erfolg

Die wichtigsten Begriffe und Themenkreise werden anwendungsspezifisch erklärt.

Knapper geht es nicht.

Die „sounds" der Juristerei (super learning) grafisch aufbereitet - in Kürze zum Erfolg.

- als Checkliste
zum schnellen Erfassen des jeweiligen Rechtsgebiets.

- zum Rekapitulieren
mit dem besonderen Gedächtnistraining schaffen Sie Ihr Wissen ins Langzeitgedächtnis.

- vor der Klausur zum schnellen Überblick

- ideal vor der mündlichen Prüfung

Die Shorties 1 BGB AT, SchuldR AT (50.10)	21,80 €
Die Shorties 2/I KaufR, MietV, Leihe, WerkVR, ReiseV, Verwahrung (50.21)	21,80 €
Die Shorties 2/II GoA, BerR, DeliktsR, SchadensersatzR (50.22)	21,80 €
Die Shorties 3 SachenR, ErbR, FamR (50.30)	21,80 €
Die Shorties 4 ZPO I/II, HGB (50.40)	21,80 €
Die Shorties 5 StrafR AT/BT (50.50)	21,80 €
Die Shorties 6 Öffentliches Recht (50.60) (VerwR, GrundR, BauR, StaatsOrgR, VerfProzR)	21,80 €

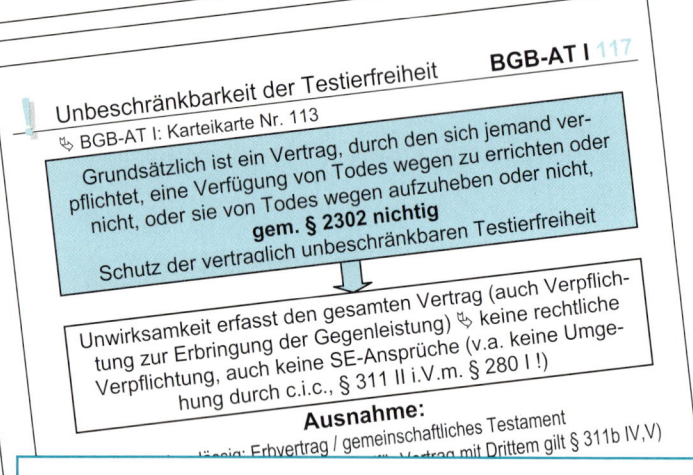

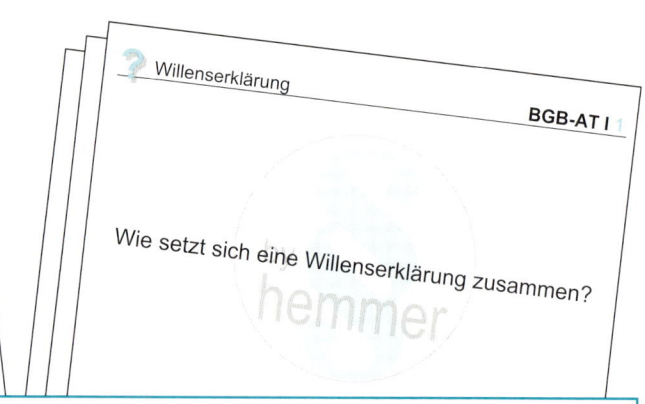

So lernen Sie richtig mit der hemmer-Box (im Preis inklusive):

1. **Verstehen:** Haben Sie den gelesenen Stoff verstanden, wandert die Karte auf Stufe 2., Wiederholen am nächsten Tag.

2. **Wiederholen:** Haben Sie den Stoff behalten, wandert er von Stufe 2. zu Stufe 4.

3. **kleine Strafrunde:** Konnten Sie den Inhalt von 2. nicht exakt wiedergeben, arbeiten Sie die Themen bitte noch einmal durch.

4. **fundiertes Wissen:** Wiederholen Sie die hier einsortierten Karten nach einer Woche noch einmal. Konnten Sie alles wiedergeben? Dann können Sie vorrücken zu Stufe

5. **Langzeitgedächtnis:** Wiederholen Sie auf dieser Stufe das Gelernte im Schnelldurchlauf nach einem Monat. Sollten noch Fragen offen bleiben, gehen sie bitte eine Stufe zurück.

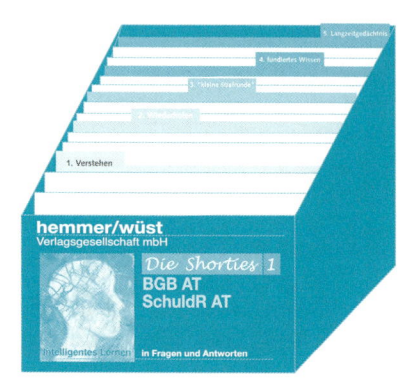

HEMMER Karteikarten -
Logisch und durchdacht aufgebaut!

Intelligentes Lernen — schnell & effektiv

Einleitung
führt zur Fragestellung hin und verschafft Ihnen den schnellen Überblick über die Problemstellung

Frage oder zu lösender Fall
konkretisiert den jeweiligen Problemkreis

II. Verschulden bei Vertragsverhandlungen § SchR-AT I Karte 22
Vorvertragliche Sonderverbindung

Die c.i.c. setzt ein vorvertragliches Vertrauensverhältnis voraus. Dieses entsteht nicht durch jeden gesteigerten sozialen Kontakt, sondern nur durch ein Verhalten, das auf den Abschluss eines Vertrages oder die Anbahnung geschäftlicher Kontakte abzielt. Ob es später tatsächlich zu einem Vertragsschluss kommt, ist dagegen unerheblich. Der Vertragsschluss ist nur erheblich für die Abgrenzung zwischen §§ 280 I, 241 II BGB (pVV) und §§ 280 I, 311 II, 241 II BGB (c.i.c.): Fällt die Pflichtverletzung in den Zeitraum vor Vertragsschluss, sind ohne Rücksicht auf den späteren Vertragsschluss die §§ 280 I, 311 II, 241 II BGB richtige Anspruchsgrundlage.

A macht einen Stadtbummel. Aus Neugier betritt er ein neues Geschäft, um das Warenangebot näher kennen zu lernen. Dazu kommt es aber nicht. Er rutscht kurz hinter dem Eingang auf einer Bananenschale aus und bricht sich ein Bein.
Hat A Ansprüche aus c.i.c.?
Abwandlung: A betritt das Geschäft nur, weil es gerade zu regnen angefangen hat. Er hat keinerlei Kaufinteresse.

Juristisches Repetitorium
examenstypisch · anspruchsvoll · umfassend **hemmer**

---

1. Grundfall:
Fraglich ist, ob ein vorvertragliches Schuldverhältnis vorliegt. Dieses entsteht insbesondere erst durch ein Verhalten, das auf die Aufnahme von Vertragsverhandlungen (§ 311 II Nr. 1 BGB), die Anbahnung eines Vertrags (§ 311 II Nr. 2 BGB) oder eines geschäftlichen Kontakts (§ 311 II Nr. 3 BGB) abzielt. Hier betritt A das Geschäft zwar ohne konkrete Kaufabsicht, aber doch als potentieller Kunde in der Absicht, sich über das Warensortiment zu informieren, um später möglicherweise doch etwas zu kaufen. **Sein Verhalten ist somit auf die Anbahnung eines Vertrags gerichtet, bei welchem der A im Hinblick auf eine etwaige rechtsgeschäftliche Beziehung dem Geschäftsinhaber die Möglichkeit zur Einwirkung auf seine Rechte, Rechtsgüter und Interessen gewährt oder ihm diese anvertraut, vgl. § 311 II Nr. 2 BGB.**
Der Geschäftsinhaber hat die Pflicht, alles Zumutbare zu unternehmen, um seine Kunden vor Schäden an Leben und Gesundheit zu schützen. Diese Pflicht wurde hier verletzt. Im Hinblick auf die Darlegungs- und Beweislast zum Vertretenmüssen ist von § 280 I 2 BGB auszugehen. Ausreichend ist daher von Seiten des Geschädigten der Nachweis des objektiv verkehrsunsicheren Zustands im Verantwortungsbereich des Schuldners, hier durch die Bananenschale. Der Schuldner, also der Geschäftsinhaber muss dann nachweisen, dass er und seine Erfüllungsgehilfen alle zumutbaren Maßnahmen zur Vermeidung des Schadens ergriffen haben. Das wird regelmäßig nicht gelingen. **Von Vertretenmüssen ist daher auszugehen,** gegebenenfalls ist dem Geschäftsinhaber das *Verschulden der Erfüllungsgehilfen (z.B. Ladenangestellten)* nach § 278 BGB zuzurechnen. **Die Pflichtverletzung war ursächlich für den Schaden des A. A kann somit Schadensersatz aus §§ 280 I, 311 II Nr. 2, 241 II BGB verlangen** (u.U. gekürzt um einen *Mitverschuldensanteil*).

2. Abwandlung:
In der Abwandlung hat A von vornherein keinerlei Kaufabsicht. Sein **Verhalten ist nicht auf die Anbahnung eines Vertrags gerichtet.** Das bloße Betreten eines Ladens genügt jedoch nicht, um ein gesteigertes Vertrauensverhältnis zu begründen. **Daher scheiden Ansprüche aus §§ 280 I, 311 II Nr. 2, 241 II BGB aus.** *Es kommen lediglich deliktische Schadensersatzansprüche in Betracht.*

hemmer-Methode: Bei dauernden Geschäftsbeziehungen, innerhalb derer sich ein Vertrauensverhältnis herausgebildet hat, ist eine Haftung aus c.i.c. auch für Handlungen, die nicht unmittelbar auf die Anbahnung eines Vertrages gerichtet sind, gerechtfertigt, sofern die Handlung in engem Zusammenhang mit der Geschäftsbeziehung steht.

Antwort
informiert umfassend und in prägnanter Sprache

hemmer-Methode
ein modernes Lernsystem, das letztlich erklärt, was und wie Sie zu lernen haben. Gleichzeitig wird „background" vermittelt. Die typischen Bewertungskategorien eines Korrektors werden miterklärt. So lernen Sie Ihre imaginären Gegner (Ersteller und Korrektor) besser einzuschätzen und letztlich zu gewinnen. Denken macht Spass und Jura wird leicht.

examenstypisch - anspruchsvoll - umfassend

Die Karteikarten

Die Karteikartensätze

Lernen Sie intelligent mit der 5-Schritt-Methode. Weniger ist mehr. Das schnelle Frage- und Antwortspiel sich auf dem Markt durchgesetzt. Mit der hemmer-Methode wird der Gesamtzusammenhang leichter verständlich, das Wesentliche vom Unwesentlichen unterschieden. Ideal für die AG und Ihre Lerngruppe: wiederholen Sie die Karteikarten und dem hemmer-Spiel „Jurapolis". Lernen Sie so im Hinblick auf die mündliche Prüfung frühzeitig auf Fragen knapp und präzise zu antworten. Wissenschaftlich ist erwiesen, dass von dem Gelernten in der Regel innerhalb von 24 Stunden bis zu 70% wieder vergessen wird. Daher ist es wichtig, das Gelernte am nächsten Tag zu wiederholen, bevor Sie sich neue Karteikarten vornehmen. Mit den Karteikarten können Sie leicht kontrollieren, wie viel Sie behalten haben.
Karteikarten bieten die Möglichkeit, knapp, präzise und zweckrational zu lernen. Im Hinblick auf das Examen werden die wichtigsten examenstypischen Problemfelder vermittelt. Das Karteikartensystem entspricht modernen Lernkonzepten und führt zum „learning just in time" (Lernen nach Bedarf). Da sie kurz und klar strukturiert sind, kann mit ihnen in kürzester Zeit der Lernstoff erarbeitet und vertieft werden.

Basics - Zivilrecht
Das absolut notwendige Grundwissen vom Vertragsabschluß bis zum EBV. Alles was Sie im Zivilrecht wissen müssen. Die Grundlagen müssen sitzen.

20.01   12,80 €

Basics - Strafrecht
Karteikarten Basics-Strafrecht bieten einen Überblick über die wichtigsten Straftatbestände wie z.B.: Straftaten gegen Leib und Leben sowie Eigentumsdelikte und Straßenverkehrsdelikte, sowie verschiedene Delikttypen, wichtige Probleme aus dem allgemeinen Teil, z.B. Versuch, Beteiligung Mehrerer, usw.

20.02   12,80 €

Basics - Öffentliches Recht
Anhand der Karten Basics-Öffentliches Recht erhalten Sie einen breitgefächerten Überblick über Staatsrecht, Verwaltungs-, und Staatshaftungsrecht. So lassen sich die verschiedenen Rechtsbehelfe optimal in ihrer Zulässigkeits- und Begründetheitsstation auf die Grundlagen hin erlernen.

20.03   12,80 €

BGB-AT I
Die BGB-AT I Karteikarten beinhalten das, was zum Wirksamwerden eines Vertrages beiträgt (Wirksamwerden der WE, Geschäftsfähigkeit, Rechtsbindungswille, usw.) bzw. der Wirksamkeit hindernd entgegensteht (Willensvorbehalte, §§ 116 ff., Sittenwidrigkeit, u.v.m.). Die Problemfelder der Geschäftsfähigkeit, insbesondere das Recht des Minderjährigen, dürfen bei dieser Möglichkeit zu lernen nicht fehlen.

22.01   14,80 €

BGB-AT II
Die BGB-AT II Karteikarten stellen in bekannt knapper und präziser Weise dar, was auf dem umfangreichen Gebiet der Stellvertretung von Ihnen erwartet wird. Die unerlässlichen Kenntnisse der Probleme der Anfechtung, der AGB-Bestimmungen und des Rechts der Einwendungen und Einreden können hiermit zur Examensvorbereitung wiederholt bzw. vertieft werden.

22.02   14,80 €

Schuldrecht AT I
Im bekannten Format werden hier die Grundbegriffe des Schuldrechts dargestellt. Dazu gehören der Inhalt und das Erlöschen des Schuldverhältnisses (z.B. durch Erfüllung, Aufrechnung oder auch Rücktritt). Insbesondere die verschiedenen Probleme in Zusammenhang mit der Haftung im vorvertraglichen Schuldverhältnis nach §§ 280 I, 311 II, 241 II BGB (c.i.c.), das Verhältnis des allgemeinen Leistungsstörungsrechts zu anderen Vorschriften und die Formen und Wirkungen der Unmöglichkeit werden behandelt.

22.031   14,80 €

Schuldrecht AT II
Klassiker wie Verzug, Abtretung, Schuldübernahme, Vertrag zugunsten oder mit Schutzwirkung zugunsten Dritter und Drittschadensliquidation gehören hier genauso zum Stoff der Karteikarten wie die Gesamtschuldnerschaft und das Schadensrecht (§§ 249 ff. BGB), das umfassend von Schadenszurechnung bis hin zu Art, Inhalt und Umfang der Ersatzpflicht dargestellt wird.

22.032   14,80 €

Schuldrecht BT I
Bei diesen Karteikarten steht das Kaufrecht als examensrelevante Materie im Vordergrund. Die Schwerpunkte bilden aber auch Sachmängelrecht und die Probleme rund um den Werkvertrag.

22.40   14,80 €

Schuldrecht BT II
Die Karteikarten Schuldrecht BT II behandeln nach Kaufrecht im Karteikartensatz Schuldrecht BT I, die restlichen Vertragstypen. Dazu gehören vor allem das Mietrecht, der Dienstvertrag, die Bürgschaft und die GoA. Auch Gebiete wie z.B. Schenkung, Leasing, Schuldanerkenntnis und Auftrag kommen nicht zu kurz.

22.41   14,80 €

Bereicherungsrecht
Die §§ 812 ff. BGB sind regelmäßig die Folge unwirksamer Verträge. Abgrenzungsprobleme gibt es u.a. zum Wegfall der Geschäftsgrundlage (z.B. Rückabwicklung bei der nichtehelichen Lebensgemeinschaft) und §§ 987 ff. BGB. Der Karteikartensatz versteht sich als Gebrauchsanweisung für die erfolgreiche Bewältigung des anspruchsvollen Rechtsgebiets Bereicherungsrecht. Ohne Verständnis für dieses Rechtsgebiet bleibt der Zusammenhang im Zivilrecht im Dunkeln.

22.08   14,80 €

Die Karteikarten

Deliktsrecht
Thematisiert werden im Rahmen dieser Karteikarten schwerpunktmäßig die §§ 823 I und 823 II BGB. Verständlich und präzise wird auch auf die Probleme der §§ 830 ff. eingegangen, wobei besonders auf den Verrichtungsgehilfen und die Gefährdungshaftung geachtet wird. Neben einem Einblick in das Staatshaftungsrecht wird auch die Haftung aus dem StVG, ProdHaftG und die negatorische/quasinegatorische Haftung behandelt.

22.09   14,80 €

Sachenrecht I
Mit den Karteikarten können Sie ein so komplexes Gebiet wie dieses optimal wiederholen und Ihr Wissen trainieren. Das Sachenrecht mit EBV, Anwartschaftsrecht und Pfandrechten ist für jeden Examenskandidaten ein Muss.

22.11   14,80 €

Sachenrecht II
Auch auf einem so schwierigen Gebiet wie dem Grundstücksrecht und den damit verbundenen Pfand- und Sicherungsrechten geben die Karteikarten nicht nur eine zügige Wissensvermittlung, sondern reduzieren die Komplexität des Immobiliarsachenrechts auf das Wesentliche und erleichtern somit die eigene Systematik, z.B. des Hypothek- und Grundschuldrechts, zu verstehen. Begriffe wie die Vormerkung und das dingliche Vorkaufsrecht müssen im Examen beherrscht werden.

22.12   14,80 €

Kreditsicherungsrecht
Die Karteikarten als Ergänzung zum Skript Kreditsicherungsrecht ermöglichen Ihnen, spielerisch mit den einzelnen Sicherungsmitteln umzugehen, und die Unterschiede zwischen akzessorischen und nichtakzessorischen Sicherungsmitteln genauso wie ihre Besonderheiten zu beherrschen.

22.13   14,80 €

Arbeitsrecht
Arbeitsrecht ist stark von Richterrecht geprägt und hat sich auch, wie z.B. im Streikrecht, praeter legem entwickelt. Entsprechend häufig sind die Neuerungen. Gleichwohl ist die Arbeitsrechtsklausur im Regelfall standardisiert: Kündigungsschutz (Feststellungsklage) und Lohnzahlung (Leistungsklage) bilden häufig das Grundgerüst. Eingestreut sind regelmäßig Probleme wie z.B. Gratifikationen, Urlaubsabgeltungsanspruch, faktische Bindung und Anwendbarkeit der Grundrechte.

22.18   14,80 €

Familienrecht
Die wichtigsten Problematiken dieses Gebietes werden hier im Überblick dargestellt und erleichtern Ihnen den Umgang mit Ehe, Sorgerecht, Vormundschaft, aber auch dem Familienprozessrecht.

22.14   14,80 €

Erbrecht
Die Grundzüge des Erbrechts mit den einzelnen Problematiken der gewillkürten und gesetzlichen Erbfolge, des Pflichtteilrechts und der Erbenhaftung gehören ebenso zum Examensstoff wie die Annahme und Ausschlagung der Erbschaft und die Problematik mit dem Erbschein. Die Grundlagen zu beherrschen ist wichtiger als einzelne Sonderprobleme.

22.15   14,80 €

ZPO I
ZPO taucht zunehmend in den Examensklausuren auf und darf nicht vernachlässigt werden. Nutzen Sie die Möglichkeit, sich durch die knappe und präzise Aufbereitung in den Karteikarten mit dem Prozessrecht vertraut zu machen, um im Examen eine ZPO-Klausur in Ruhe angehen zu können.

22.16   14,80 €

ZPO II
Die Karteikarten ZPO II führen Sie quer durch das Recht der Zwangsvollstreckung bis hin zu den verschiedenen Rechtsbehelfen in der Zwangsvollstreckung. Dabei können Rechtsbehelfe wie die Vollstreckungsgegenklage oder die Drittwiderspruchsklage den Einstieg in eine BGB-Klausur bilden.

22.17   14,80 €

Handelsrecht
Im Handelsrecht kehren oft bekannte Probleme wieder, die mittels der Karteikarten optimal wiederholt werden können. Auch für das umfassende Schuld- und Sachenrecht des Handels, in dem auch viele Verknüpfungen zum BGB bestehen, bieten die Karteikarten einen guten Überblick.

22.191   14,80 €

Gesellschaftsrecht
Die Personengesellschaften, Körperschaften und Vereine haben viele Unterschiede, weisen aber auch Gemeinsamkeiten auf. Um diese mit allen wichtigen Problemen optimal vergleichen zu können, eignen sich besonders die Karteikarten im Überblicksformat.

22.192   14,80 €

Strafrecht-AT I
Das vorsätzliche Begehungsdelikt mit all seinen Problemen der Kausalität, der Irrtumslehre bis hin zur Rechtfertigungsproblematik und Schuldfrage ist hier umfassend, aber in bekannt kurzer und übersichtlicher Weise dargestellt.

22.20   14,80 €

Strafrecht-AT II
Die Karteikarten Strafrecht AT II decken die restlichen Problemkreise Versuch (insbesondere Rücktritt vom Versuch), Täterschaft und Teilnahme, das Fahrlässigkeitsdelikt und die oft vernachlässigten Konkurrenzen ab.

22.21   14,80 €

Strafrecht-BT I
Ergänzend zum Skript werden Ihnen hier die Vermögensdelikte in knapper und übersichtlicher Weise veranschaulicht. Besonders im Strafrecht BT, wo es oft zu Abgrenzungsproblematiken kommt (z.B. Abgrenzung zwischen Raub und

Die Karteikarten

räuberischer Erpressung) ist eine Darstellung auf Karteikarten sehr hilfreich.

22.22   14,80 €

Strafrecht-BT II
Die Strafrecht BT II - Karten befassen sich mit den Nichtvermögensdelikten. Besonderes Augenmerk wird hierbei auf die Körperverletzungsdelikte sowie die Urkundendelikte und die Brandstiftungsdelikte gelegt.

22.23   14,80 €

StPO
In fast jeder StPO-Klausur werden Zusatzfragen auf dem Gebiet des Strafprozessrechts gestellt. Es handelt sich hierbei meist um Standardfragen, aber gerade diese sollten Sie sicher beherrschen. Die Karteikarten decken alle Standardprobleme ab, von Prozessmaximen bis hin zu den einzelnen Verfahrensstufen.

22.30   14,80 €

Verwaltungsrecht I
Ob allgemeines oder besonderes Verwaltungsrecht - die einzelnen Probleme der Eröffnung des Verwaltungsrechtsweges werden Ihnen immer wieder begegnen. Wiederholen Sie hier auch Ihr Wissen rund um die Anfechtungsklage, welche die zentrale Klageart in der VwGO darstellt.

22.24   14,80 €

Verwaltungsrecht II
Von der Verpflichtungsklage über die Leistungsklage bis hin zum Normenkontrollantrag sowie weitere Bereiche, mit deren jeweiligen Sonderproblemen werden alle verwaltungsrechtlichen Klagearten dargestellt.

22.25   14,80 €

Verwaltungsrecht III
Mittels Karteikarten können die Spezifika der jeweiligen Rechtsgebiete umfassend aufbereitet und verständlich erklärt werden. Thematisiert werden im Rahmen dieser Karten das Widerspruchsverfahren, der vorläufige sowie der vorbeugende Rechtsschutz und das Erheben von Rechtsmitteln.

22.26   14,80 €

Staatsrecht
Karteikarten eignen sich besonders gut, die einzelnen Grundrechte, Verfassungsrechtsbehelfe und Staatszielbestimmungen darzustellen, da gerade die einschlägigen Rechtsbehelfe zum Bundesverfassungsgericht sehr klaren und eindeutigen Strukturen folgen, innerhalb derer eine saubere Subsumtion notwendig ist. Das Gesetzgebungsverfahren und die Aufgaben der obersten Staatsorgane können hierbei gut wiederholt werden. Auch wird ein kurzer Einblick in die auswärtigen Beziehungen und die Finanzverfassung gegeben.

22.27   14,80 €

Europarecht
Nutzen Sie die Europarechtskarteikarten, um im weitläufigen Gebiet des Europarechts den Überblick zu behalten. Vom Wesen und den Grundprinzipien des Gemeinschaftsrechts über das Verhältnis von Gemeinschaftsrecht zum mitgliedstaatlichen Recht bis hin zu den Institutionen wird hier übersichtlich alles dargestellt, was Sie als Grundlagenwissen benötigen. Hinzu kommen die klausurrelevanten Bereiche des Rechtsschutzes und der Grundfreiheiten.

22.29   14,80 €

Übersichtskarteikarten

> Ihr Begleiter vom 1. Semester bis zum 2. Staatsexamen! Die wichtigsten Problemfelder im Zivil-, Straf- und Öffentlichen Recht sind knapp, präzise und übersichtlich dargestellt. Sie erfassen effektiv auf einen Blick das Wesentliche. Die grafische Aufbereitung auf der Vorderseite erleichtert den schnellen Zugriff. Die Kommentierung mit der hemmer-Methode auf der Rückseite schafft die Einordnung für die Klausur. Nutzen Sie die Übersichtskarten auch als Checkliste zur Kontrolle.

BGB im Überblick I
Mit den Übersichtskarteikarten verschaffen Sie sich einen schnellen und effizienten Überblick über die wichtigsten zivilrechtlichen Problemkreise des BGB-AT, Schuldrecht AT und BT sowie des Sachenrecht AT und BT. Knapp und teilweise graphisch aufbereitet vermitteln Ihnen die Übersichtskarten das Wesentliche. Aufbauschemata helfen Ihnen bei der Subsumtion. Für den Examenskandidaten sind die Übersichtskarten eine „Checkliste", für den Anfänger eine Möglichkeit zum ersten Einblick.

25.01   30,00 €

BGB im Überblick II
Diese Karteikarten bieten einen Überblick der Gebiete Erbrecht, Familienrecht, Handelsrecht, Arbeitsrecht und ZPO. Für den Examenskandidaten sind die Übersichtskarteikarten eine „Checkliste", für den Anfänger ein erster Einblick.

25.011   30,00 €

Strafrecht im Überblick
Die Übersichtskarten leisten eine Einordnung in den strafrechtlichen Kontext. Im Hinblick auf das Examen werden so die wichtigsten examenstypischen Problemfelder vermittelt. Behandelt werden die Bereiche Strafrecht AT I und II wie auch BT I und II und StPO. Im Strafrecht BT ist bekanntlich fundiertes Wissen der Tatbestandsmerkmale mit ihren Definitionen gefragt, was sich durch Lernen mit den Übersichtskarten gezielt und schnell wiederholen lässt.

25.02   30,00 €

Öffentliches Recht im Überblick
Verschaffen Sie sich knapp einen Überblick über das Wesentliche der Gebiete Staatsrecht und Verwaltungsrecht. Die verwaltungs- und staatsrechtlichen Klagearten, Staatszielbestimmungen und die wichtigsten Vorschriften des Grundgesetzes werden mit den wichtigsten examenstypischen Problemfeldern verknüpft und vermindern in der gezielten Knappheit die Datenflut.

25.03   16,80 €

BLW-Skripten/Assessor-Skripten/-Karteikarten

ÖRecht im Überblick / Bayern
ÖRecht im Überblick / NRW

Mit dem zweiten Satz der Übersichtskarteikarten im Öffentlichen Recht können Sie Ihr Wissen nun auch auf den Gebiete Polizei- und Sicherheitsrecht überprüfen und auffrischen. Die wichtigsten Probleme auf den Gebieten Baurecht und Kommunalrecht werden im klausurspezifischen Kontext dargestellt, z.B. die Besonderheiten von Kommunalverfassungsstreitigkeiten im Kommunalrecht oder Fortsetzungsfeststellungsklagen im Polizeirecht.

25.031 ÖRecht im Überb. / Bayern 16,80 €

25.032 ÖRecht im Überb. / NRW 16,80 €

Europarecht/Völkerrecht im Überblick

Die Übersichtskarten zum Europarecht dienen der schnellen Wiederholung. Gerade in diesem Rechtsgebiet ist es wichtig, einen schnellen Überblick über Institutionen, Klagearten usw. zu bekommen. Klassiker wie Grundfreiheiten und Verknüpfungen zum deutschen Recht werden ebenfalls dargestellt. Komplettiert wird der Satz durch eine Darstellung der Grundzüge des Völkerrechts.

25.04 16,80 €

Skripten für BWL'er, WiWi und Steuerberater

> Profitieren Sie von unserem know-how.
> Seit 1976 besteht das ,in Würzburg gegründete, Repetitorium hemmer und bildet mit Erfolg aus. Grundwissen im Recht ist auch im Wirtschaftsleben heute eine Selbstverständlichkeit. Die **prüfungstypischen Standards,** die so oder in ähnlicher Weise immer wiederkehren, üben wir anhand unserer Skripten mit Ihnen ein. Durch unsere jahrelange Erfahrung wissen wir, mit welchen Anforderungen zu rechnen sind und welche Aspekte der Ersteller einer juristischen Prüfungsklausur der Falllösung zu Grunde legt. Das prüfungs- und praxisrelevante Wissen wird umfassend und gleichzeitig in der bestmöglichen Kürze dargestellt. Der Zugang zur „Fremdsprache Recht" wird damit erleichtert. Die richtige Investition in eine gute Ausbildung garantiert den Erfolg.

Privatrecht für BWL´er, WiWi & Steuerberater
18.01 14,80 €

Ö-Recht für BWL´er, WiWi & Steuerberater
18.02 14,80 €

Musterklausuren für´s Vordiplom/PrivatR
18.03 14,80 €

Musterklausuren für´s Vordiplom/ÖRecht
18.04 14,80 €

Die wichtigsten Fälle:
BGB-AT, Schuldrecht AT/BT für BWL´er
118.01 14,80 €

Die wichtigsten Fälle:
GesR, GoA, BereicherungsR für BWL´er
118.02 14,80 €

Skripten Assessor-Basics

> Trainieren Sie mit uns genau das, was Sie im 2. Staatsexamen erwartet. Die Themenbereiche der Assessor-Basics sind alle examensrelevant. So günstig erhalten Sie nie wieder eine kleine Bibliothek über das im 2. Staatsexamen relevante Wissen. Die Skripten dienen als Nachschlagewerk, sowie als Anleitung zum Lösen von Examensklausuren.

Theoriebände
Die Zivilrechtliche Anwaltsklausur/Teil 1:
410.0004 18,60 €

Das Zivilurteil
410.0007 18,60 €

Die Strafrechtsklausur im Assessorexamen
410.0008 18,60 €

Die Assessorklausur Öffentliches Recht
410.0009 18,60 €

Klausurentraining (Fallsammlung)
Zivilurteile (früher. Zivilprozess)
410.0001 18,60 €

Arbeitsrecht
410.0003 18,60 €

Strafprozess
410.0002 18,60 €

Zivilrechtliche Anwaltsklausuren/Teil 2:
410.0005 18,60 €

Öffentlichrechtl. u. strafrechtl. Anwaltsklausuren
410.0006 18,60 €

in Vorbereitung: Skript FGG-Verfahren

Karteikarten Assessor-Basics

Zivilprozessrecht im Überblick
41.10 19,80 €

Strafrecht im Überblick
41.20 19,80 €

Öffentliches Recht im Überblick
41.30 19,80 €

Familien- und Erbrecht im Überblick
41.40 19,80 €

Intelligentes Lernen/Sonderartikel/Life&LAW

Coach dich!
Rationales Effektivitäts-Training zur Überwindung emotionaler Blockaden

70.05   19,80 €

Lebendiges Reden (inkl. CD)
Wie man Redeangst überwindet und die Geheimnisse der Redekunst erlernt.

70.06   21,80 €

Die praktische Lern-Karteikartenbox
- Maße der Lernbox mit Deckel:
  je 160 mm x 65 mm x 120 mm
- für alle Karteikarten, auch für die Übersichtskarteikarten
- inclusive Lernreiter als Sortierhilfe:
  In 5 Schritten zum Langzeitgedächtnis

28.01   1,99 €

Der Referendar
24 Monate zwischen Genie und Wahnsinn

Das gesamte nicht-examensrelevante Wissen über Trinkversuche, Referendarsstationen, Vorstellungsgespräch... von Autor und Jurist Jörg Steinleitner. Humorvoll und sprachlich spritzig! 250 Seiten im Taschenbuchformat

70.01   8,90 €

Der Rechtsanwalt
Meine größten (Rein-) Fälle

Die im vorliegenden Band vereinigten Kolumnen erschienen in der Zeitschrift Life&LAW unter dem Titel: „Voll, der Jurist". Steinleitner hat sie für die Buchausgabe überarbeitet und ergänzt. 250 Seiten im Taschenbuchformat

70.02   9,90 €

Orig. Klausurenblock
DinA 4, 80 Blatt, Super praktisch
- Wie in der Prüfung wissenschaftlicher Korrekturrand, 1/3 von links
- glattes Papier zum schnellen Schreiben
- Klausur schreiben, rausreißen, fertig

KL 1		2,49 €
S 805	DinA 4, 80 Blatt, 5er Pack	11,80 €
S 810	DinA 4, 80 Blatt, 10er Pack	22,80 €

Life&Law - die hemmer-Zeitschrift
Die Life&Law ist eine monatlich erscheinende Ausbildungszeitschrift. In jeder Ausgabe werden aktuelle Entscheidungen im Bereich des Zivil-, Straf- und Öffentlichen Rechts für Sie aufbereitet und klausurtypisch gelöst.

Die Gesetzesbox
- stabile Box aus geprägtem Kunstleder mit Magnetverschluss
- Schutz für Ihre Gesetzestexte (Schönfelder und Sartorius), innen und außen gepolstert
- Box und Leseständer in einem, abwaschbar, leicht

28.05   24,80 €

Intelligentes Lernen: Wiederholungsmappe
Kaum etwas ist frustrierender, als sich in mühseliger Arbeit Wissen anzueignen, nur um wenige Zeit später festzustellen, dass das Meiste wieder vergessen wurde. Anstatt sein Wissen konstant auszubauen, wird ein und dasselbe immer wieder von neuem angegangen. Ein solches Vorgehen hat nur einen geringen Lernerfolg. Aber auch Motivation und Konzentrationsfähigkeit leiden unter diesem ständigen „Ankämpfen" gegen das Vergessen. Von Spaß am Lernen kann keine Rede sein. Mit dieser Wiederholungsmappe möchten wir diesem Problem beim Lernen entgegentreten. Mit einem effektiven Wiederholungsmanagement werden Sie Ihr Wissen beständig auf einem hohen Niveau halten. Wiederholungsmappe inklusive Übungsbuch und Mindmapps

75.01   9,90 €

Jurapolis - das hemmer-Spiel
Mit Jurapolis lernen Sie Jura spielerisch.

Die mündliche Prüfungssituation wird spielerisch trainiert. Sie trainieren im Spiel Ihre für die mündliche Prüfung so wichtige rhetorischen Fähigkeiten. Vergessen Sie nicht, auch im Mündlichen wird entscheidend gepunktet.

Inklusive Karteikartensatz (ohne Übersichtskarteikarten und Shorties) nach Wahl, bitte bei Bestellung angeben!
Lässt sich auch mit eigenen Karteikarten spielen!

40.01   30,00 €

Im hemmer.card Magazin wird dem Leser Wissenswertes und Interessantes rund um die Juristerei geboten.
Als hemmer-Kursteilnehmer/in (auch ehemalige) erhalten Sie die Life&LAW zum Vorzugspreis von 5,- € mtl.

Art.Nr.: AboLL (ehem. Kurs-Teilnehmer)	5,00 €
Art.Nr.: AboLL (nicht Kurs-Teilnehmer)	6,00 €

Life&LAW Jahrgangsband

Art.Nr.: LLJ	1999 - 2005	je 50,00 €

bitte Jahrgang angeben

Art.Nr.: LLJ05	2006	80,00 €
Art.Nr.: LLE	Einband für Life&LAW	je 6,00 €

bitte Jahrgang angeben

Der Jahreskurs

Würzburg - Augsburg - Bayreuth - Berlin-Dahlem - Berlin-Mitte - Bielefeld - Bochum - Bonn - Bremen - Dresden - Düsseldorf - sErlangen - Frankfurt/M - Frankfurt/Oder - Freiburg - Gießen - Göttingen - Greifswald - Halle - Hamburg - Hannover - Heidelberg - Jena - Kiel - Köln - Konstanz - Leipzig Mainz - Mannheim - Marburg - München - Münster - Osnabrück - Passau - Potsdam - Regensburg - Rostock - Saarbrücken - Stuttgart - Trier - Tübingen

Unsere Jahreskurse beginnen jeweils im Frühjahr (März) und im Herbst (September).

In allen Städten ist im Kurspreis ein Skriptenpaket integriert:

Bereits mit der Anmeldung wählen Sie 12 Produkte (Skripten oder Karteikarten) kursbegleitend:

- ✔ daher frühzeitig sich anmelden!
- ✔ sich einen Kursplatz sichern
- ✔ mit den Skripten / Karteikarten lernen
- ✔ Life&Law im Kurspreis integriert
- ✔ keine Kündigungsfristen

Juristisches Repetitorium hemmer

examenstypisch   anspruchsvoll   umfassend

Karl Edmund Hemmer / Achim Wüst

Gewinnen Sie mit der „HEMMER-METHODE"!

Wer in vier Jahren sein Studium erfolgreich abschließen will, kann sich einen Irrtum im Hinblick auf Examensvorbereitung und Ausbildungsmaterial nicht leisten!

Ihr Ziel: Sie wollen ein gutes Examen:

Stellen Sie frühzeitig die Weichen richtig. Trainieren Sie unter professioneller Anleitung das, was Sie im Examen erwartet. Dazu hat Ihre Ausbildung den Ansprüchen des Examens zu entsprechen. Um das Examen sicher zu erreichen, müssen Sie wissen, mit welchem Anforderungsprofil Sie im Examen zu rechnen haben.
Die Kunst, eine gute Examensklausur zu schreiben, setzt voraus:

Problembewusstsein

„Problem erkannt, Gefahr gebannt". Ein zentraler Punkt ist das Prinzip, an authentischen Examensproblemen zu lernen. Anders als im wirklichen Leben gilt: „Probleme schaffen, nicht wegschaffen".

Juristisches Denken

Dazu gehört die Fähigkeit,
- komplexe Sachverhalte in ihre Bestandteile zu zerlegen (assoziative Textauswertung),
- die notwendigen rechtlichen Erörterungen anzuschließen,
- Einzelprobleme zueinander in Beziehung zu setzen,
- zu einer schlüssigen Klausurlösung zu verbinden und
- durch ständiges Training wiederkehrende examenstypische Konstellationen zu erfassen.

Grundlegende Fehler werden so vermieden.

Abstraktionsvermögen

Die Gesetzessprache ist abstrakt. Der Fall ist konkret. Nur wer über das notwendige Abstraktionsvermögen verfügt, ist in der Lage, die für die Falllösung erforderliche Transformationsleistung zu erbringen. Diese Fähigkeit wird geschult durch methodisches Lernen.

Sprachsensibilität

Damit einhergehend ist Genauigkeit und Klarheit in der Darstellung, Plausibilität und Überzeugungskraft erforderlich.

Was macht das Juristische Repetitorium Hemmer so erfolgreich?

In allen drei Rechtsgebieten gilt: Examenstypisches, umfassendes und anspruchsvolles Lernsystem.

1. Kein Lernen am einfachen Fall:

Grundfall geht an Examensrealität vorbei!

Hüten Sie sich vor Übervereinfachung beim Lernen! Unterfordern Sie sich nicht. Die Theorie des einfachen Grundfalles nimmt zwar als psychologischer Aspekt die Angst vor Falllösungen, die Examensreife kann aber so nicht erlangt werden. Es fehlt die Einbindung des gelernten Teilwissens in den Kontext des großen Falls. Ein vernetztes Lernen findet nicht statt. Außerdem: Für den Grundfall brauchen Sie kein Repetitorium. Sie finden ihn in jedem Lehrbuch. Die Methode der Reduzierung juristischer Sachverhalte auf den einfachen Grundfall bzw. das Schema entspricht weder in der Klausur noch in der Hausarbeit der Examensrealität. Sie müssen sich folglich das notwendige Anwendungswissen für das Examen selbst aneignen. Schablonenhaftes Denken ist im Examen gefährlich. Viele lernen nur nach dem Prinzip „Aufschieben und Hinauszögern" von zu erledigenden Aufgaben. Dies erweist sich als Form der Selbstsabotage. Wer sich überwiegend mit Grundfällen und dem Auswendiglernen von Meinungen beschäftigt, dem fehlt am Schluss die Zeit, Examenstypik einzutrainieren.

2. Kein Lernen am Rechtsprechungsfall mit Literaturmeinung

Rechtsprechungsfall entspricht nicht der Vielschichtigkeit des Examensfalls

Zwar ermöglicht dies Einzelprobleme leichter als durch Lehrbücher zu erlernen, es fehlt aber eine den Examensarbeiten entsprechende Vielschichtigkeit.

Außerdem besteht die Gefahr des Informationsinfarkt. Viel Wissen garantiert noch lange nicht, auch im Examen gut abzuschneiden. Maßgeblich ist die Situationsgebundenheit des Lernens. Wer sich examenstypisch am großen Fall Problemlösungskompetenz unter Anleitung erarbeitet, reduziert die Informationsmenge auf das Wesentliche.

Durch richtiges Lernen mit einem ausgesuchten, am Examen orientierten Fallmaterial verschaffen Sie sich mehr Freizeit. Nur wer richtig lernt, erspart sich auch Zeit. Weniger ist häufig mehr!

Die Examensklausuren und noch mehr die Hausarbeiten sind so konstruiert, dass die notwendige Notendifferenzierung ermöglicht wird. Die Examensrealität ist damit in der Regel anders als der einfache Rechtsprechungsfall. Examensfälle sind anspruchsvoll.

3. hemmer-Methode: Lernen am examenstypischen „großen" Fall

Wir orientieren uns am Niveau von Examensklausuren, weil sich gezeigt hat, dass traditionelle Lehr- und Lernkonzepte den Anforderungen des Examens nicht entsprechen. Der Examensfall und damit der große Fall ist eine konstruierte Realität, auf die es sich einzustellen gilt.

Examen ist eine konstruierte Realität

Die „HEMMER-METHODE" ist eine neue Lernform und holt die Lernenden aus ihrer Passivität heraus. Mit gezielten, anwendungsorientierten Tipps unterstützen wir vor allem die wichtige Sachverhaltsaufbereitung und damit Ihre Examensvorbereitung.

Jura ist ein Sprachspiel

Denken Sie daran, Jura ist ein Spiel und zuallererst ein *Sprachspiel*, auch im Examen.
Es kommt auf den richtigen Gebrauch der Worte an.

Lernen Sie mit uns einen genauen und reflektierten Umgang mit der juristschen Sprache. Dies heißt immer auch, genau denken zu lernen. Profitieren Sie dabei von unserem Erfahrungswissen. Die juristische Sprache ist erlernbar. Wie Sie sie sinnvoll erlernen, erfahren Sie in unseren Kursen. Statt reinem Faktenwissen erhalten Sie Strategie- und Prozesswissen. „Schach dem Examen!."

Spaß mit der Arbeit am Sachverhalt

Die genaue Arbeit am Sachverhalt bringt Spaß und hat sich als sehr effizient für das juristische Verständnis von Fallkonstellationen herausgestellt. Dabei ist zu beachten, dass die juristische Sprache eine Kunstsprache ist. Wichtig wird damit die Transformation: So erklärt der Laie in der Regel in der Klausur nicht: „Ich fechte an, ich trete zurück", sondern „Ich will vom Vertrag los".

Lernen Sie, den Sachverhalt richtig zu lesen. Steigern Sie Ihre Leseaufmerksamkeit. Gehen Sie deshalb gründlich und liebevoll mit dem Sachverhalt um, und verlieren Sie sich dabei nicht in Einzelheiten. Letztlich geht es um die Wahrnehmungsfähigkeit: Was ist im Sachverhalt des Examensfalles angelegt und wie gehe ich damit um („Schlüssel-Schloß- Prinzip"). Der Sachverhalt gibt die Problemfelder vor. Entgehen Sie der Gefahr, dass Sie „ein Weihnachtsgedicht zu Ostern vortragen."

Trainieren von denselben Lerninhalten in verschiedenen Anwendungssituationen

Juristerei setzt eine gewisse Beweglichkeit voraus, d.h. jeder Fall ist anders, manchmal nur in Nuancen. Akzeptieren Sie: Jeder Fall hat einen experimentellen Charakter. Trainieren Sie Ihr bisheriges Wissen an neuen Problemfeldern. Dies verhindert, dass das Gelernte auf einen bestimmten Kontext fixiert wird. Trainieren Sie, dieselben Lerninhalte in verschiedene Anwendungssituationen einzubetten und aus unterschiedlichen Blickwinkeln zu betrachten. Denn wer einen Problemkreis von mehreren Seiten her kennt, kann damit auch flexibler umgehen. Verbessern Sie damit Ihre Transferleistung. Über das normale additive Wissen hinaus vermitteln wir sog. metabegriffliches Wissen, d.h. bereichsübergreifendes Wissen.

Modellhaftes Lernen

Modellhaftes Lernen schafft Differenzierungsvermögen, ermöglicht Einschätzungen und fördert den Prozess der Entscheidungsfindung. Seien Sie kritisch gegenüber Ihren Ersteinschätzungen. Eine gewisse Veränderungsbereitschaft gehört zum Lernprozess. Überprüfen Sie Ihr Wertungssystem auch im Hinblick auf das Ergebnis des Falles.

Hüten Sie sich vor zu starkem Routinedenken und damit vor automatisierten Mustern. Fragen Sie sich stets, ob Sie mit Ihren Annahmen den Fall weiterlösen können oder ob Sie in eine Sackgasse geraten.

Assoziationsmethode als erste „Herangehensweise": Hypothesenbildung

Mit der Assoziationsmethode lehren wir in unseren mündlichen Kursen, wie Sie die zentralen Probleme des Falles angehen und ausdeuten. Dabei wird die Bedeutung nahezu aller Worte untersucht. Durch frühe Hypothesenbildung werden alle für die Falllösung möglichen Problemkonstellationen durchgespielt. Die spätere gezielte Selektion führt dazu, dass die für den konkreten Sachverhalt abwegigen Varianten ausscheiden (Prinzip der Retardation bzw. der negativen Evidenz). Die übriggebliebenen Hypothesen bestimmen die Lösungsstrategie.

Wichtigste Arbeitsphase = Problemaufriss

Die erste Stunde, der Problemaufriss, ist die wichtigste Stunde. Es werden die Weichen für die spätere Niederschrift gestellt. Wenn Sie die Klausur richtig erfassen (den „roten Faden"/die „main street"), sind Sie zumindest auf der sicheren Seite und schreiben nicht an der Klausur vorbei.

4. Ersteller als „imaginärer" Gegner

Dialog mit dem Klausurersteller

Der Ersteller des Examensfalles hat auf verschiedene Problemkreise und ihre Verbindung geachtet. Der Ersteller als Ihr „imaginärer Gegner" hat, um Notendifferenzierungen zu ermöglichen, verschiedene Problemfelder unterschiedlicher Schwierigkeit versteckt. Der Fall ist vom Ersteller als kleines Kunstwerk gewollt. Diesen Ersteller muss der Student als imaginären Gegner bei seiner Falllösung berücksichtigen. Er muss also versuchen, sich in die Gedankengänge, Annahmen und Ideen des Erstellers hineinzudenken, und dessen Lösungsvorstellung wie im Dialog möglichst nahe zu kommen. Je ideenreicher Ihre Ausbildung verläuft, desto mehr Möglichkeiten erkennen Sie im Sachverhalt. Die Chance, eine gute Klausur zu schreiben, wird größer.

Gewinnen Sie mit der „Hemmer-Methode"

Wir fragen daher konsequent bei der Falllösung:
- *Was will der Ersteller des Falles („Sound")?*
- *Welcher „rote Faden" liegt der Klausur zugrunde („main-street")?*
- *Welche Fallen gilt es zu erkennen?*
- *Wie wird bestmöglicher Konsens mit dem Korrektor erreicht?*

Die Falllösung wird dann nicht durch falsches Schablonendenken geprägt, vielmehr zeigen Sie, dass Sie gelernt haben, mit den juristischen Begriffen umzugehen, dass es nicht nur auswendig gelernte Begriffe sind, sondern dass Sie sich darüber im Klaren sind, dass der Begriff immer erst in der konkreten Anwendung seine Bedeutung gewinnt.

Unterfordern Sie sich nicht! Lernen Sie nicht auf zu schwachem Niveau. Zwar ist „der Einäugige unter den Blinden König". Die Einäugigkeit rächt sich aber spätestens im Examen. Ziel jeden guten Unterrichts muss eine realistische Selbsteinschätzung der Hörer sein.

Problemorientiertes Lernen, unterstützt durch Experten Wichtig ist, mit der Assoziationsmethode im richtigen sozialen Kontext zu lernen, denn gemeinsames Lernen in Gruppen ist nicht nur motivierend, sondern auch effektiv. Nehmen Sie an einer Atmosphäre teil, in der Sie sinnvoll Erfahrungsaustausch, Meinungsvielfalt und Kontakt mit Experten erfahren. Maßgeblich ist die gezielte Unterstützung. Wir geben das Niveau vor. Achten Sie stets darauf, dass die Lernsituation anwendungsbezogen bleibt und der Vielschichtigkeit des Examens entspricht. Unser Repetitorium spricht den Juristen an, der sich am Prädikatsexamen orientiert. Insoweit profitieren Sie auch vom Interesse und Wissensstand der anderen Kursteilnehmer.

Gefahr bei Kleingruppen Hüten Sie sich vor sog. „Kleingruppen". Dort besteht die Gefahr, dass Schwache und Nichtmotivierte den Unterricht allzusehr mitbestimmen: „Der Schwächste bestimmt das Niveau!" Wichtig ist doch für Sie, auf welchem Niveau (was und wie) die Auseinandersetzung mit der Juristerei stattfindet. Wer nur auf vier Punkte lernt, landet leicht bei drei Punkten!

Soviel ist klar: <u>Wie</u> Sie lernen, beeinflusst Ihr Examen. Weniger bekannt ist, dass das Fehlen bestimmter Informationen das Examen verschlechtert.

Glauben Sie an die eigene Entwicklungsfähigkeit, schöpfen Sie ihr Potential aus.

5. Spezielle Ausrichtung auf Examenstypik

Im Trend des Examens Dies hat weiterhin den Vorteil, dass wir voll im Trend des Examens liegen. Die Thematik der Examensfälle ist bei uns auffällig häufig vorher im Kurs behandelt worden. Auch in Zukunft ist damit zu rechnen, dass wir mit Ihnen innerhalb unseres Kurses die Themen durchsprechen, die in den nächsten Prüfungsterminen zu erwarten sind.

6. „Gebrauchsanweisung"

Vertrauen Sie auf unsere Expertenkniffe. Die **„HEMMER-METHODE"** setzt richtungsweisende Maßstäbe und ist Gebrauchsanweisung für Ihr Examen.

Der Erfolg gibt uns recht!

Examensergebnisse Die Examenstermine zeigen, dass **unsere Kursteilnehmer** überdurchschnittlich abschneiden;
z.B. Würzburg, Ergebnisse **1991-2006:**
15,08 (Landes**bester**); 14,95* (**Bester** des Termins 2006 I in Würzburg); 14,79*; 14,7* (**Beste** des Termins 98 I); 14,66* (**Bester** des Termins 2006 II in Würzburg); 14,3* (Landes**bester**); 14,25* (**Bester** des Termins 2005 II); 14,16* (**Beste** des Termins 2000 II), 14,08* (**Beste** des Termins in Würzburg 96 I); 14,08 (Landes**bester**); 14,04* (**Bester** des Termins 2004 II); 13,87; 13,83*; 13,8*; 13,75* (**Bester** im Termin 99/II in Würzburg); 13,75*; 13,7 (7. Semester, **Bester** des Termins in Würzburg 95 II); 13,66* (**Bester** des Termins 97 I, 7. Semester); 13,6*; 13,54*, 13,41*, 13,4*; 13,3* (**Beste** des Termins 93 I in Würzburg); 13,3* (**Bester** des Termins 91 I in Würzburg), 13,29*; 13,2* (**Bester** des Termins 2001 I in Würzburg); 13,2; 13,12*; 13,08* (**Bester** des letzten Termins 2002 I in Würzburg), 13,04*; 13,02* (**Bester** des Termins 95 I in Würzburg); 13,0; 12,91* (**Bester** des Termins 99 I in Würzburg); 2 x 12,87* (7. Semester); 12,83* (**Bester** des Termins 2004 I); 12,8*; 12,79*; 12,75*; 12,62; 12,6; 12,6*; 12,6; 12,58*; 12,54*; 12,54*, 12,5*; 12,41; 12,37* (7. Semester); 12,3*; 12,25*; 12,2; 12,2*; 12,18; 12,12*; 12,12; 12,1; 12,08; 12,08*; 12,06; 12,04* (**Beste** des Termins 98 II; Ergebnis Februar '99); 12,0*; 12,0*; 12,0*; 12,0*; 12,0*; 12,0*; 11,83; 11,8; 11,79*; 11,75*; 11,75; 11,75; 11,6; 11,58*; 11,54*; 11,5*; 11,5;...
(*hemmer-Mitarbeiter bzw. ehemalige hemmer-Mitarbeiter)

Ziel: solides Prädikatsexamen Lassen Sie sich aber nicht von diesen „Supernoten" verschrecken. Denn unsere Hauptaufgabe sehen wir nicht darin, nur Spitzennoten zu produzieren: Wir streben ein solides Prädikatsexamen an. So erreichten z.B. schon im ersten Durchgang unsere Kursteilnehmer in Leipzig (Termin 1994 II) bereits nach dem Schriftlichen einen Schnitt von 8,6 Punkten, wobei der Gesamtdurchschnitt aller Kandidaten nur 5,46 Punkte betrug (Quelle: Fachschaft Jura Leipzig, »Der kleine Advokat«, April 1995). Aber am allerwichtigsten für uns ist: Unsere Durchfallquote ist äußerst gering!
Regelmäßiges Training an examenstypischem Material zahlt sich also aus.

Spitzennoten von Mitarbeitern Dies zeigt sich auch z.B. bei unseren Verantwortlichen: In jedem Rechtsgebiet arbeiteten Juristen mit, die ihr Examen mit **„sehr gut"** bestanden haben.
Professionelle Vorbereitung zahlt sich aus. Noten unserer Kursleiter (ehemalige Kursteilnehmer in Würzburg) im bayerischen Staatsexamen, wie **13,5**, **13,4** und **12,9** und andere mit „gut" sind Ihr Vorteil. Nur wer selbst gut ist, weiß auf was es im Examen ankommt. Nur so wird gutes Material erstellt.
Die Ergebnisse unserer Kursteilnehmer im Ersten Staatsexamen können auch Vorbild für Sie sein. Motivieren Sie sich durch Ihre guten Mitkursteilnehmer/innen. Lassen Sie sich daher nicht von unseren Supernoten verschrecken, sehen Sie dieses Niveau als Anreiz für Ihr Examen. „Wer nur in der C-Klasse spielt, bleibt in der C-Klasse."

Wir sind für unser Anspruchsniveau bekannt.